玩具福祉の理論と実践

玩具福祉学会「玩具福祉の理論と実践」編集委員会

萌文書林
houbunshorin

まえがき

　玩具福祉学会は、玩具を用いて子ども、高齢者、障がい者等の厚生（Well-Being）を高めるべく、研究者と玩具メーカー、そして福祉活動実務者の産・学・実協同での学会を目指し、2000年に設立され、以来20年近く活動を継続してきました。高齢化が進展し、玩具福祉の重要性が今後増加することが予想される中で、誠に残念な選択ではあるものの、2018年度を以ていったんその活動に終止符を打つこととなりました。

　本書は、これまでの本学会の活動、歩みを取りまとめ、学会の実績、学会で積み上げられてきた知見を取りまとめ、玩具療法士・玩具福祉士等の研修にも有用となるような叢書として出版するものです。

　本書の編纂にあたり、4つの観点から構成を考えました。第1に、玩具福祉の実践事例を収集し整理すること。第2に、医療の観点から玩具福祉の効果や事例を収集すること。第3に、玩具メーカーからの開発事例、業界のあゆみ等を収集すること。そして、最後に社会の変化に対応した玩具福祉の今後を展望することです。

　本書の内容は、玩具福祉学会10周年記念誌や紀要『玩具福祉研究』の中から、上記の4つの観点を踏まえて、編集担当者が選択し、一部校正をしたものです。この20余年の歩みを限られたスペースと時間の中で、網羅することは非常に難しく、偏りや誤りがあるとすれば、ご容赦賜りたいと存じます。

　本書が、玩具福祉を必要とし、またこれを学ぼうとするすべての人の役に立つことを祈念し、また本学会を支援してくださった玩具メーカーをはじめ、会員各位に心からのお礼の気持ちを込めておくるものです。

　2018年7月

　　　　　　　　　　　　　玩具福祉学会『玩具福祉の理論と実践』編集委員会

　　　　　　　　　　　　　　　　　編集委員長　理事　吉田　浩

目　次

第❶部　玩具を用いた福祉の実践

第1章　玩具福祉の思想と理念―玩具を用いた福祉活動の実践― ･･････････････ 002
- | 1 | はじめに ─── 002
- | 2 | 玩具を用いた、様々な実践活動 ─── 003
- | 3 | おわりに ─── 007

第2章　玩具福祉の歴史 ･･･ 008
- | 1 | 障がいのある人々にどのように対応してきたか
  〜20世紀以前と20世紀以後をくらべて〜 ─── 008
- | 2 | 玩具、遊具はどのように変化してきたか ─── 010
- | 3 | 整備されない環境で、障がいのある子どもは、どのように遊ぶか ─── 012
- | 4 | トイ・ライブラリーの歴史 ─── 014
- | 5 | これから考えたいこと ─── 017

第3章　玩具療法におけるソーシャルワーク実践 ･････････････････････････ 019
- はじめに ─── 019
- | 1 | 無力化とその理解 ─── 019
- | 2 | エンパワーメントを目指す玩具を用いた実践活動 ─── 020
- | 3 | 玩具療法のソーシャルワークとしての実践課程 ─── 021
- | 4 | まとめ ─── 026

第4章　子どもへの玩具福祉の可能性 ･･････････････････････････････････ 027
- | 1 | 子どもと玩具との遊び ─── 027
- | 2 | 子どもと玩具との出会い ─── 028
- | 3 | 遊びと玩具 ─── 030
- | 4 | 玩具とかかわる契機 ─── 035

第5章　デイサービスセンターでの玩具療法 ･･････････････････････････ 039
- | 1 | はじめに ─── 039
- | 2 | 認知症デイサービス（ほのぼの）での玩具療法 ─── 040
- | 3 | 一般デイサービス（うきうき）での玩具療法 ─── 042

第6章　玩具療法について学ぶ臨床実習の試み ･･････････････････････ 043
- | 1 | はじめに ─── 043
- | 2 | 方法 ─── 043
- | 3 | 結果 ─── 045

|4｜考察 —— 047

|5｜おわりに —— 048

第7章 高知市における玩具療法の効果と実践―実践報告とロールプレイ― ⋯⋯ 050

第1日目 特別養護老人ホーム　絆の広場（ユニット型）多目的ホール —— 050

第2日目 特別養護老人ホームあざみの里　交流ホール —— 051

第8章 「共遊楽器」の発想と取り組み ⋯⋯⋯⋯⋯⋯⋯⋯⋯⋯⋯⋯⋯⋯⋯ 053

|1｜はじめに —— 053

|2｜「共遊楽器」の手法と実践例 —— 053

|3｜「共遊楽器」の考え方を広める展開 —— 058

|4｜「共遊楽器」の未来 —— 059

第9章 玩具福祉学会へのぐるーぷ もこもこの活動 ⋯⋯⋯⋯⋯⋯⋯⋯⋯ 061

|1｜はじめに —— 061

|2｜玩具福祉学会への「ぐるーぷもこもこの活動」—— 061

|3｜今後の展望 —— 063

第10章 玩具福祉学会の今後 ⋯⋯⋯⋯⋯⋯⋯⋯⋯⋯⋯⋯⋯⋯⋯⋯⋯⋯ 064

|1｜はじめに —— 064

|2｜黎明期の頃 —— 064

|3｜ホームページより —— 065

|4｜これからの未来に向けて —— 067

|5｜おわりに —— 068

第2部 玩具を用いた医療とケアの実践

第1章 高齢者への玩具福祉の可能性 ⋯⋯⋯⋯⋯⋯⋯⋯⋯⋯⋯⋯⋯⋯⋯ 070

|1｜高齢社会の現状とその背景 —— 070

|2｜認知症高齢者の特性と玩具療法の利点 —— 070

|3｜認知症高齢者に対する玩具療法の効果 —— 073

|4｜初期認知症の方の玩具療法による予防効果について —— 078

|5｜高齢者への玩具福祉の可能性 —— 081

（資料）高齢者用多元観察尺度 —— 082

第2章 リハビリテーションとしての玩具福祉の可能性 ⋯⋯⋯⋯⋯⋯⋯⋯ 090

|1｜リハビリテーションの基本的概念 —— 090

|2｜小児領域と高齢者領域のリハビリテーションの目的とその傾向 —— 091

|3｜玩具福祉との連携 —— 092

|4｜玩具療法を施行した疾患紹介 —— 093

|5｜療法における振り返り —— 094

|6｜医学モデルから生活モデルへの転換 —— 095

第3章 玩具療法のための認知症の医学的理解 ―――――――――――― 096

|1| はじめに ―――― 096

|2| 認知症とは ―――― 096

|3| 認知症の症状 ―――― 097

|4| 認知症の原因疾患 ―――― 099

|5| 認知症との鑑別が必要な疾患 ―――― 101

|6| 玩具療法の医学的効果について ―――― 102

|7| 結語 ―――― 103

第4章 小児科医と玩具 ―――――――――――――――――――― 104

|1| はじめに ―――― 104

|2| 小児科外来 ―――― 104

|3| 発達障害や知的障害を持った子どもたちのためのデイサービス ―――― 106

|4| 病児保育室と玩具 ―――― 108

|5| 事業所内保育園と玩具 ―――― 109

第5章 子どもとおもちゃとこころのケア
―福島県での東日本大震災後の医療支援活動― ―――――――――― 111

|1| はじめに ―――― 111

|2| いわき市 ―――― 111

|3| JMATからこころのケアへ ―――― 112

|4| いわき市こころのケアチームでの活動 ―――― 112

|5| 幼稚園、保育所の巡回支援へ ―――― 113

|6| 巡回支援からネットワーク支援へ ―――― 114

|7| いわきこどものこころのケア連絡会 ―――― 115

|8| 子どもと保護者の相談会 ―――― 116

|9| 幼稚園、保育所の先生への実態調査と研修会でのフィードバック ―――― 116

|10| 飯舘村での子どものこころのケア ―――― 117

|11| 今後の子どものこころのケアのための任意団体設立 ―――― 118

|12| まとめ ―――― 118

謝辞 ―――― 119

第3部 玩具のつくり手として

第1章 玩具製造・開発企業特別レポート ――――――――――――― 122

|1| ピクチュアパズルの歴史 ―――― 122

|2| 日本のおもちゃ業界、戦後トピック56
〜おもちゃ業界はどのように発展してきたか？〜 ―――― 130

|3| 日本玩具文化財団の活動のご案内 ―――― 145

| 4 | おもちゃのパッケージからの皆さまへのメッセージ —— 148

| 5 | 野球盤の歴史 —— 149

| 6 | PETロボットの開発について —— 154

| 7 | ダイヤブロック50周年 —— 157

| 8 | キャラクターマーチャンダイジングについて —— 161

第2章 コミュニケーション玩具の開発—「ここくま」のできるまで— ·············· **165**

第3章 コミュニケーション促進という側面で捉える『日本地図パズル』
 —「2016年度 玩具福祉学会・学会賞」受賞の検証— ···················· **172**

| 1 | はじめに —— 172

| 2 | 先行研究と実証研究 —— 174

| 3 | 結果・考察 —— 176

| 4 | 今後の課題 —— 176

第4章 心と身体をはぐくむ玩具 ································· **178**

| 1 | 玩具の力・玩具の未来 —— 178

| 2 | 遊ぶことは育つこと、心と身体をはぐくむおもちゃ —— 178

| 3 | 進む高齢化社会 —— 179

| 4 | 玩具に宿る可能性 —— 180

第5章 バンダイ「ケンダマクロス シリーズ」
 2016年度玩具福祉学会玩具賞受賞に関して ················· **182**

第❹部 社会の変化と玩具福祉の可能性

第1章 玩具福祉プログラムの効果について ······················ **186**

| 1 | はじめに —— 186

| 2 | 日本の高齢化と要介護者予測 —— 186

| 3 | 玩具福祉の介護費用削減効果 —— 189

| 4 | 玩具福祉の寿命に及ぼす効果 —— 192

| 5 | まとめ —— 195

第2章 高齢社会の進展と玩具福祉の優位性について ················· **196**

| 1 | 高齢社会における問題点 —— 196

| 2 | 介護問題解決に向けて —— 199

| 3 | 要介護者の推移と要因 —— 201

| 4 | 玩具を使った高齢者福祉の優位性 —— 202

| 5 | まとめ —— 204

　　　「玩具福祉の理論と実践」初出一覧 —— 205

　　　「玩具福祉の理論と実践」編集委員会 —— 206

——— 第1部 ———
玩具を用いた
福祉の実践

第1章　玩具福祉の思想と理念—玩具を用いた福祉活動の実践— ……… |文| 小林るつ子

第2章　玩具福祉の歴史 ……………………………………………… |文| 渡辺　勧持

第3章　玩具療法におけるソーシャルワーク実践 …………………… |文| 神谷　明宏

第4章　子どもへの玩具福祉の可能性 ………………………………… |文| 西本　望

第5章　デイサービスセンターでの玩具療法 ………………………… |文| 大須賀　豊

第6章　玩具療法について学ぶ臨床実習の試み ……………………… |文| 岡村　信一

第7章　高知市における玩具療法の効果と実践
　　　　—実践報告とロールプレイ— ……………………………… |文| 石河　不砂

第8章　「共遊楽器」の発想と取り組み ……………………………… |文| 金箱　淳一

第9章　玩具福祉学会へのぐるーぷ もこもこの活動 ……………… |文| 魚本　陽子

第10章　玩具福祉学会の今後 ………………………………………… |文| 小林るつ子

第 1 章

玩具福祉の思想と理念
―玩具を用いた福祉活動の実践―

| 1 | はじめに

　玩具福祉学会が設立されて18年を迎える。玩具業界の中には学術会議的な研究機関は無く18年前に玩具企業の有志と研究者実践者等が集い、この研究機関としての「玩具福祉学会」を設立した。学会の目的と趣旨は『多くの玩具を用いた福祉活動の推進』である。福祉機器やリハビリ用具は社会的に、評価されているが「玩具」は価値が低く扱われている。しかし玩具業界は、そのことに気がつかず、高度成長期には、テレビ宣伝した玩具が飛ぶように売れた時代があった。しかし子どもたちはゲーム機で遊ぶようになり、子どもの数も減り、玩具の売り上げも下がり、現在は、厳しい時代を迎えている。玩具は健康な子どもだけでなく、障がいを持つ子ども、病気の子どもにも、また高齢者の方々も楽しめるのだと考える。メーカー同士の競争の時代は終わり互いに研究しあう時代となり始めた。玩具は、多くの人々の生活の質を高め、より良い幸せな生き方をしてもらうための大事なものである。玩具福祉学会の英文は『The Toys for Well-Being Association』と名付けた。

　玩具福祉会ではもう一つ大事なことを実践している。玩具を用いて福祉活動をする専門家の養成である。ボランティアではなく、玩具を学び医学的、教育的な多くの知識を学び、このレポートを書きこれが承認された人は「玩具療法士」という称号を受ける。講座に参加してレポートが承認されない人は「玩具福祉士」である。専門家として素晴らしいレポートを書いた人たちの多くは、活動の現場を持つ方々である。今後さらに「玩具療法士」が増えて社会貢献して欲しいと玩具福祉学会では期待している。

　玩具を芸術と考える人、文化と考える人、色々な考え方があるが、玩具福祉学会は玩具を用いて実践しながら研究していく、21世紀型の新しい学会である。年1回の大会では、多くの研究報告があるが、教育の現場・病院での実践・高齢者の現場の報告などと色々である。玩具企業の開発の報告・手作り玩具の実践報告など数々の研究報告がある。玩具福祉学会は発展途上国の子どもの支援も行い、英国のプレイバス運動の調査の為に英国各地域を廻り調査した。このプレイバス運動をスリランカにおいて実施している。

　玩具は、多くの可能性を秘めていて夢が広がる。10年は夢の様にではあったが、さらに新しい活動に進んで欲しいと願っている。

｜2｜ 玩具を用いた、様々な実践活動

　療育の現場にいる教師たちの中には、現在の玩具の素晴らしい開発のことを理解せず、手づくりの木の玩具が良いと信じている人もいる。それも一つの考えであるが、その子ども達に合った玩具を製作するばかりでなく、多くの最新の玩具を研究して探す事も大事なことである。リハビリ玩具はその目的の為に使われるのだと思うが、子ども達は体のリハビリ効果だけでなく玩具で遊びながら社会性を学んだり、コミュニケーションの道具にして仲間を作ることも出来る等、多くの効果が生まれるはずなのだ。

　多くの玩具が存在する中で、玩具を用いて遊ぶ場合その人に合った、正しい選択が必要である。何でも玩具を与えれば良いのではなく専門家が判断して、玩具を選び、その玩具を用いて遊びの世界に誘うことが出来れば、障がい児も障がい者も高齢者も玩具で遊ぶことで楽しさがわいてきて、淋しい顔が笑顔に変化するはずである。以下では「玩具の力は凄い」と感動した様々な実践を、分野別に簡単に紹介するので、いかに玩具が福祉に貢献しているかを理解して欲しい。玩具福祉学会では多くの研究に取り組んでいる、障がい児・高齢者・病児に重点を置き研究を重ねている。あくまでも、その人の生活の質を高めるものであり、無理にリハビリ効果などを前提にするのでなく、遊んでいるうちに多くの効果が出ることを実証した事例などを今回は判りやすく説明する。「玩具福祉の思想」と難しく表題に明記したが、玩具を用いた人々が幸せな笑顔を見せることであると思う。

2.1　障がい児の場合

　1981年5月12日、日本で初めてのボランティア活動で運営する障がい児の為の「おもちゃの図書館」を設立した。ちょうど国際障害者年の年であった。私は乳幼児の母親に対して、おもちゃの相談などをしていたが、この時のデータで相談数が多かったのが、障がいを持つ母親や障がい児教育の現場の教師達の相談であった。このことは大変な驚きで、当時の母親達は未だ地域で障がい児のデイサービスを受けることも出来なかった。幼稚園・保育園でも障がい児を受け入れる体制でなかった。日本の福祉の現状を調査するつもりで、私は自分が卒業した大学に戻り、社会福祉を学んだ。1980年代のことである。まず英国に行き障がい児の為の「トイライブラリー」の活動を調査した。英国で学んだ「トイライブラリー」運動を、日本で設立したいと願った。まず、ボランティアの力を借り「おもちゃの図書館」を私の住んでいる三鷹市に於いて開設した。資金が無いのでボランティア活動として運営した。資金面が許せば専門家が欲しかった。英国では保育士や、ケースワーカーが参加している。30年余り前のことである。現在では、障がい児は地域で受け入れるデイサービスが出来て、障がい児は専門の保育士達により早期発見・早期療育と言われて、「おもちゃの図書館」は地域の健常児との交流の場になったり、子育て支援の中に組み込まれたりしている。

　おもちゃの図書館は、障がいをもつ子どもたちに、玩具が必要であること、障がい児の子育てにも、玩具が大きな力を発揮するかを教えてくれた。実践の中で多くのことを学び、

玩具が大事であることも証明した。様々な障がいのある子ども達は、その障がいにより遊びも違い、使う玩具も異なっても楽しく遊ぶことを教えてくれた。

重度の障がいを持つ子ども

多くの人達に「この子は、何も出来ない」と言われた重症児が、楽しく動く動物玩具を見て笑顔が出た時に、お母さん達が「この子、笑いましたよね…」と涙を流して喜ぶ場面に遭遇した。手が動く子どもは、手で玩具を操作しようと自発的に行動する。玩具は他律的に「動かしてごらん」と促すのでなく、自分の気持ちで動かす事からスタートして欲しい。教育の場でも、重い障がいを持つ子どもに、楽しんで毎日の生活を過ごすことが重要とされる。私の住んでいる、三鷹市の「おもちゃ図書館」に初めて来た智子ちゃんという重度の障がい児は、目も見えず体も動かせず、右の耳だけ聞こえる子どもであったが、きれいなオルゴールの音に反応して、音の方に顔を向けて、よい顔をした時は「聞こえるのだ」と、そばに居る人たちは確信した。智ちゃんは中学まではお母さんと、おもちゃ図書館に来ては、良い音のする玩具で楽しんだ。重度の障がいを持つ子どもでも楽しむことで癒されるのは大切で、それは、家族の幸せにもつながることである。「何も出来ない」と言うことで、寝たきりの人生を過ごすのでは、あまりにも悲しいことだ。この場合、多くの玩具の中から、その障がいに合い、楽しめる玩具を選ぶことである。そして関わる人が心を込めて共に楽しめる様に支援しなければならない。この効果は大きく、人間としての尊厳にまで繋がると思う。

広島のなお君という重度のお子さんと、小さい頃に出会った。この頃、彼は経管栄養で、現在は大きくなり胃ろうにし、すでに高校を卒業している。この間、母親は多くの玩具を使い毎日の生活を楽しむことを考えて、できる限りの努力を重ねてきた。新しい電動動物玩具が開発されると、すぐ試してみて、なお君が喜ぶように改造したり、置く場所などにも工夫を重ねている。福祉機器のエーブルネット社のジェリービーンスイッチなども使い、実践して効果を出している。寝たきりの彼が、楽しめる毎日の生活には、玩具が大きく役立ち効果を見せている。長年彼が生きている人生で楽しく笑えること、癒されることは人間として生きる原点であることを教えられる。

自閉的な子ども達と玩具

私は、毎週水曜日は青山のこどもの城で、おもちゃ図書館を開設しているが、春休み・夏休みなど学校が休みの日になると、多くの障がい児たちが遊びにくる。大きくなった障がい児も小学生も楽しそうに遊ぶ。玩具は色々あるが、自閉的な子どもは、ピコとかニーナとか、テレビに接続して画像を見て操作して遊ぶ玩具が気に入り良く遊ぶ。ソフトがたくさんあり、自閉的な子ども達は自分で出来る楽しいソフトを入れて遊ぶ。ドラえもんの声で「丸を書いてみよう」と言うソフトが好きな亮君は、丸が上手にかけないが「がんばって、もう一度書いてみよう」と言う、ドラえもんの声で、またスタートから始める。出来た時は「良く出来ました」と言うこの声を聞いて、口に自分の指をみんな入れて飛びはねて喜ぶ。このように達成感を味わえる玩具は、昔なかった。新しい玩具が開発されて、

障がいを持つ子どもの遊び方も変化してきた。学校ではこのような玩具は使わないと思うがソフトを変えると文字をなぞり、「あいうえお」がかけるようになる。このように、ものの認知が遊びの中で出来て、文字の形を覚える。またテレビにつなぐ子どものカラオケなども気持ちの発散になるのか楽しんでマイクを持つ。上手には歌詞が歌えなくても「唄っているつもり」になり、自分の好きな歌を選べるようになる。自閉的で難しい行動をする子どもでも、楽しめるものが玩具の中にはたくさんある。新しい玩具が開発され子ども達がこれらの玩具で遊ぶことにより将来は、さらに子どもの笑顔が見られることであろう。

肢体不自由の子ども

　体が不自由で歩けないので、佳子ちゃんは手が触ると音がでる玩具で遊ぶ。平らな面の絵を押すだけで「これはドーナツです」「私、ミッキーです」の声で答える玩具が大好きだ。不自由な手でも指を移動するだけで楽しめるキーボードは、指1本で押すと音がでて、音楽を自動演奏できる玩具が沢山あるので色々楽しめる。譜面が理解できなくても指1本で好きな歌が演奏できる喜びは、かけがえが無い。心が明るくなり「出来ない」という悔しさがここで解消される。体の不自由な子どもに、「自分で出来る」という達成感が心に生まれて、自信につながる。玩具はこのように効果がある。歩けないことも立てないことも、忘れて音楽家になったつもりで演奏する。多くの肢体不自由児といわれる子どもたちの未来は明るい。

知的障がいのある子ども

　周子さんは元気で色々な玩具で楽しく遊んでいるが大きく成長して、作業所で働いている。ある時、悪性腫瘍になり治療のために個室に入れられて、色々な治療をする時に、暴れるので困るとドクターがさじを投げ、もうこれでは治療できない、といわれたと母親から緊急の電話があった。彼女が大事に可愛いがっていた「ケント君」と名付けた電動の猫の玩具があったので、この猫を無菌室に特別に入れてもらい彼女は「ケント君」を抱いて治療をして、現在は完治して元気で作業所に通勤している。この電動玩具の猫は頭などを触ると反応して鳴くので、毛が擦り切れている。周子さんの母親は「この猫の玩具に命を救われたのです」という。玩具には色々な効果があるが、知的障がい児が治療を受けるとき拒否して点滴をつけることも出来なくなる場合がある。周子さんの、大好きな猫の玩具は効果があったようだ。

　このように色々な障がいを持つ子ども達が玩具で多くの体験をして、心が癒されて、さびしさが解消され、楽しい遊びを体験することは成長過程で大変必要なことであり、心身の発達に玩具はかけがいの無い力を与えるものである。もちろん障がいの無い子どもも同じである。それぞれの障がいの為に友人と遊ぶ事や、公園や遊園地で遊ぶことも限られている場合に玩具をいかに選び活用するかでその子どもの人生が変わる場合もあり、多くの実践事例の中から障がい別に記載した。

第1章　玩具福祉の思想と理念　　005

2.2　高齢者の場合

　世の中は、超高齢化時代というが、一人ひとりの個人の生活歴が違う方々がデイサービスで集り、居眠りなどをしていることが多いのを見て、この改善策として玩具療法を実践した。厚生労働省の補助金により調査をしてまとめた結果、科学的な検証を得ることが出来た。今までは「おもちゃなんか」と多くの人達は少し軽蔑して見たが、この検証で効果が認められたことは今後、高齢者の余暇活動にも導入すべきであると考える。

　高齢者のデイサービスの場、入所の施設でも認知症が多いことが判明した。特に認知度を3段階に分けてチェックシートに記入して600症例の分析を実施した。その結果、特に重い方でも、癒し系玩具で遊ぶことが出来、心が癒されて表情が変化することが判明した。テクノロジーを導入した最新の玩具の中で、話をする人形、鳴く、歩くなどの変化のある電動動物玩具の効果が多くあった。

　『玩具療法』は先駆的な療法であるが、この研究で期待できる結果がでた。玩具は安価で、福祉機器やリハビリ商品は（個人が入手しやすいものでも）とても高価である。多くの認知症を抱える施設はこれから玩具療法を導入し、玩具を活用することで、高齢者の方々の生活の質を高め、施設でも在宅でも幸せな笑顔が見られることを期待している。リハビリは苦しいが、玩具で遊んでいるうちに手や足を動かすことも出来る。

玩具の効果を分別する

運動機能を促す玩具　玩具で遊んでいる内に手や指を使い、自然体でリハビリになる玩具がたくさんある。数字盤を並べる、チャーミーリングをつなぐ、ハンマーベンチで叩く、ままごとトントンで野菜を切る、簡単なジグソーパズル、などである。指や手のリハビリはあまり施設ではしないので、男性の方で脳梗塞の麻痺の方々は楽しんでパズルをする。数字盤なども自分の能力に合わせて楽しめる。

コミュニケーションを促進する玩具　人との関わりをあまり持ちたがらない人も簡単なゲームを始めると熱中して笑顔が出てゲームのルールなど忘れて自分達で楽しみ始める。たった一つの玩具でこんなに変わるのかと驚く場合がある。玩具を選ぶ時には難しいルールがなく、簡単に遊べるものでなければならない。この時に介護者の支援も重要である。

癒し系玩具　特に認知症・又初期認知症の方々は介護職の人も大変関わりに難しさを感じる筈である。しかし玩具療法として1番人気がある玩具は、電動動物・人形などである。近年開発されたテクノロジー導入の玩具は、多くの高齢者が楽しんでいる。台東区の認知症のデイサービスに来る男性の方が、帰宅願望や卑猥な行動があり、介護者を困らせていた。ある日、1匹の電動玩具の犬が彼の行動を変えた。人の話す言葉に反応して「お手」「ふせ」など声をかけると反応して動き「お手」も「お座り」もする。彼はこの犬と関わり、笑顔がでて、困らせていた行動が消えた。これで認知症が完治することは無いが、少しの時間でも楽しむ彼の姿を見てこの効果は大きいと感じた。この後犬と毎回遊び穏やかな時

間が過ごせる様になった。

　同じく台東区の別のデイサービスの時間に認知症のクラスに行くと一人の夫人が猫を抱えて他の人が近くにいくと怒り殴りかかる行為をした。この時に可愛い赤ちゃん人形を見せてそばで「抱いてみませんか？」と促すと、そっと抱きかかえて「可愛いね」と急に猫から手が離れた。猫も電動で鳴くし肌さわりもよいが、人形には大きな関心が出て笑顔になり穏やかに話し始めた。このように、ひと時でも癒される玩具があれば、この人々は素晴らしい幸せな時間を過ごすことができる。

｜3｜ おわりに

　玩具の素晴らしさは、そのかかわりやすさにある。高齢者の場合、子どもの頃に玩具で遊ばなかった人はいない。記憶が過去に戻り、昔遊んだことを思い出す。いろいろな玩具（おもちゃ）で遊ぶと笑顔も出てくる場合があり、表情の変化も見られる。

　回想療法の様に、認知高齢者にとって、これほどやさしく取り入れられる療法は他にはない。その効果は高齢者の笑顔に表れている。玩具を使う活動がさらに普及し、高齢者の認知症進行予防に貢献することが、今後の大きな希望であり課題である。

　また障がい児・者に対しても、特に成長段階においては必要不可欠なものであるが「おもちゃ」と言い軽視することは避けて欲しい。現在の玩具メーカーの開発の素晴らしさを認知して欲しい。是非「玩具」を再発見して欲しいと願う。

【参考文献】

1）苛原実編著「認知症の方の在宅医療」南山堂
2）苛原実, 小林るつ子「高齢者への玩具療法の実践の効果の調査研究報告書」（平成18年厚生労働省老人保健健康増進等事業による研究報告）
3）「玩具福祉研究」玩具福祉学会

注）本文の記述は執筆当時のものです。

（小林るつ子　玩具福祉学会理事長）

第 2 章

玩具福祉の歴史

　玩具福祉は、玩具と福祉が重なりあう部分を対象とする。玩具・遊具は、楽しく、生きることにつながるあそびを成り立たせている一つの大きな要因である。

　福祉は、生活が困難な状況にある人々の幸せを願い、援助することと関連している。

　「玩具」と「福祉」を合わせ考えることによって、困難な状況にぶつかり、援助を必要とする人々に、楽しいあそびを引き起こすことのできる玩具や遊具を提供し、少しでも幸せになれるように援助することができる。

　広い範囲におよぶ福祉の領域のうち、ここでは、筆者がこれまで仕事をしてきた障がいのある人々を中心に述べながら考えてみたい。歴史についても、私達が生きている現代と関係の深い20世紀に重点をおいて考えてみよう。

｜1｜ 障がいのある人々にどのように対応してきたか
〜20世紀以前と20世紀以後をくらべて〜

　障がいのある人々に対して、私達の社会は、どのように対応してきたのだろうか。障がい者の歴史は、残された文書や絵画によって調べられたものが報告されている。例えば、林は、「スパルタでは、古代、ギリシャやローマの時代には、部族や異民族、国家間の戦争が繰り返されていたが、健康で強壮でないもの、すなわち市民、戦士として貢献できないものに対しては、遺棄・抹殺が行われていた。例えばその思想は、アリストテレスの「不具者は育ててはならないという法律が定められなければならない」（『政治学』）の一文に見られる。プルタルコスは、「…あるいは虚弱な子、五体満足でない子はクエゲスト山に捨てた」（『英雄伝』）」と述べている。

　これは、社会で適応できない障がい者を排除した否定的な見方である。一方、障がい者を社会に受け入れようとする好意的な見方もある。

　花田は、「民間伝説といえば福子伝説というのが日本各地に存在しています。障害児が生まれるとその家は栄える、という言い伝えです。そうした子どもが生まれると、その子が一生困らないように……と、家族全体が心を合せて仕事に励む結果が、その家を栄えさせることになるのでしょう。その家族にとっては非常な努力と苦労の結果に違いないでしょうが、近所から見ると、いかにも障害児が福を招き寄せるようにも見えたのでしょう。見方を変えると、この福子伝説の広がりが、障害児たちを生かすことに役立ったことになるのだと思います。」と述べている。

これらの障がい者に対する否定的な見方と肯定的な見方は、人間の長い歴史の中で、場所を変え、時代を変えて、繰り返し、繰り返し、現れていたのではないか、と思われる。人の心には、障がいのある人々を排除する気持ちと、一緒に生きるべきだという気持ちの相反する二つの気持ちが同居しているのであろう。それまでは地域社会で時折表れていた否定的、肯定的見方が、20世紀になると世界全体が同じ見方をするようになった。

　1930年代ころから現れたのは、障がいのある人々を地域社会から排除し、遠くに隔離するという否定的な対応であった。この障がい者を否定した背景には、優秀なものの子孫を残し、劣悪なものは淘汰されるべきだという優生学の考えであった。家系図を用いた遺伝学者の研究が、当時は、正しいものとして受け止められ、ほとんどの先進国で大規模な隔離収容政策が行われた。優生学の研究は、ヒトラーによっていち早く翻訳され、障がい者は無用の存在としてガス室で虐殺された。

　第二次世界大戦の終結後、各国は人の基本的な権利について語るようになり、国際連合の機関も世界人権宣言（1948）をはじめとする障がい者の権利に関する条約を発効した。収容施設の悲惨な環境が明るみに出され、そこに収容されていた人々が地域社会に戻る運動がおこった。障がい者と共に生きる肯定的な見方が広がり、運動を推進する理念として、障がいのある人々も社会のふつうと言われている大多数の人々と同じ生活を行うべきである（ノーマライゼーション）、さまざまな文化を持った人々が、たとえどのように少数の人々であっても、尊重され、共に生きるべきである（インクルージョン）などの思想がおこってきた。「みんなちがって、みんないい」という金子みすゞの短い詩は、さまざまな障がい者の団体で使われている。このような20世紀の流れの中で、以下の二つの動きが、玩具福祉を考える点で重要であると思われる。

1.1　本人参加、利用者中心

　1950-60年代、収容施設で多くの障がいのある人々が、家族や友達から隔離され、男女別々の棟で、一部屋に数人が生活し、50人、100人が冷たい食事を食べた。施設では、規則が決められ、それに沿って職員は仕事をし、障がいのある人々は個人的な希望を出すこともなく、その日課に従って生活をしていた。収容施設から地域社会で生活するようになり、障がいのある人々の生き方、人生が尊重されるべきであるとの主張がなされ、障がいのある人々が自分の人生や生活を自分で選択し決定するようになった。

　「私の人生です。どのように支援したらいいか考えるときは、まず私に聞いてください」という声が出始めた。自分で選択し、決定することは、ふつうと呼ばれている私達には、意識することすらないほど、あまりに明白な、当たり前のことである。しかし、障がいのある人々にとって、ここに至るまでの道は長く、言葉のない人々にどのようにしてその人の声を聞くか、ということは今も討論されている。

　トイ・ライブラリー（おもちゃ図書館）を創設、広めた人々の中心にいた障がいのある子どもの親も、この当事者（本人）主体、利用者（本人）中心の考え方の流れの中で活動を始めたのであろう。どんなに障がいが重くても、その人を尊重し、その人の考え、感情、

希望に耳を傾けながら、その人の生活や人生を支援しようという利用者中心の考えは、私達が、子どもと向かいあい、楽しく遊ぼうとするときでも、私たちをいつも謙虚な気持ちに導いてくれる。

1.2 障がいは、その人の環境と深く結びついている

障がいのある人々が隔離され、収容施設で生活した20世紀の前半には、障がいは、目が見えない、耳が聞こえない、手足が動かせない、読み書き算数ができない、という個人の特性であると考えられていた。その人の障がいと私達の社会は関連がないように思われていた。

しかし、「たしかに、私は手足に障害があり、移動が困難です。でも、私にとって、それよりもずっと大変なことは、外に出かける車いすがないこと、仕事ができないというように私のできることについて人々が無関心でいることです。私のできることを見て、考えてください、そうして社会に参加させてください」という障がいのある人々の発言によって、障がいとは、個人の問題ではなく、むしろ社会の側の問題であることがわかってきた。

国連の世界保健機構（WHO）も、2001年に、障がいは個人の心身の障がいでもあるが、その人の生活や人生からみると、障がいがあるか、どうかは、その人を取り巻く環境がどのような用意をしているか、で大きく変わって来る、という見方を示し、今日にいたっている。戦争や貧困、都市のスラム化、移民あるいは親の機能の欠損や、障がいや高齢による孤立した状況の中で、トイ・ライブラリーや遊び場が遊ぶ機会を提供することは、車いすやエレベーター、点字ブロック、公共の会場での手話通訳、要約筆記、ガイドヘルパーや自動車による移送支援などと同じように、環境をよくすることの問題と深く関係している。

│2│ 玩具、遊具はどのように変化してきたか

玩具というと、一般的には、おもちゃ屋さんで売られているおもちゃを想像する。

しかし、子どもは「なんでもおもちゃにして遊ぶ」という表現に見られるように、いつの時代でも、スプーンなどの生活用具や、土や石などの自然物を、ぶつけあって音を出したり、転がしたりして遊んでいたはずである。

そのような自然や生活用具で遊んでいた物のうち、比較的どの子どもも遊ぶような物が「玩具」として、大人によって作られたのであろう。古代の遺跡の中に発掘された物の中に、ガラガラが見つかった、という記事がときどきある。

手を振ると音の出るガラガラやボールのように転がすおもちゃは、その素材や形、あるいは呼び名が違いながらも、いつの時代でも、いろいろな地域で作られていたのではないだろうか。ある時代には、裕福な貴族や大名が子どものために、芸術的な装飾を施して後世に残るようなおもちゃを作成したかもしれないし、ふつうの庶民階級では木や糸で作っ

図1　施設のディルームにて

ていたかもしれない。

　障がいのある人々の歴史と同じように、遊びや遊具についても文書や絵画からその歴史を考察した研究がある。遊びについては、「子どもは小さな大人ではない」という言葉で有名な子どもの権利や世界を述べたルソーの考え方や子どもの自発的な活動を重視し、教育的な意味合いを強めて積み木などの基本的な形の教育遊具（恩物：おんぶつ）を提唱したフリードリヒ・フレーベル、また、さまざまな教材を作り、環境を整えることによって子どもの自発的な物とのかかわりが進められると考えたモンテッソーリなどがよく取り上げられる。

　このような子どもの遊び、教育を配慮した玩具の流れとは別に、子どもの玩具は、20世紀の工業化が進んだ大量生産の技術と情報の操作がもたらした市場での販売によってまったく新しい世界が開かれた。企業が玩具市場の中心となって動き出したのである。

　企業によって市販玩具が世界に広がったことのプラスの点は、大量生産によって、それまではお金のある人々だけが買えたおもちゃがより多くの人々に行きわたったことであろう。このことは、遊具だけではなく、例えば掃除機やテレビなどの普通の製品も世界に普及している。

　マイナスの点は、子どもの遊びに対して、企業側のコマーシャル等の売りこみにより、一種の流行を作ることによって子どもたちの欲望を作り、それまで、子どもたちが屋内外で自由に作りだしていた遊びに制限を加える危険性をもたらしたことであろう。

　企業が主導する市販玩具の普及は、テレビを長時間見ることによる問題、都市化によるスラム化や核家族の問題、大量生産した玩具を発展途上国に売り込むという南北格差の問題などと重なって、子どもの遊びについて再考する運動を引き起こした。

　障がいのある人々の問題を各国で考えたように、子どもの遊ぶ権利を各国の代表が集まり、検討を重ね、国連でも条約が作られた。児童の権利に関する条約（子どもの権利条約、1989年）第31条では、「休息及び余暇についての児童の権利並びに児童がその年齢に適した遊び及びレクリエーションの活動を行い並びに文化的な生活及び芸術に自由に参加する権利を認めること、ならびに、児童が文化的及び芸術的な生活に十分に参加する権利を尊重しかつ促進するものとし、文化的及び芸術的な活動並びにレクリエーション及び余暇の活動のための適当かつ平等な機会の提供を奨励すること」と述べ、子どもにとって遊びの重要性を喚起した。

IPA（子どもの遊ぶ権利のための国際協会）日本支部では、次のように遊びの重要性を5点述べたうえで、現在の遊びの権利が脅かされる問題をあげている。1．遊びは、健康や栄養、住まいと同じように子どもの生活にとって、欠かすことのできないもの　2．遊びは、子どもの能力を伸ばす　3．遊びは、強いられてするものではなく、ひとりでに湧き出てくる活動　4．遊びは、友だちとの間でやりたいことや考えをだす自己表現　5．遊びは、体、心、社会性の発達に欠かすことができない。

　現在の問題として提起しているのは、先進国では企業の子ども向け製品の販売が増えていること、急速な都市化のために住宅や交通事情が悪化し生活環境が悪くなっていること、知識教育の偏重が見られること、スポーツなどで競争を必要以上に強いていること、子どもが大人によって囲い込まれていること、発展途上国では最低限度の生活すら危ぶまれていること、子どもが劣悪な状況で働いていること、戦争や暴力にさらされて生活をしていることである。

　このような現実の中で、企業の業者に対して暴力を肯定するようなゲームを採り上げさせず、発展途上国を含めてそれぞれの地域社会で伝統的に伝えられてきた遊びを保存すること、勝ち負けに過度にこだわることなく、人が協力できる遊びを奨励している。また、障がいなどがある子どもたちには特別な配慮ができるおもちゃ図書館やプレイバスなどを用意すること、高層住宅やスラムで生活する子どもたちの遊びの保障、都市計画の際の子どもの遊び場や安全な歩道つくりなどについて提言をしている。

　トイ・ライブラリーの運動も、IPAが述べるように「子どもが地域社会のいろいろな年齢の人たちとまじわることができるような遊べる時間、道具、材料、自然の場所の保障」の一環として位置付けることができる。

｜3｜　整備されない環境で、障がいのある子どもは、どのように遊ぶか

　子どもが遊べる環境を用意することが重要であるが、実際には、子どもたちはそのような環境を剥奪され、荒廃した環境の中で過ごすこともある。

　そのような環境では、子どもの中になにが生じるのであろうか。筆者が1970年代に勤務していた施設での経験を述べてみたい。図1は、その児童施設での写真である。施設に入所する前、子どもたちは地域社会の中で生活していた。しかし、当時は、学校にも行けず、親への支援もほとんどなく、親は必死で介護していたものの、疲れ果ててこの児童施設に子どもを預けざるを得ない状況にあった。施設側では熱心な保母たちがこの子どもたちを受け止め、日々、対応していたが、それでも50人の集団生活の中で、一人ひとりの子どもたちにあった自由な、楽しい遊びの機会を提供するのはとても困難なことであった。

　20世紀前半に見られた障がいのある人々への施設収容は、ノーマライゼーションの理念が出始めた1950、60年代までも引き続かれ、先進国のほとんどの国でこの写真のような状況が見られたはずである。

図2　唾で遊ぶ

図3　ディルームで　　　　図4　遊具提示後

　施設に引き取られた50人の重度の知的障がいがある子どものうち、家庭で比較的、親や兄弟と密な人間関係をもち、施設に入所してきた子どもは、職員との関係をもちたがった。しかし、多くの子どもたちは、人間関係をもつことをあきらめていて、すでに一人で遊ぶことを学習していた。ほとんどの子どもは言葉が出る以前の発達段階にあり、そのような子どもとの対応は、ゆっくりと、時間をかけて、職員が対応する必要があった。そのことをわかりながら、職員は多くの子どもをみなければならず、あるいは、夜勤や早出、遅出などの変則勤務のために、子どもと職員が毎日、特定の関係をもつことは困難であった。

　わたしは、子どもが多くの時間を過ごすディルームにいて、その子たちの遊びを観察した。

　子どもたちは、自分なりに、さまざまな遊びを作り出していた。服に穴をあけたり、他の子どもの髪の毛をひっぱったりして外界の物や人に関心を持っている子もいたが、多くの子どもは、自分の唾を手に出して、くねるような手指の動きの中でその感触を楽しんだり、声をあげながらリズミカルに体を左右、あるいは前後に大きく振ったり、床に寝ころんで体を振り続けるなど自分の身体で遊んでいた。遊具やおもちゃは、自分が遊びたいときに自分で遊べるものである。この子たちにとって、自分が遊びたいときに遊べる遊具は、自分の身体やあるいは自分が自由に出せる唾などの分泌物、排泄物でしかなかった。（図2）

保母たちは、この子たちの環境を少しでも変えようと散歩やボール遊びなどの療育を行った。5名から8名の集団で行われるにもかかわらず、子どもたちはひとりで閉じこもっていた遊びをやめて、他の遊びや活動に変わっていった（渡辺、1978）。

さらに、筆者が、50人の一人一人を部屋に呼んで、さまざまな手作りの遊具をしめしてみると、図3、4のように、子どもたちが遊具で遊ぶ姿が見られた（渡辺、1979）。

子どもたちは、自分の能力や発達にあった遊具やおもちゃで遊べる機会があれば、そこで遊び、前述したIPAの遊びについて述べられた文章のように、自分で外のものや人の世界を探索し、学び、育っていくのである。しかし、それが不可能な場合は、通常、私達が、つい「問題行動」と呼んでしまう自分の頭をうちつけたり、情動的な行動をとり続けたり、食べることのできないものを食べる行動をとることがある。

近年、これらの行動は、「障害のあるこどもたちがチャレンジ（挑戦）している行動」と呼ばれている。子どもたちは、「自分は言葉が分からない、もっとわかりやすく私に何が起こっているのか、伝えてください」と周りの環境に対して挑戦し、「わたしは、このおもちゃでは面白くない、わたしにも面白いおもちゃをください」と私たちに挑戦している。

この知的障がいがある児童の入所施設での出来事は、ほんの一例であるが、このような状況は、玩具、遊具、遊びの場所や時間が剥奪された多くの児童に共通しておこると思われる。

│4│ トイ・ライブラリーの歴史

玩具福祉の歴史の中で、特に障がいのある子どもたちを考えたときに、もっとも大きな出来事としてとりあげるべきは、トイ・ライブラリーの設立であろう。トイ・ライブラリーは、現在も、さまざまな国で、それぞれの活動を行い、先進国、発展途上国を問わず関心を広げている。

トイ・ライブラリーは、おもちゃの図書館であり、本のようにおもちゃを貸し出す場所である。さまざまな地域でいろいろな活動が行われている。障がいのある子ども達だけではなく、戦争や難民キャンプ、他国への移民、経済的な困窮、収容施設など様々な状況で、遊びの機会を奪われている子どもたちのために、トイ・ライブラリーが世界中に広められた。

第1回国際会議が1978年に開催され、以後4年に1回、第8回の東京大会（1999年）も含めてすでに11回行われている。アジアのトイ・ライブラリー会議も3回目を迎えている。

ここでは、障がいのある子どもたちとトイ・ライブラリーの関連について述べたい。

4.1　トイ・ライブラリーの始まりと機能

障がい者への対応が、すべての人の人権を尊重するという機運の中で、障がいがあってもその社会の大多数の普通と呼ばれている人々と同じような生活環境を用意しようという

ノーマライゼーションの考え方、あるいは、いろいろな文化的な背景をもった、多様な人々がともにいることがむしろ重要なことであるというインクルージョンの考え方が広まり始めた20世紀の後半、当事者である障がいをもつ子どもや家族が自分たちで様々な活動を始めた。1960、1970年代の早期にトイ・ライブラリーを開設したスウェーデンのユンカーは、脳障がいの息子と自閉症の娘をもった母親であり、英国でトイ・ライブラリーをすすめたジル・ノリスも精神障がい児を持つ母親であった。

　障がいのある子どもたちのためのトイ・ライブラリーの機能として次のようなことがあげられた。

　　　1．専門家ではない親が自分の力をもって、子どもといきいきと、楽しく生活できるようにしよう。
　　　2．いきいきと楽しく生活をする一つの方法として遊具で遊ぶことを取り入れよう。
　　　3．遊びが、子どもの成長を促すことを理解し、親が楽しみながら子どもの成長を助けられるようにしよう。
　　　4．親は、自分一人で悩まずに、親同士で話し合う機会を持とう。そしてお互いに話し合うことによって、子どもの生活と家族の生活がすこしでもよくなるようにしよう。

　障がいのある子どもたちを対象にしたトイ・ライブラリーに共通している機能は、

　　　●遊びを子どもの発達に非常に重要な活動としてとらえていること、
　　　●おもちゃを貸す機能に加えて、親の支援を行っていること、

の2点である。このトイ・ライブラリーの2点の機能は、それぞれの国の文化や地域の福祉制度の体制の中でトイ・ライブラリーに寄せられる期待に応じて、さまざまな形をとって展開していると思われる。

4.2　遊びを通しての発達支援

　遊びと子どもの発達については、障がいのある子どもを中心に遊びを考え、その子にとってのおもちゃを考える必要がある。その場合の遊びはその子どもの生活の屋内外での遊びを含み、子どもの言葉や全身運動、微細運動、感情、社会性すべての発達に関連して考えられる必要がある。

　どのようなトイ・ライブラリーでも、障がいのある子どもの発達を考慮していると思われるが、トイ・ライブラリーで働き、助言する人の育成や資格をどのように行うか、ということは、その国の福祉制度の現状によって異なっている。スウェーデンのような障がいのある幼児への保育、医療、相談などの制度が十分整備されている場合には、そこで働く人々と連携をとりながら、玩具での遊びと発達を専門的に考え助言するトイ・ライブラリアンが育成されているし、そのような福祉制度が整っていない国では、トイ・ライブラリ

アンが行う仕事の範囲は広くなり、家庭を訪問したりしながら、子どもの発達相談を行っているところもあるだろう。

いずれにしても、玩具で遊ぶことがその子どもの発達を援助することについて、さまざまな国内外のトイ・ライブラリーで相互に情報を交流することが重要である。

また、近年の医学の進歩により、障がいが重度の子どもたちが発展途上国を含めて多くなりつつある。それらの子どもに対して、その子のできる姿勢や行動を把握し、その子のできることでおもちゃにふれたり、スイッチを作動させたりするいろいろな工夫が電子機器を含めて行われるようになった。どのような障がいがあっても、遊びの世界を楽しめる子どもたちとの体験や研究を、わかりやすい形で情報交換を行い、親がそれらの結果をふつうの生活の中でつかえるようにしていく必要がある。

4.3　トイ・ライブラリーにおける親への支援

障がいのある子どものほとんどのトイ・ライブラリーで、おもちゃを貸す機能に加えて、親の支援が行われているであろう。

子どもは親に愛されて育つ。障がいのある子どもが育つには、普通の子ども以上に、親からの愛情やケアが必要となる。そのために社会からの親への支援が必要である。トイ・ライブラリーでも、様々な形の家族支援（Family Support）が行われている。

障がいのある子どもが生まれたとき、親はさまざまな体験をする。周囲に理解のない場合には、親は孤独や罪悪感、それに伴い引きこもりたい気持ちになることもある。このような場合、おもちゃで遊ぶという、ごく日常のことが身近に感じる、トイ・ライブラリーに行こうという気持ちになることもあろう。そこで、子どもがおもちゃで遊ぶ姿をみたり、話を聞いてもらったり、同じ障がいをもつ親と出会ったりすることが、親が子どもを受け入れていく一歩になるかもしれない。トイ・ライブラリーは、医師や福祉関係の専門家の公的な援助の場所と違った、温かい、自然な人々のつながりを用意することができる。

親への支援は、福祉制度が整っていない国や地域では、親が子育てを続けられるように、トイ・ライブラリーで数時間子どもを預かるレスパイト・サービスを行う場合もある。

トイ・ライブラリーはその創設期には、親やボランティアの草の根的運動で展開したところが多い。近年、トイ・ライブラリーの活動が発展し、定着するにつれて、公的な支援がなされている国も増えてきている。トイ・ライブラリーの支援は、様々な可能性がある支援である。ふつうの人々の支援でもあり、おもちゃで遊ぶという入りやすい支援であり、あるいは、遊ぶことによって子どもの発達を考える専門的な知識が得られる場でもあり、親が子育てに様々な形で元気をもらえる支援でもある。どのような形態の支援が必要であるかは、国により、時代により、様々である。様々な支援の可能性があるトイ・ライブラリーは、その運営や形も多様性が望まれる。そして、いろいろな形で世界に運営されているトイ・ライブラリーが情報を交換することで、自分の文化や制度にあった、障がいのある家族に優しいトイ・ライブラリーのあり方を模索できることが大切である。

|5| これから考えたいこと

5.1 遊びがあって、玩具がある

　国際トイ・ライブラリー協会（ITLA）のホームページには、第10回国際会議の会議報告書が掲載されている。その中で、ナイジェリアのAremu, A. & Ekine, A.（2005）は、ナイジェリアで子どもたちがよく遊ぶ伝統的な屋外遊びについて紹介している。

　Aremu, Aらは、あそびが子どもにとっていかに重要であるかについて、これまでの研究者の言葉を引用しつつ次のように述べている。

　　　子どもたち同士で遊ぶゲーム、ブランコや滑り台の遊び、玩具を用いての遊びなど様々であるが、子どもが一心になって遊んでいるとき、心と身体と精神が一体となってさまざまな物事を学ぶ。とくに、自由遊びの時には、感情を思いっきり発散させ、子どもたちは自分でルールを作り出す。子ども同士で遊ぶことによって、それぞれの子どもがそれぞれの見方をしていることを学び、他の子どもたちと助け合い、分かち合い、協力して問題を解決することを学ぶ。遊んでいるときは、大人の規則の多い社会から解き放される。テレビやコンピューターなどで遊ぶときは、見たり、聞いたりする感覚しか用いないが、外で子どもたちが身体を思いっきり動かすときには、全身の感覚をすべて使って学ぶことができる。

　ナイジェリアの国の伝統的な遊びについての報告を読んで、私は自分が子どものとき遊んだ遊びを思い出した。1950年代、今のように市販玩具は乏しかった。子どもたちは、お金が無く、それでも、石蹴り、缶蹴り、馬乗り、べえごま、めんこで暗くなるまで遊んでいた。おそらくは今の子どもが遊んでいるコンピューターゲームと異なる、全身を使った、友だちをかばい、友だちとぶつかる遊びがあった。70歳に近付いた今でも、あの頃の遊びの楽しさは、身体で憶えている。

　玩具があって遊びがあるのではなく、遊びがあって玩具や遊具がある。その意味で、玩具福祉は、玩具を用いない遊び、子ども同士の遊び、自然の中での遊びを含めて、遊びの意味を広くとらえることが必要である。発展途上国でも外国の市販玩具が入ってきて、お金で楽しみを買う傾向も出ているという。発展国では、ナイジェリアの報告にあるように、自分の文化におきた伝統的な遊びについて世界中で語り合い、子どもの遊びの場、機会が広がるようにする必要がある。

5.2 子どもの遊ぶ権利について

　すでに述べたように、国連では児童の権利に関する宣言が1959年に採択され、1989年に国際条約（子どもの権利条約）となった。1994年、日本でもこの条約が発効されている。

　内閣府政策統括官（2009）の英国の青少年育成に関する報告書では、遊びに関する中間

支援組織、プレイウェールズ（Play Wales）が起草した政策（2002年）が、ウェールズ議会政府による世界初の「子どもの遊びに関する総合政策」として発表され、その後、各省庁をあげて、この政策を実行してきたことが述べられている。国が児童の遊ぶ権利について積極的に政策に取り入れ、トイ・ライブラリーも含めて社会資源の整備を進めているという（Powell, R. & Seaton, N. 2007）。日本でも、こうした「遊びの権利」についての政策的な配慮が行われるような運動が必要である。

　トイ・ライブラリーのあり方は、それぞれの国の文化や福祉制度によって、多様な形のあることが望まれるが、遊びが児童の健全な発達にとって、地域社会にとって、重要であることを認識するために遊ぶことの権利を広く伝え、政策に取り入れていく必要があろう。

【参考文献】

1）IPA（子どもの遊ぶ権利のための国際協会）.
　　日本支部ホームページ　http://www.ipa-japan.org/topframe.html

2）ITPA（国際トイ・ライブラリー協会）ホームページhttp://www.itla-toylibraries.org/

3）Aremu, A. & Ekine, A.（2005）Development of Mental, Social and Motor Skills through some Local Nigerian Games and Toys. Proceeding of the 10th International Conference. ITLAのホームページhttp://www.itla-toylibraries.org/ より、全文を見ることができる.

4）金子みすず　わたしと小鳥とすずと.

5）内閣府政策統括官（共生社会政策担当）（2009）：英国の青少年育成施策の推進体制等に関する調査報告書　第2章　子どもの遊びに関する政策の変遷.

6）花田春兆（1987）：日本の障害者の歴史　―現代の視点から―、リハビリテーション研究、1987年3月（第54号）2頁～8頁.
　　http://www.dinf.ne.jp/doc/japanese/prdl/jsrd/rehab/r054/r054_002.html　で全文を見られる.

7）林　智樹（2001）『ともに学ぶ障害者福祉』みらい.

8）Powell, R. & Seaton, N.（2007）：'a treasure chest of service' The role of Toy Libraries within PLAY POLICY in Wales. National Foundation for Educational Research（NFER）.
　　http://www.eric.ed.gov/ERICDocs/data/ericdocs2sql/content_storage_01/0000019b/80/3e/ab/4b.pdf　より全文を見ることができる.

9）Brodin, J. & Bjorck-Akesson, E.（1992）：Toy Libraries/Lekoteks in an International Perspective. EuroRehab, n2, p.97-102.

10）渡辺勧持, 小塩允護, 中島章雄, 三宅信一（1978）重度精神遅滞児の自己刺激行動　1. 施設の生活事態差が及ぼす影響度による検討. 特殊教育学研究, 第16巻1号, pp.24-36.

11）渡辺勧持, 森長研二, 井上幸子, 古林いず美（1979）最重度精神遅滞児のあそびと遊具―施設入所児の棟内自由時間場面と実験場面の比較―. 発達障害研究, 第1巻2号, pp.123-133.

（渡辺　勧持　東日本国際大学福祉環境学部元教授）

第3章

玩具療法におけるソーシャルワーク実践

はじめに

　「玩具療法」が社会福祉援助における有効な活動であることを実証するには実践の手順がきちんと体系づけられなければ、その支援活動の成果も単なる偶然の産物と考えられてしまう。つまり、科学的な検証に基づいた実践理論を背景に行われるものでなければならないということである。玩具療法が社会福祉分野のさまざまな支援活動と同様にソーシャルワークの実践課程に依拠しながら実践を繰り返し、事例を積み重ねながらその有効性について検証を重ねることが、今後「玩具療法」の確立につながるのである。

｜1｜ 無力化とその理解

　急激な健康上の変化や社会的な逆境を体験した人間は誰もがさまざまなレベルで無力化に陥るという経験をする。これは、個人が自らの行動が望んだ結果に繋がらず、希望したような人生を送れないにもかかわらず、それに対して成す術がないと感じたり、あるいは送れないことによって生まれることによるものであるといわれる。高齢者や障がい者の多くはこの体験を繰り返すことによって、無力化という内的な態度が常態化していく。つまり問題を解決しようとする試みが妨げられる経験によって強化され、本来人間が持っている困難な状況に対処する潜在的な能力を徐々に奪われていくことになるのである。

　一般的にこのような無力化は、個人と環境の継続的な相互作用によって生み出される。特に高齢者にとっては身体機能の変化やパートナーを失うという個人的な喪失と職業などの役割的・経済的システムの中で自己の社会的な存在感の喪失を経験するという絶望感の中で疎外感・孤立感・恐怖感が高まり、無力化が永続化していくことになる。一方、障がい者や長期入院児童は、彼らを取り巻くさまざまな障壁（バリア）体験によって元々持っている力を歪められ、押さえ込まれる体験によって無力感が永続化していくことになっているケースも少なくはない。

　これらの諸問題やそれによって引き起こされる無力化の状態について、援助者は理解を深めておく必要がある。なぜなら、利用者のもっとも身近で彼の支援を行う親あるいは施設職員自身が自らの家庭や施設の抱える諸要因によって、保護的・管理的な処置を行い、その主体性を奪う結果を招いている可能性もあるからである。

｜2｜ エンパワーメントを目指す玩具を用いた実践活動

2.1　エンパワーメントの考え方

　エンパワーメント（empowerment）はpowerという言葉にemという接頭語がついた言葉で、もともと持っている力（power）を取り戻していくこと、その力を発揮することという意味である。これはこれまでの福祉サービスが"弱者保護"（パターナリズム）に重点が置かれていたため、社会的に弱い立場にある社会福祉サービスの利用者を依存的にさせてきた反省から、主張されるようになった考え方である。

　この考え方の中心にある価値観は福祉サービスの利用者が自立し、ひとりの人間として自信を持って生活するための援助活動を行うことにある。そのためにはまず第一に、利用者中心の発想が重要となる。つまり、利用者のニーズにあわせて可能な限り、援助者はサービスを提供するということである。第二に、援助者はサービスの利用者を最大限に尊重し、そのサービス利用者の意見を反映させるということである。第三に、利用者自身がサービスの選択を可能にするために、援助者は利用できるサービスについての情報を十分に提供することが重要となるのである。

　このような考え方は、日本の多くの福祉施設でまだ十分に機能しているとは言い難く、利用者が援助者側の作り上げたシステムに合わせることが当然であるといった現状が多々見られるのが現状である。このようなサービスシステムの整備や改善に取り組む姿勢が援助者には求められるのである。

2.2　玩具を用いた援助活動のポイント

　具体的な実践方法についてはアメリカにおけるセラピューティック・レクリエーション（略称TR）の専門資格制度が大変参考になると思われるので、そのポイントについて考えてみたい。それは日本で一般的に捉えられている福祉レクリエーションの考え方と大きく異なるからである。

　アメリカのセラピューティック・レクリエーション・サービス（略称TRS）は、1950年代に医療機関で退役軍人のリハビリテーションのために始まった活動で、1965年以降、障がい者や要介護高齢者向けのレクリエーションサービスとして全米に活動が拡がり、1967年には全米セラピューティック・レクリエーション協会が発足した。1981年には全米公認セラピューティック・レクリエーション・スペシャリスト（略称CTRS）の養成と認定が始められた。これはTRS分野における最も専門性の高い資格と認められている。資格取得には、(1)学士号もしくはそれ以上の卒業資格を有し、(2)TRとレクリエーション一般を学び、(3)生理学、解剖学、心理学、人間の発達や成長などの関連科目を学び、(4)TR実践の経験があり、(5)認定試験を受験し、合格することとなっている。この認定試験の内容をみるとTRSの援助過程がソーシャルワークの実践課程を基礎としていることに気づくことができる。さらに、実際の試験の出題の割合は(1)基礎学習（8％）、(2)障害の理解（14%）、

(3)アセスメント（14％）、(4)援助計画（20％）、(5)個別援助計画の実施（21％）、(6)記録と評価（13％）、(7)サービスの組織化とマネージメント（6％）、(8)職業としての発展に向けて（4％）となっている。これを概観すると、(2)の障がいの理解から(6)の記録と評価までに重点が置かれていることをうかがわせる内容であることが分かる。これは単に暇つぶしやお楽しみとしてレクリエーションが捉えられているのではなく、それが利用者へのソーシャルワーク実践の方法として用いられることを示しているに他ならない。一方、セラピューティック・レクリエーションはリハビリテーションの一環に組み込まれていて、単につらい機能訓練を楽しく進めるための手段に活用されているわけではない。千葉によれば「障害が慢性化・長期化の傾向にある、高齢者を対象としたリハビリテーションの場合においては、機能訓練に終始するのではなく、多様なアプローチによるQOLの向上が要求されてくることは明らかである。」[1]と述べているように、レクリエーションそれ自体に価値があるのである。この考え方に従うと「玩具療法」は単なるリハビリテーションではなく、機能訓練の側面よりむしろ、いかに自分の生活を拡げるためにエンパワーメントされるかということに注目する必要があると理解することができる。つまり、この考え方によってはじめて、玩具を用いた利用者への援助活動が価値ある社会福祉実践であると考えられる根拠となる。

｜3｜ 玩具療法のソーシャルワークとしての実践課程

　一般的に福祉レクリエーションサービルにおいてソーシャルワークの考え方を用いた援助課程は、A-PIEプロセスと呼ばれ、それは下図で示すことができる。

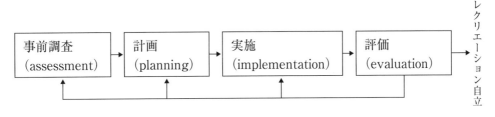

図1　A-PIEプロセス

　つまり福祉レクリエーションとは、利用者のレクリエーション自立を目標（ゴール）に事前調査から評価までの過程を通し継続的に援助実践を進めるものである。鈴木はその目標について、アメリカにおけるセラピューティックレクリエーションの目的を参考に「セラピューティックレクリエーションの目的はむしろ人間性回復、社会性回復、潜在能力の開発、生活領域の拡大をめざすものである」[2]としている。

3.1 ストレングスモデルによるアセスメント（事前調査）

　アセスメントは援助活動の全過程で行われ続けられるものであるが、特に実際の支援に入る前のアセスメントが一番重要である。ここでは玩具を用いた福祉実践に役立つと考えられるストレングスモデルによるアセスメントを取り上げたい。田中らによれば、ストレングスモデルとは「利用者の病理や欠陥のみに焦点を当てる診断ではなく、利用者の長所や潜在能力、また利用者を取り巻く社会資源に着目し、その部分に依拠し、働きかけ、望ましい適応能力を高めると共に生活の向上や自立性を促すことを目標としている」[3] ということである。これは「玩具療法」を積極的にすすめる際の基本となる考え方である。いろいろな種類の玩具を用いて、利用者の長所や潜在能力に働きかけることによって、QOLの向上を図ることがその目的のひとつとなるからである。しかし、このようなモデルの理論は非常に明快であるが、その実践は容易ではないことも事実であるが、個人の健康的な部分を拡げることを考えれば、アセスメント（事前調査）において個人の生活領域の中でも、利用者が好むものを見出していく必要のあることは明白である。基本となる属性はもちろん、疾病や障害の程度、ADLなど全生活に対する理解を深めるためにアセスメントシート（資料 1）などを活用する必要がある。これは援助者が利用者に波長をあわせ、玩具の適正を探るためにも不可欠の過程であり、この過程の中で援助の可能性を見極めていくことになるのである。

3.2 プランニング（援助計画の策定）

　プランニングでは、アセスメントで得られた情報を元に利用者と話しながら、援助関係を作り上げるウォーミングアップを行い、問題や課題を明確にし、援助目標を定めることとなる。具体的に援助方法や日程、評価の計画といったこともあわせて考える必要がある。つまり、援助者は利用者の目標達成に見合った玩具を選択し、どのような場面でそれを提供していくかを計画することになるのである。

　もちろん玩具の中には個人で用いて楽しむものもあるが、小集団で用いることでより楽しみが広がるものも数多い。その場合は集団のもつ力に着目したグループワークによるアプローチが多くなると思われる。このことについて浅野は高齢者を対象としたグループワークでは、「(1)他者としての話し合い、コミュニケーションの促進、(2)積極的に生きるための動機づけ、(3)記憶力の回復、(4)社会的生活技術の学習、(5)自制心の養成、(6)生活空間における役割の獲得、(7)自主性の涵養」[4] といった援助課題の目標が掲げられるとしている。さらに久保はグループレクリエーション援助とは、楽しさを意図的に活用し、自立生活に向けた計画的な援助を行う方法であり、「(1)身体的要素（口や手足を使うといった身体機能の要素）、(2)知的要素（考える、理解するといった知的機能の要素）、(3)精神的あるいは情緒的要素（楽しい、嬉しい、悔しいといった感情の要素）、(4)社会的要素（他者と関わる、協力する、ルールを守るといった社会的交わりの要素）」[5] の 4 つの要素を掲げ、さまざまな社会的行動に発展していく視点が重要であるとしている。これは「玩具療法」におい

レクリエーション歴調査書

病棟　　号棟　　階　調査日　年　　月　　日

患者名		年齢		歳	性別	男・女

最終学歴		仕事歴	

出身地	都・道・府・県	宗教	ない、ある（　　　　　）

日課	（散歩、体操、庭の手入れ、経を読む　　　　　　　　　　　　　　　　　　　　）

60歳を過ぎてからの余暇の過ごし方	日常（平日）（TV、読書、散歩、手芸、園芸、囲碁、将棋　　　　　　　　　　　）
	非日常（休日）（旅行、観劇、ゴルフ、釣り、食事、鑑賞、ショッピング　　　　　）

若い頃の趣味	（読書、手芸、書道、ゴルフ、民謡　　　　　　　　　　　　　　　　　　　　　） 頻度（毎日、週1回程度、月1・2回程度、年に何回か）

習い事 資格	（茶道、華道、箏、書道、囲碁、将棋　　　　　　　　　　　　　　　　　　　　） （級、段、師範、名取　　　　　　　　　　　　　　　　　　　　　　　　　　　）

好きな音楽	ジャンル（クラシック、流行歌、唱歌、童謡、民謡、軍歌　　　　　　　　　　　） 好きな歌手（　　　　　　　　　　　　　　　）好きな曲（　　　　　　　　　　） 楽器（箏、三味線、ピアノ　　　　　　　　　　　　　　　　　　　　　　　　）

好きな書籍	書籍（　　　　　　　　　　　　　　　　　　　　　　　　　　　　　　　　　　） 雑誌（　　　　　　　　　　　　　　　　　　　　　　　　　　　　　　　　　　）

好きな話題	（趣味、仕事、子供、配偶者、孫、旅行、食べ物、学生時代　　　　　　　　　　　）

嗜好品	酒（飲まない、飲む　ビール、酒　　　　　　　本／日） 煙草（吸わない、吸う　　　　　　本／日） 好きな食べ物（すし、天ぷら、ラーメン、そば　　　　　　　　　　　　　　　　）

備考	

青梅慶友病院　レクリエーション科

（資料1）

草壁孝治著（財）日本レクリエーション協会監修「福祉レクリエーション援助の実際」（2000）, p.114

てもおおいに考慮しなければならない要素である。確かに、玩具は個人で利用もできるが、仲間と利用する場面が増加する。それゆえ、プランニングではその玩具を媒介とした時に、集団内にどのような相互作用が生まれるかを予測し、利用者個人のみならずその集団にあった玩具の効果に着目することが必要である。

3.3 インターベーション（介入・実践活動）

　援助者の介入の前提になるのは、利用者との契約である。つまり援助の日程・回数といった援助内容を利用者が了解すると共に、守秘義務についても援助者から説明をしなければならない。つまり、実際の援助活動は利用者と援助者が各々の役割を果たしてこそ効果が上がるわけで、援助者側の押し付けであってはならないのである。この意味において利用者の選択は目標達成に大変大きな影響を与えることになる。しかし、ここで注意しておきたいのは、従来ソーシャルワーカーは伝統的にアドバイスを行うことをためらってきた。特に援助者の利用者に対する基本的な姿勢は支持と言われる形で、受容や共感といった感情の受け入れを中心として行われてきたのである。しかし、実際の実践課程においては、利用者の障害の程度や発達年齢などを考慮に入れた上で、多岐選択のような形をとったり、場合によっては利用者に制限をしたり、対決を迫ったりする場合もある。つまり意図的にこのような介入形態をとることによって自己覚知が進んだり、課題への対処機能が高まることもあるからである。この過程は偶然に起こるものではなく、意図的な変化を引き起こそうとする援助者の働きかけによるものであるということを忘れてはならない。また、より良い支援を目指し、自らが所属する団体や組織に対しても改善を働きかけなければならない場面も出てくるのである。そのために、援助者には利用者の経過観察を記録にとり、自分の援助活動の妥当性を常に検討していく姿勢が求められ、それによって初めて客観的な評価が得られることになるのである。

3.4 エバリュエーション（評価・反省）

　援助者は利用者の援助目標への達成度や財としての玩具の選択の妥当性や実践活動のすすめ方による利用者の意欲の程度を振り返り、その生活により良い変化が生じているかどうかを見極めていく必要がある。そのため評価・反省は欠かせないものとなる。その際に必要となるものが記録である。記録の形式にはさまざまなものがあるが、どのような形式のものであれ、その記録を元にリアセスメント（再評価）を行い、引き続き実践活動を継続することが可能になるために活用可能な評価のためのシート（資料2）を用意する必要がある。例に掲げたシートは短時間で記録と評価を可能にすることを目的としており、簡易にその効果について検討できる形式をとっていることがすぐれている。いずれにせよ援助者はこのような記録を元に、自分が選択した玩具が利用者ひとりひとりやその集団にマッチしているかについて常に検討を重ね（リアセスメント）、利用者の目標達成により適した玩具を再度選択する必要があるのである。

総合評価

患者氏名　　　　　評価日　平成　　年　　月　　日

身体面	移乗、歩行、W／C、麻痺		
精神面	情緒の安定、感情表現、不安、イライラ		
社会面	ルールを守る、協力する、誰とでもかかわる、思いやり		
知的面	リールの理解、記憶、認知、読む、書く、聞く		
ニーズ	ある（独自） ない（理由）		
余暇歴	ある（独自） ない（理由）		
日課	ある（独自） ない（理由）		
問題点	施行上の問題点		
目標	＃1 ＃2 ＃3		
プログラム	＃1 ＃2 ＃3	分間／回 分間／回 分間／回	回／週 回／週 回／週

青梅慶友病院　レクリエーション科

（資料2）

草壁孝治著（財）日本レクリエーション協会監修「福祉レクリエーション援助の実際」(2000), p.115

| 4 | まとめ

　私たち人間は生命を維持するために食事や睡眠をとり、排泄をするといった生理的な
ニーズを充足させる。しかし、それ以上に社会的ニーズや精神的なニーズを充足させたいと
思うのも人間である。それは障がいを持っていようと、高齢者だろうと誰もが共通に持っ
ているニーズである。そして人生を楽しく過ごしたいと思うのは人間の本性で、特に遊び
は子どもだけのものではない。しかし、人間はなんらかの事情によって生きる意欲まで奪
われるような無気力状況に陥ることは往々にある。このような時にこそ力を発揮するのが
遊びであり、その中でも特に玩具は、エンパワーメントがはかれるレクリエーション財と
考えられる。しかし、これが療法として定着するためには前述したように一定の手続きを
踏み、エビデンスを証明することが必要になる。さらに今後の課題としてエンパワーメン
トを志向する実践活動は、単に利用者への支援方策のみを目指すのではなく、利用者の個
人的領域から社会的・環境的領域への働きかけという側面もあることに気づくはずである。
つまり援助者はソーシャルアクション（社会運動）としての働きかけも視野に入れながら、
援助活動に携わることも求められているのである。

【引用文献】

1）千葉和夫著　福祉文化学会監修「高齢者レクリエーションのすすめ」1993年, 中央法規, p.105.

2）鈴木秀雄著「セラピューティックレクリエーション」1995年, 不昧堂, p.189.

3）チャールズ.A.ラップ著　田中秀樹監訳「ストレングスモデル（第2版）」2008年, 金剛出版.

4）浅野　仁著「老人に対するグループワークの意義」『老人の福祉と保健』　第25号, 1977年, （財）老人
　福祉開発センター, pp.6-7.

5）久保誠治著（財）日本レクリエーション協会監修「福祉レクリエーション援助の方法」2000年, 中央
　法規, p.68.

6）草壁孝治著（財）日本レクリエーション協会監修「福祉レクリエーション援助の実際」2000年, 中央
　法規, pp.114-115.

【参考文献】

1）ゾフィア.T.ブトゥリム著　川田誉音訳「ソーシャルワークとは何か」1986年, 川島書店.

2）E.O.コックス, R.J.パーソンズ著　小松源助監訳「高齢者エンパワーメントの基礎」1997年, 相川書房.

3）R.A.ドルフマン著　西尾祐吾・上續宏道共訳「臨床ソーシャルワーク」1999年, 相川書房.

4）The National Council for Therapeutic Recreation Certifcation.
　ホームページ（http://www.nrpa.org/branches/ntrs.htm）

　　　　　　　　　　　　　　　　　　　　　　　　　（神谷　明宏　聖徳大学児童学部准教授）

第4章

子どもへの玩具福祉の可能性

｜1｜ 子どもと玩具との遊び

　玩具は、子ども[*1]の興味・関心を促し、遊びを始める契機となり、その行動を持続させる。加えて玩具は、子どもの遊びでの協働作業や競合等によって、人間関係の媒介物ともなりえる。その遊びをとおして、子どもは算数・数学的知識や物理学的な知識を獲得し、認知的な発達をしてゆく。玩具を用いた遊びは学びの過程（プロセス）である。

　このような子どもの発達を促す道具を私たちは「おもちゃ」とよぶことがある。玩具とおもちゃを同意語として区別なく日常で使ってしまう。玩具とは、子どものもてあそびもの、娯楽を助け、また活動を誘導するのに役立つもの、とある。その由来として、意味の近似している中国由来の漢字が種々登場し使用されたことがあったが、明治期に学校教育の義務化とともに「教育玩具」が使われたことで、この呼び方が定まったともいわれる。おもちゃには、子どもが持って遊ぶ道具、の意味があって、平安時代の女房言葉「もてあそび」に由来している、といわれる。おもちゃには漢字はなく、種々のあて字が使われていて、現代では「玩具」に落ち着いているようである。経験的に「玩具」を書き言葉として表すときに、「おもちゃ」を話し言葉としてそのものを示すときに、使われるようである。

　日本で玩具が、子どものために、いつ創造されたかは定かではないが、平安時代に貴族の女性たちが遊び道具として使い始めていた記録がある[*2]。各家庭や地域で庶民の間でうまれ、そののち家族内での手作りから専門家である職人の制作に移って発展してきたともいわれる。日本で玩具が最も発展したのは、江戸期であって、地域ごとに伝承されてつくられてきた玩具を郷土玩具[*3]という。

[*1]　児童は、児童福祉法では「満18歳に満たない者」をいうが、学校教育など一般的には小学生の学童期の子どもを呼ぶので、本論では表記を「子ども」とする。本章では、児童福祉法に示されている児童を、一般的に用いられている「子ども」を使用し、とくに年齢段階にかかわるところにおいては、乳児、幼児、小学生に該当する子どもを児童（学童）、中等教育の生徒を青年として表記する。

[*2]　当時の貴族の生活を著した『源氏物語』にも記述がある（武庫川女子大学文学部日本語日本文学科広瀬唯二元教授資料提供）

[*3]　郷土玩具の定義として、永田久光（1956）は「1.その土地だけにしかない玩具、2.玩具としてはやや不完全な玩具から脱しきれないでいるもの。3.大量機械生産でなく民衆の手作りで、広範囲に市販されていない玩具。4.土地土地の風土や生活や信仰がしみこんでいて、それが感じられる玩具。5.玩具とは言っても所謂近代流の「おもちゃ」でなく眺める部類に属するもの」という。郷土玩具を永田はさらに「1.信仰玩具：信仰から生まれたもの。2.風俗玩具：その生活環境から生まれたもの、及び生活に慰みを得るためのもの。3.遊戯玩具：児童の遊戯のためのもの」の三つに分類している。現代では、これらの郷土玩具を、各土地のみやげ物として販売・購入することがあって、それを使って子どもが遊ぶことは珍しくなっている。たいていは貴重な物として室内に飾られることが多い。

ここで玩具研究について歴史的人物の代表といえば、フレーベル（Frobel,F.W.,1782-1852）があげられる。彼は幼稚園の創設者として知られていて、恩物*4と称して、積木の原型など種々の教育玩具を考案した人物である。玩具研究では、日本でも古くは、たとえば東京市社会教育課『玩具の選び方と與へ方』（1925）によるものがあり、松村康平『子どものおもちゃと遊びの指導』（1971）などがある。諸外国でもニューソン,J.とニューソン,E.（Newson, J.&Newson, E.）による『おもちゃと遊具の心理学』（1981）など福祉・教育・心理とのかかわりから玩具研究を行った多くの先達がいた。

　とくに子どもの福祉とともに障がい児教育に特化した研究・実践家は、古くはモンテッソーリ（Montessori,M.,1870-1952）に代表される。彼女の考案したモンテッソーリ玩具が、広く幼児を対象にした保育で使用されていることは自明のことである。現代日本では、小林るつ子氏*5が玩具コンサルティング等での自らの体験活動を著わしながら障がい児と玩具とのかかわりについての記録をまとめている（別章参照）。さらにIT機器との関連から障がい者（児）のQOL（quality of life：生活の質）向上のための研究・実践報告の場として中邑賢龍氏がATACカンファレンス*6を開催している。くわえて、玩具とその遊びの実践・研究では、和久洋三氏*7がフレーベルの恩物をみなおし「童具」と称して自ら創作した玩具の開発を行いながら障がい児をも含めた全ての子どもと親とを対象とした教育・保育実践をおこなっている。もちろん広く世の中で、玩具にかかわる種々の活動や研究開発を支えているのは、多くの玩具製造企業や種々の研究機関のスタッフたちであるし、その実践活動を行っているのは教育・福祉・医療各機関の教職員たちである。

｜2｜ 子どもと玩具との出会い

　子どもと玩具との出会いと遊びによるかかわりについて、発達の観点から類別すると、山下俊郎（1965）はその著書の中で次のように示している*8。そこでは①感覚遊び、②運

＊4　恩物についての詳細は、荘司雅子（1984）『フレーベル研究』を参照のこと。

＊5　小林るつ子氏は、1981年（国際障害者年）に、おもちゃ図書館を設立（東京都三鷹市）し、その数は5年を経ない間に150を超え、現在では全国各地域の社会福祉協議会に活動が広まっている。1985年9月には、日本おもちゃ図書館財団が、株式会社バンダイ創業者で日本玩具協会会長である山科直治から私財4億3千万円の支援を受けて設立し、活動を開始した（三上静子「三.玩具（Ⅰ保育関係の組織と動き　第二部保育のあゆみ）」西本（1985）『家庭の養育態度』日本保育学会　保育学年報1985年版　フレーベル館210〜214頁。/小林氏は玩具福祉学会を立ちあげ、同会理事長である。著書に（1983）『おもちゃの選び方、遊ばせ方』文化出版局、（1986）『おもちゃの選び方、活かし方』フレーベル館、（1986）『村にも町にもおもちゃ図書館』ぶどう社、（1991）『おもちゃと子どもが出逢う時』中央法規、（1997）『おもちゃと子どもとまなざし』中央法規、（2002）「玩具と福祉の考察」『玩具福祉研究』創刊号6〜14頁など多数。

＊6　Asistive Technology & Augmentative Communication Conference:電子情報支援技術とコミュニケーション支援技術に関するカンファレンス。

＊7　和久洋三『童具教育』童具館　季刊誌。さらに和久洋三は、しばしばニューズレター『童具教育』に障がい児と玩具とのかかわりの記録を掲載し続けている。

＊8　（1965）『家庭教育』光生館214〜218頁および（1971）『幼児心理学』朝倉書店。

動遊び、③模倣遊び、④構成遊び、⑤受容遊びの5点をあげている。これらの①〜④はピアジェのいう発達段階にも沿った[*9]ものと推察される。これらにくわえて、移行対象としての玩具との出会いがある。

2.1　最初の出会い

　子どもと玩具とが最初にかかわる契機には、上記の⑤の受容遊びがある。受容遊びとは、ひとが最初に行う与えられる遊びである。これらの機能は、見たり、聞いたり、後の感覚遊びにも通じるものがある。これに該当する最初に出会う玩具には、ガラガラやぬいぐるみなどが存在する。その他玩具以外の物による遊びにかかわる行為としては、親や保育者（幼稚園教諭と保育士の両者をさす）などによる絵本や紙芝居の読み聞かせ、人形芝居の鑑賞、TVなど情報メディアの視聴などがある。

2.2　移行対象として

（1）移行対象とは

　移行対象とは、失われた対象者に代わる新たな対象者との絆ができるまでの期間の対象物のことをいう。自己が喪失体験の状況におちいったことによって、次なる愛着対象を捜し求め、適応に至るまでの心が推移する過程の途中に生じる精神的結び付けのある対象物を示す。しばしば、この対象物として、ぬいぐるみ玩具などが喪失体験者に有効に機能する。このような愛着対象となるものは移行対象（transitional object）とよばれる。

　移行対象とは、ウィニコット（Winnicott, D.W., 1896-1971）が報告（1953）したものである。つまり、子どもには絶対依存としての対象者である母性的人物から独立して、相対依存対象となる同世代の子どもに、愛着を移行し仲間関係を形成するまでの移行期がある。その過程において愛着の対象として存在しているものをいう。すなわち乳幼児期の子どもにとって、養育者のような特定の人物に限定された人間関係から仲間関係とのより広い人間関係へと移行する期間に物に対して愛着にかかわる行動を示す。

（2）愛着対象となるものとそのイメージ

　愛着の移行期において、子どもには、指しゃぶり、タオルケット（欧米では毛布）を引きずる、ぬいぐるみや枕を持ち歩く、布団の端をさわる、などの行為がみられる。これらの対象となっているものが、指、タオルケット、ぬいぐるみ、枕、布団の端などである。他にも、愛玩動物が同様に扱われることがある。これらは、母親から自立しなければならない状況で、子どもが自らを精神的に癒し、安定化を図るために用いているものである。それらは、井原成男（1996）によると、柔らかさや暖かさなど母親のイメージをもつもの

＊9　山下は、該当する章では、子どもの自己中心性や道徳的実念論および道徳判断についてはピアジェ（Piaget,J.）のことに言及していたが、子どもの遊びついての章では、ピアジェの発達段階には触れていなかった。したがって文脈から判断した筆者の推定である。

である、という。加えて欧米の幼児期後期から児童期にかけての子どもには、鏡等に映った自分の像を想像上の友人（imaginary companion）とよんで、擬似的な対話行為をすることもあるという。

（3）移行対象としてのぬいぐるみ玩具の可能性

　移行対象に動物を選択するときには、居住環境の条件によって、その世話（飼育）が困難なときがある。それには愛玩動物を模した動きや鳴き声も出すコミュニケーション能力を有する電子機器が組み込まれた玩具が有効となる。つまりその玩具には、そこから一方的に発信する音や動きだけではなく、人びととの行為やよびかけに呼応して言動が表される機構が組み込まれている。このような電子玩具には、ときには充電が必要ではあるが、食事や排泄あるいは清潔等の世話を必要としないので、居住環境の条件に左右されることが少ない。一般的に子どもにとって、教育上の一環としても動物の飼育・世話をすることは望ましいことが考えられるが、その役割がなくても、癒しなどを優先させてコーピングの一つの方策としてわりきって用いてもよい。すなわち、ぬいぐるみ玩具等の使用については、教育的成果や機能回復などの直接効果を狙うことが主たる意図ではない。むしろ子どもの知的機能の維持や発達、あるいは思考や身体的な活動の活発化がみられることに重点を置く。これらが派生的な効果であったとしても、玩具に秘められた機能として、今後重要視されうるものである。すなわち玩具に対する人びとのかかわりは抱いたりしゃべりかけたりあるいはそれを所持して愛着対象とする。それは既存のぬいぐるみ玩具へのかかわりと同様である。電子機能を有するぬいぐるみには、これまでのぬいぐるみが有する機能、たとえばやわらかさやあたたかみはもちろんのこと、ひとの音声に音声や行動で応答できるため、擬似的な言語的・非言語的コミュニケーションツールとしても用いられる。これは心身の機能回復などのプログラムを実施するまでもなく喪失体験者の剥奪感情を補償し、精神状態を安定化する（機序については西本, 2004を参照のこと）。つまり、子どもやそれら家族の人びとにとって、ぬいぐるみ玩具を使用する目的は、喪失体験を癒し、生活の質の改善をすることにある。つまりそれらの人びとの心の習慣の基盤を形成することにある。さらに日常のストレスから解放するための一つの方策として、遊びとともにそれを超えた癒しの玩具として有効かもしれない。

│3│　遊びと玩具

　子どもの遊び論については、カイヨワ（Caillois, R., 1913-1978）は、その著『遊びと人間』（1970）のなかで、遊びについて社会学として著しているが、明確な定義をしているわけではない。文化人類学者ホイジンガ（Huizinga, J., 1872-1945）は、その著書の題にも示したように、遊ぶひと『Homo Ludensホモ・ルーデンス』（1966）を著した。ただしそこでは、子どもの遊びより、むしろ成人の社会的な遊びを扱っている。日本においては、藤本浩之輔による子どもの遊びにかかわる調査をまとめた『子どもの遊び空間』（1974）や守屋光

雄による保育にかかわる遊び論『遊びの保育』（1975）がある。そのほかに、技術論等が著されたマニュアル的な出版物も数多く存在する。ただし、ここでの遊びは、子どもの遊びをさし、おとなのように仕事と対峙するものではない。つまり子どもにとって遊びとは、息抜き的なものではなく、体験的な学習活動でもある。

　歴史文学者フレイザー（Fraser, A., 1932-）によれば、玩具の本質的な要素は、大きく三つに分けることができるという。一つ目に子どもに喜びを与えること、二つ目に空想の世界に遊ばせること、そして三つ目に模倣のきっかけを与えることである。また、玩具が持つ要素とは、玩具のもつ本質的な魅力と子どもの心理的発達にとって大切な素材となる要素、としている。玩具は真の意味で遊びと生きることの喜びを教えてくれる。加えて最近の玩具は、子どものよき遊び相手というだけでなく、広く社会一般に、大人達の間でもなくてはならない生活文化財となっている。

　ここで、ねこ科やいぬ科などの動物の仔も遊ぶことで知られていて、その対象は、物であるかもしれないし、親やきょうだいかもしれない。つまり対象が物であっても、玩具を開発し使用するのはひとの特徴である。玩具について歴史上記録に残るものとしては約3,000年前のものといわれる。しかしながら現在日本のように家庭が玩具で満たされた状態になってきたのは、約四半世紀前頃からである。玩具についての時代的変遷による比較調査の報告（西本,1987）によると、「子どもが好んで使った玩具・用具」では、1967年では、遊びに使用するのは日常の身近にある生活用品等が主たるものであって、製品としてあげられた玩具は、「銃」と「レーシングカー」であった。1983年では50種を超えていたことが示されていた（西本, 1987）。つまり1960年代では1980年代以降のようには各家庭に玩具が普及していたわけではなく、子どもは生活用品をある種の玩具としてみたてて遊んだり、各用具の機能を活用して遊びの道具として使用していたりした。玩具環境の分岐点は、1980年代である。さらに他の報告では、家庭での幼児期の子どもの遊び相手としては、家族成員のなかで親のかかわる頻度が最も多いことが調査から見出されている（田中まさ子&西本望, 1992）。親は子どもに対して、身体的にかかわったり、玩具を介在したり、さらには玩具で子どもが遊ぶ姿を、安全に気を配りながら傍観したりする行為も存在している。とくに玩具にかかわる子どもの遊びについて、先の山下を参考にして、子どもの成長・発達に応じて、(1)感覚─運動遊び、(2)模倣遊び、(3)構成遊びに分けられる。

3.1　感覚─運動遊び

　感覚─運動遊びは、感覚器官を機能させながら身体的な動きを協応して行う遊びである。ある玩具を見ながら掴んだり放したりするように、感覚器官（知覚）と運動器官をはたらかせる。主として乳児期から幼児期初期頃までである。以下には感覚と運動について、主たる活動から遊びと玩具について列挙した。

（1）感覚遊びを主とした遊び

　感覚遊びには、玩具の機能によって、さらに次のように分類できる（山下, 1965&1971）。

1. 素材遊び：紙、粘土、砂などのような素材から、折る、練る、形成するなどの活動を行いながら遊ぶ。2. 固有遊び：人形や自動車の模型のように、実物がもつ特有の形態を縮小版にした具象化玩具を用いながら遊ぶ。これはつぎの模倣遊びにも繋がる遊びである。3. 道具遊び：砂遊びのスコップやままごと用のまな板や包丁などを、象徴的に道具として用いたり、道具そのものを模した具象玩具を用いたりして遊ぶ。しばしば素材遊びや固有遊びと併用して使用される。

（2）運動遊びを主とした遊び

運動遊びを主体とした活動で使用されるものは、玩具よりも大きな物体や構築物である場合が多く、腕や脚、あるいは身体を動かすことになる粗大運動が主体となる。この例としては、ボール遊びがある。これは幼児期以降、児童期から青年期・成人期にかけては、遊具（たとえば滑り台、ブランコ、シーソー、三輪車など）を使用する遊びやスポーツなどの競技へと進展してゆく。上記に加えて、遊具を使用して身体を揺らしたりするような遊びを活用した教育指導法も存在している。これには、坂本龍生氏によって知的障がい児や自閉症スペクトラム障がい児を対象に広められてきている感覚統合法などがある。

3.2 模倣遊び

ときに想像遊び、ごっこ遊び、みたて遊び、象徴遊び、役割遊びともいわれる。この遊びは幼児期後期に最もよく行われるが、児童期前期にも継続して行われる。たとえば、通称ままごと*10、電車ごっこ、お店やさんごっこなどとよばれる遊びがある。たとえば、ままごとでは、家庭内の食事場面での母親や子どもの行動を中心に想起し、それらの役を演じて家族成員の役割を再認識する。同様に電車ごっこでは、運転手や車掌を演じることによって、職業人としての役割を理解習得する。他にも種々の職業人・専門職のはたらきを模倣して遊びにとり入れることがある。これらはごっこ遊びとよばれ、とくに素材玩具を用いて演じる遊びはみたて遊びともいわれる。さらに役割遊びのなかでも用いられる道具類などに玩具が用いられる。

（1）具象玩具の使用

ままごとなどの遊びで使用される玩具は、身近なおとなの行為・行動を再現するための具象化された写実的なものが用いられることがある。使用しなくなった実物が用いられることがあったり、子どもの身体的大きさなど、おとなとの比較から道具の縮小版として擬似的道具が使用されたり、それらを併用したりする。たとえば、食器類、人形、ぬいぐるみ等である。この遊びでは欧米では古くからドールハウスが人気を有していて多く用いられる。日本では、これら具象化された玩具以外に、抽象玩具を素材として活用することも多い。

---

*10　本来は飯（まま）の事（こと）であって食事場面についての模倣遊びをさす。お母さんごっこ（遊び）、お家ごっこなどともよばれる。近年では、家族遊び、とも言われる。さらに特定の家族成員に特化して、赤ちゃんごっこやお姉さんごっこ、さらには動物ごっこともよばれる遊びもある。

（2）素材（抽象）玩具の使用

電車ごっこでは、縄で数人の人物を囲い込み、その縄で囲まれた内部を電車にみたて、そこにいる人物に、運転手、車掌あるいは客といった役割をあてる。この遊びでは、縄そのものは玩具ではないが、それと同様に用い仲間集団を囲うことで、縄を電車の車体にみたてるのである。くわえて同様の乗り物遊びには、積木などの玩具を自動車にみたてて、種々の場面を想像しながら、その物体の動きを再現することがある。これには素材玩具が多く用いられる。しばしば大型積木は、電車や船あるいはバスなどと称される。さらに乗り物以外にも、基地や家などとみたてられることもある。これらのように特定の対象にみたてることから、みたて遊びとよばれたり、象徴遊びとよばれたりすることがある。ときにはミニチュアカーや鉄道模型などの具象玩具を、抽象玩具である積木でみたてられた街路のうえに走らせて、そこであたかも自己がドライブしているかのようにして想像しながら遊ぶ。

（3）身近な生活の再現からシミュレーションへ

さらに幼児期から児童期になると、ごっこ遊びは、日常の生活描写をしたもので、什器や携帯電話の玩具を使用して家庭での各家族成員の行動を真似た演技で物語を展開してゆく。それだけでなく、子どもが親や保育者、あるいは情報媒体から得た知識から、それらを再現したり、新たに創造した物語性を有する遊びを展開したりする機会が加わってくる。その年齢段階の遊びでは仲間集団内でのルールがつくられるようになってくる。

以上のような行為は、なにか物事を始めようとするときにシミュレーションを描きながら役割取得をおこなおうとするおとなの行為と同様である。

3.3　構成遊び

積木などを用いて組み上げ構成する遊びである。この遊びで代表的な積木による遊びは、1歳頃から始まり、粘土や泥を使う遊びは、2歳頃からみられる。ブロックを用いるのも同様に幼児期からになる。さらに幼児期からは、切り紙や折り紙といった遊びも始まる。ただし、それにかかわる活動がより活発な時期は、幼児期後期から児童期にかけてである。

そのほかにも精緻性を必要とするプラスティック模型やパズルなどがあって、これらの遊びも幼児期から始まる。ただし、それらの玩具では微細な部品を取り扱うことがあるので、巧緻性を有するようになる児童期以降の比較的高い年齢段階で、遊びを行う傾向がある。

プラスティック製品の組み上げ模型とともに、素材が紙製や木製あるいは金属製のものも存在する。これらの模型玩具は、実物からの縮尺の度合いによってディティールなど部品の大きさや詳細ささらには部品数が異なる。したがってこれらの模型を組み立てる複雑性が増すほど、持続性やときには技術熟練が必要となってくる。このような玩具は、児童期後期、青年期あるいは成人期の人物を対象としている。すなわちこれらの玩具での遊びは、子ども期だけではなく成人期に至るまで存在し、むしろ特定の事物によってはその行為が深化することさえある。この構成遊びにかかわる目的および内容には、玩具の性質上、

二つの類型が存在している。

（1）素材玩具を使用した遊び

　積木に代表されるように素材を構成する際に、その素材に自由度が高いことから、ある特定のものを作り上げる、とする目的でさえもその生成過程において変容することがある。たとえば、子どもが積木で、家を作ろうとする途中で、家の大きさや形態を変化させてしまう。さらにはそこに家族成員などの人物を配置してゆく。家族成員等には、人形型玩具を使用する場合が多いが、それが身近にないときには、積木を象徴的に利用することもある。それらの家族成員数の増加も遊びのなかであり得るし、その成員中の子どもの役割を担うものには、「ともだち」と称する仲間が生み出される。くわえて子どもの自宅で飼われているような愛玩動物を表すものも加わって、その種類も数量も莫大に増加し、飼育小屋が動物園に変容してしまうことさえある。それらの素材的な玩具を用いる遊びは、素材が抽象的であるがゆえに、上述のみたて遊びにもなり得るし、具象化した形にも作成できうる。それらを作りなおしたり、遊びの方向も種々に展開したりするなど可塑性や自由性に富んだ想像性のある遊びでもある。

　子どもにとって、素材玩具によって特定のものを構成してゆくときには、物体の重心バランスを保ったりする物理的知識、さらに数々の物体を作成するための算数・数学的知識を体験的に習得するなど、学習効果も期待できる。くわえて幼児期後期からの遊びでは、子どもの協同作業として、仲間関係の形成にもかかわってくる。

（2）具象玩具の遊び

　プラスティック製模型、木製・金属性模型あるいはパズルでは、具象的な実物を模したものを作り上げる過程の作業自体を目的としている。さらにこれらの模型を、ひとつのものとして完成したあとに、それを配置したり、動かしたりすることで、物語を作ったり、実物の動きを想像したりする遊びも可能である。しかしながら基本的には、かたちの決まった実物を具象化した縮小物を組み上げるために、その一つひとつの部品も形も大きさも厳密に決定されている。もちろん模型やパズルを組みたてる過程では、順序性についてはある程度の融通が可能なところもあるが、全体的には明確な規則性がみられる。しかしながら、これらにとりくむ子どもには、完成するときの姿である目的が明確にみえているにもかかわらず、そこに向かって集中して取り組むのである。まるで正解が示されている算数の計算問題を解くようなものである。なぜそのようなものに熱中できるのであろうか。そこでは実物を作り上げているように、あるいは実物が存在しているように想像しているのかもしれない。パズルを組み上げるときには、模型作製の場合とは異なる点が存在する。つまりパズルの遊びの過程には、ある空白の形状に当てはめるために、部品（ピース）を捜し当てることに目的がある。それも何百回も、ときには千回を超えた積み上げられた目的が存在している。これについて、和久洋三氏は『童具遊ぶこころ』（1990）のなかで「素材玩具を考案できたときの喜びと共通する」と述べ、くわえて「答えは、宇宙に用意されている」という。すなわち人間と宇宙の関係であって、散らばっている要素のつながりを

発見することが創造であるという。

　以上の3つの観点に示した遊びより、より早期から始まる遊びに受容遊びがある。この遊びは他の遊びを展開するための基盤ともなる。受容遊びには、感覚器官だけをはたらかすのではなく、それらの内容を受容して楽しむことになる。1、2歳頃に始まりがあるが、年齢段階が進行すれば、よりその活動は盛んになり、児童期以降になると日常生活に占める割合が顕著になる。劇や映画の鑑賞、CDやDVDの視聴などの行為のなかには、一生涯にわたって続く可能性のあるものもある。

　ここでこれら鑑賞にかかわるものと玩具とを別個のものとして分別する見解がある。たとえば、永田桂子氏は『絵本観玩具観の変遷』(1987)のなかで、絵本と玩具が昭和初期に分けて考えられるようになった経緯を記している。つまりこれらの視聴覚的なものは玩具とは分けて類別される。

　以上に加えて、さらに双六（すごろく）やカルタのような偶然の機会によって、成否が決定する機会遊戯がある。これらで使用される玩具の遊びには既存のルールが存在していて、児童期以降に行われる遊びである。ちなみに山下（1971）は、おとながこの行為をするときには、使用するものを玩具とは分けて、遊戯機器と呼ぶこともあるとしている。

3.4　教育玩具

　前述のように教育に特化した点では、明治期（19世紀）に教育玩具が登場したことを述べたが、同時期にヨーロッパにおいても、玩具が子どもにとって教育的効果のあるものとしての考えられるようになり開発されたのである。その代表的なものが、フレーベルの恩物、モンテッソーリの教具、シュタイナー（Steiner, R., 1861-1925）の玩具である。これらの玩具の教育的意義については、フレーベルは自身が結晶鉱物学の研究者であった経験から、数量的・幾何学的な自然界の法則性を内在したものとして「恩物」と称し子どもが自らだけで遊ぶことができる安全性を有した玩具を開発した。モンテッソーリは、医師としての見地から、教師の指導のもとで、障がい児の発達を補償する目的で、感覚刺激から数量的に秩序だった教具を生み出した。シュタイナーは自然素材にこだわり、手作りを重視した玩具を提示したのである。現代では、玩具メーカー各社が算数教育、文字教育、地理的な教育などの目的で種々の玩具を販売している。

｜4｜　玩具とかかわる契機

4.1　玩具の提供者

　子どもに玩具を提供する人物については、住宅地の保護者を対象にした調査で、子どもの遊び相手となる親よりも祖父母がかかわる傾向を見出している（田中まさ子・西本望,

1992)。つまり同居の拡大家族はもちろんのこと、近隣に祖父母が居住している核家族、さらには祖父母世代が遠方に居住している核家族であっても、祖父母世代が親世代より玩具の選択・購入者として優位にかかわることが明らかになっている。直近の調査でも同様に、住宅地での幼児の保護者を対象に複数回答で尋ねた調査を実施している。幼児期の子どもを有する家庭の親世代に対する調査では、玩具購入者の1位に祖父母が最も大きな割合を占めている結果をえた（西本望, 佐藤惠, 田原彩, 2010）。

　ここで、子ども自らが玩具を購入するようになるのは、児童期以降となる。

4.2　玩具にかかわる環境：家庭での玩具の種類

　家庭で有する玩具については、子どもの性別に関係なく(1)にんぎょう・ぬいぐるみ、(2)ブロック・積木、(3)身体を使う玩具、であったという（田原,2007）。

（1）玩具の購入頻度および機会

　玩具を購入する頻度と機会については、家庭内の年中行事を契機として、田原（2007）によると、約半年ごとであって、誕生日とクリスマスの両日ともに約6割強（複数回答）であった。次に続くのが3カ月ごとであった。この結果は、田中・西本（1987）の報告や一般に言われている状況と同様である。これらの機会で玩具の購入者については、祖父母や母親あるいは父親がその主たる担い手となっていた[11]。

（2）玩具を選択する基準

　玩具を選択する基準は「子どもの希望である」とする親の意識が70％を超えている（複数回答）。しかしながら、これに続くのが、値段と教育的効果であった。安全性については20％に満たなかった。つまり日本玩具協会のSTマーク、EU諸国で共通に定められる安全規格CEが前提となって、安全は自明のこととみなされ自覚されていないからであると推察される[12]。

　永田桂子（1992）の調査によると、「子どもが喜ぶ」ものが60％であったが、安全については、質問のしかたが異なるものの64％であった。時代の推移が要因であるのか、あるいは永田の調査対象が児童期にまで広がっていることが上記と異なる要因かもしれない。

　さらに、親が買いたくない玩具の種類（TVゲームとキャラクター玩具）と、子ども（幼児期から児童期）が最も欲しがる玩具の種類（1、2位の順位が時期によって逆転することがあるが）とが、一致してしまうことをみいだしていた報告もある（永田,1992）。この親子のせ

---

[11]　田中・西本（1987）によると、祖父母世代が親世代を上回ったことを見出している。調査方法が異なるので厳密には比較することができないが、田原（2007）では、母親が最も購入者としては、その頻度が大きく祖父母世代がそれに次ぐものとして位置を占めていた。夫婦間で協力し合って決定する例があることも見出していた。

[12]　ただしCEは、各製造業に任せられているところがあるので基準を満たしていないものも存在する。そこでドイツでは、NPOが欧州規格にくわえて独自の項目にて評価しSpiel Gutを表示した世界で最も厳しい基準を出している。

めぎあいは、子どもの側の勝利であることは明らかであった。これに関して、親の安心感が得られたものや実演したものなどのなかから、多種多量のキャラクター玩具も販売されていたことから、親も子もの両者の合意を図ることができる方策がありうるとする見解もある。たとえば2006年データを分析した植竹俊夫氏（2007）は、TVゲームが善戦しているなか、一般玩具が販売に苦戦を強いられたことに言及しながらも、売り場に（玩具を購入するために人びとが）来ても、まだ何を買うのか迷っている場合も多いことを指摘し、対面販売のソフト面がしっかりしているところでは独自の売れ筋を見つけていることを見出し評価していた。つまり子どもだけでなく親子で楽しめる売り場を提案していかなければならない、とも述べていた。くわえてキャラクター商品の専門店も店舗数を増やしているとの指摘もある（安藤一郎, 2007）。2018年では米国本部の大型小売店舗で玩具専門の量販店が販売数量の座を通信（Net）販売に譲り渡している。

　障がい児を含めたあらゆる子どもと玩具とのかかわりには、ユニヴァーサル・デザインが非常に有用となる。ぬいぐるみ玩具等の使用については、今までであれば、障がいのある子どもが使用しやすいように、意欲のある人びとなどがボランティア的にスイッチ類の改造等を引き受けてきたことがあった。しかしながらユニヴァーサル・デザインによる市販品があると、そのままあらゆる子どもに使用できることはもちろんのこと、全ての人びとに積極的にしかも不自由なく使用してもらうことが可能となる方策の基盤となる。すなわち玩具の開発研究において、各玩具製造者が設計時点からユニヴァーサル・デザインとして、オプショナルとして玩具の部品を設定し、個々人に適するように容易に改造可能な方策などを立案する傾向が広まるであろう。したがって、ユニヴァーサル・デザインを考慮した玩具が市販されることによって、全ての人びとが、利用可能になることに資することが、これら玩具に対する社会的有用性と価値を高めることにもなろう。

【引用・参考文献】

1）安藤一郎（2007）「出店好調のキャラクターショップ─物販だけの魅力ない売り場では玩具の力を伝えきれない」『月刊Toy Journal』1158号東京人形問屋協同組合42〜44頁.

2）石元洋子（1984）「おもちゃの社会心理学」(1)(2)『児童心理』第38巻第3号第4号.

3）井原成男（1996）『ぬいぐるみの心理学─子どもの発達と臨床心理学への招待』日本小児医事出版.

4）植竹俊夫（2007）「ターゲット拡大に対応した売り場を：メーカー・問屋は今回の商戦をどのようにとらえているのか」『月刊Toy Journal』1156号東京人形問屋協同組合76頁.

5）大西憲明・船越晴美ら（1983）『幼児期の児童文化』学術図書出版社.

6）カイヨワ, R., 清水幾太郎・霧生和夫訳（1970）『遊びと人間』岩波書店.

7）カミイ, C., 吉田恒子他訳（1985）『遊びの理論と実践』風媒社.

8）齋藤良輔（1962）『日本の郷土玩具』未来社.

9）澤畑英雄（2007）「バンダイ　主要13メーカーに聞く2007年当社は販売店にこう貢献します！」『月刊Toy Journal』1155号東京人形問屋協同組合.

10）荘司雅子（1984）「教育遊具」『フレーベル研究』玉川大学出版221〜298頁.

11）杉本惠（2008）「こどもに与えたい玩具とは何か─玩具の「不易」と「流行」─」武庫川女子大学大学院文学研究科教育学専攻2007年度修士論文［未発表論文］.

12）田中まさ子・西本望（1992）「おもちゃの選択・購入者：4世代家族の研究V─ソーシャライザーと

しての各世代(2)」『聖徳学園女子短期大学紀要』第18集抜刷.

13) 田原彩（2007）「子どもにとってよい玩具とは―現代のおもちゃ事情―」武庫川女子大学平成18年度卒業論文［未発表論文］.

14) 東京市社會教育課（1925）『玩具の選び方と與へ方』実業之日本社.

15) 東京人形問屋協同組合（2007）「小売店アンケートTOYNESデータによる2006年間売り上げベスト150」『月刊Toy Journal』1156号東京人形問屋協同組合.

16) 永田桂子（1987）『絵本観玩具観の変遷』高文堂出版.

17) 永田桂子（1992）『変貌する現代絵本の世界』高文堂出版.

18) 永田久光（1956）『日本の郷土玩具』東京創元社.

19) 西本脩（1985）『家庭の養育態度』日本保育学会　保育学年報1985年版　フレーベル館.

20) 西本望（2004）「喪失と移行対象―心の転換と適応の過程」『玩具福祉研究』第3号2～12頁.

21) 西本望（2007）「こどもの遊びと玩具―こどもと玩具のかかわりについて―」玩具福祉学会第7回大会特別講演（於：青山こどもの城）.

22) 西本望（2010）「玩具とのかかわりについて―玩具の選択・購入の意識―」『玩具福祉研究』第8号31～41頁.

23) 西本美節（1986）「子どもの玩具に対する母親の取り扱い―玩具に対する遊びの原点―（その1）」『甲子園短期大学紀要』第6号.

24) 西本美節（1987）「子どもの玩具に対する母親の取り扱い―現在と15年前の比較―（その2）」『甲子園短期大学紀要』第7号.

25) 西本美節（1988）「子どもの玩具に対する母親の取り扱い―現在と15年前の比較―（その3）」『甲子園短期大学紀要』第8号.

26) 西本美節（1969）「幼児の玩具に対する母親の取り扱い方について」日本保育学会発表論文集.

27) ニューソン,J.・ニューソン,E.,三輪弘道・後藤宗理・三神広子・堀真一郎・大家さつき訳（1981）『おもちゃと遊具の心理学』黎明書房.

28) 藤本浩之輔（1974）『子どもの遊び空間』日本放送出版協会.

29) フレーザー,A.,和久洋三ら訳（1980）]『おもちゃの文化史』玉川大学出版.

30) ホイジンガ,J.,髙橋英夫（1966）『ホモ・ルーデンス』中央公論社.

31) 松村康平（1971）『子どものおもちゃと遊びの指導』（保育学講座7）フレーベル館.

32) 三上静子（1985）「三. 玩具（I保育関係の組織と動き　第二部保育のあゆみ）」西本脩『家庭の養育態度』日本保育学会　保育学年報1985年版　フレーベル館210～214頁.

33) 守屋光雄（1975）『遊びの保育』新読書社.

34) 山下俊郎（1965）『家庭教育』光生館.

35) 山下俊郎（1971）『幼児心理学』朝倉書店.

36) 和久洋三『童具教育』童具館　季刊誌.

37) 和久洋三（1990）『童具遊ぶこころ』朝日新聞社.

（西本　望　武庫川女子大学文学部教授）

第5章

デイサービスセンターでの玩具療法

|1| はじめに

　近年、デイサービスを利用される方々のニーズが非常に増えきております。あさくさ高齢者在宅サービスセンターを利用される方々の年齢は80〜90歳代が多くをしめてきていますが、ここ数年の傾向では60歳代の利用もめずらしくなくなり、年齢層の幅がひろがっています。そのため、デイサービスにおける入浴やリハビリ以外の活動にも変化がみられております。その内容は、デイサービスにおいて毎年行っている利用者と家族向けのアンケート調査でも明らかになってきています。回答の多い順では、

　1．外出などの要望
　2．入浴の回数を増やしてほしい
　3．もっと長い時間利用させてほしい

これらは毎年上がってきており要望にも順次応えていますが、特に注目しなくてはならない回答に次の3つをあげました。

　1．利用時間中に何もしないで退屈な時間がある
　2．職員が忙しそうにしているため声をかけづらい
　3．デイサービスを利用している様子を知りたい

　我々、あさくさ高齢者在宅サービスセンターは、特にリハビリをはじめ、入浴サービス、グループ活動、行事（浅草のお祭りにも参加など）を展開しており、ご利用者からも支持をえておりましたが、グループ活動の充実の反面、個人的に取り組むプログラムに物足りなさを感じておりました。ちょうどそのような大きな壁にぶつかっている時、玩具療法に出会うことになりました。
　平成20年3月、玩具療法という言葉をはじめ玩具療法士の活動を聞き、玩具を準備して認知症デイサービス（ほのぼの）で取り組みが開始されました。
　我々職員の多くがイメージしていたデイサービスの余暇活動は、利用者全体や、いくつかのグループに分かれての集団活動（例：風船リレー、カラオケ、ビデオ鑑賞、ゲームなど）でしたが、玩具療法の実践が行われるにつれ、職員の中にも利用者との関わり方に変化がみられ、小グループや、個別に遊ぶ方法を身につけていくのでした。特に急激に高まりつ

つある個別対応や認知症高齢者への対応に応じていくことができたことは、玩具療法が高齢者にも今後幅広く受け入れられる大きな裏づけになっていくのではないでしょうか。

｜2｜ 認知症デイサービス（ほのぼの）での玩具療法

（1日定員 12名）ほのぼのは認知症専門のデイサービスであり、家庭的でのんびりした雰囲気を大切にしている。玩具に関しても、パズル・ダーツ・黒ひげ・プリモプエルなどは置いてあったが、実際に玩具療法を行うにあたり、癒し系・運動能力をうながすもの・コミュニケーション系の玩具を新たに導入し玩具療法士の実践を学ぶことになる。ふだんから関わりのあるスタッフの役割が重要となってくるのである。実際に玩具療法士がほのぼのに入ることは可能だが、利用者個人の人柄や特徴や信頼関係を結んでいるのは、スタッフである。玩具療法士とほのぼののスタッフとが手を組み、利用者個人の特徴を把握してはじめて玩具療法士が利用者と向き合うことができる。取り組みは利用者個々に違いがあり玩具選びから始まるのだが、選ばれる玩具の違いや遊び方、癒され方も個々に違うことが明らかになった。次に玩具療法の進め方の中で注意したこと、その中で起こった反応などをいくつかあげてみる。

1. 遊ぶ場合は、よく相手の状況や状態を知ることが大切である。利用者の状態を知り玩具の選択をすることが大切である。
2. いくつかの玩具をならべて、一緒に遊びながら楽しめそうなものを選んでいく。
3. 気に入った玩具で一緒に遊ぶのだが、ルール通りに遊ぶ利用者はほぼなく遊び方は何通りもあることを理解する。
4. 癒し系玩具（ペット）は受け入れられやすく、話しかけるかたが多くみられている。

　　事例1　入浴に誘うが嫌がってしまう。落ち着かなくなってしまったり、大声を出してしまうことがしばしあったYさんだが、玩具ペットを持ち歩く（わしづかみにする）ことにより、安心感が出てきたのか、声かけすると浴室まで来てくれるようになった。表情も穏やかになっている。

5. パズルは完成した時達成感を一緒に味わうことで笑顔の効果が見られた。

　　事例2　Kさんのパズルは完成したが、達成感を一緒に共有してくれるスタッフがいなかったため、何をしてよいのかわからずにストレスを感じ、ピースを破って興奮してしまう事もあった。

6. ペット玩具どうしを話しかけさせかわいがり、帰りの時間も別れられずに自宅へ持ち帰ることもあった。自宅でも必要と家族が購入し、玩具で遊んでいる時間は家族に休

息の時間がおとずれた。
7．人形は多くの女性にかわいいと受け入れられた。

　　事例3　人形の表情が変わらないことに対して、Nさんは「どうして笑わないの？この子おかしい？」としきりに聞いてきた。自分の家の子ども達とくらべている様子がうかがえた。日にちをおき再度人形で遊ばれると「かわいいね」と、前回のような様子はうかがえなかった。

8．折り畳み式のキーボードによる効果

　　事例4　昔を思い出して、よく弾いた曲を歌いながら聞かせてくれた。毎回席が覚えられなかった方がキーボードを置いておくと自分の席と認識してくれた。

　ほのぼのでは、遊ぶ時間が特に決まっているわけでもなく、遊びたい時・玩具に興味を示した時がいつでも玩具療法の時間なのである。玩具療法を取り入れることで多くの効果が生まれてきた。笑顔、笑い声、運動、癒し、コミュニケーション。

図1　まず楽しく実践することからはじめる。

|3| 一般デイサービス（うきうき）での玩具療法

（1日定員 40名）一般デイサービスであるが、集団の中でも落ち着いて参加できる認知症の利用者も混在している。主なプログラムはリハビリ・入浴・プログラム活動（アクティビティー）である。数年前までは、30名程度の人数で行う集団プログラムにほぼ全員が参加していたが、数年前よりプログラム活動に参加出来ない利用者や、集団活動を好まない利用者も増え、特に男性利用者が増加傾向にある。ただ、何もしていないわけではなく、パズルや、囲碁、将棋など少人数で行える玩具に夢中になる姿もみられた。

月に2回ほど玩具療法士の方にプログラム時間として入っていただいた効果は、利用者のみならず、職員への意識改革（グループから個人対応へ）にも役に立っている。

うきうきでの効果や広がりなどを次にいくつか挙げてみる。

1. 職員が玩具療法士の手法を見て、まねてみて実践してみる
2. 笑顔や楽しみを利用者と共感できる
3. 達成感を一緒にあじわうことができる
4. プログラム活動から利用者の遊びたい時間（空き時間）へのシフト
   遊びたい時に遊べる環境へ
5. チームアプローチにつながっていく
6. デイサービスから在宅生活への広がり
7. 区内全域への広がり（区立デイサービス事業所の玩具療法の取り組み）

あさくさ高齢者在宅サービスセンターではこれら2つのデイサービスの取り組みを継続し、その中で今後の課題もみえてくるであろう。

写真の効果

玩具で遊び笑顔の写真を家族に渡すことにより、言葉でしか伝えられていなかったものが、写真を通じて伝えることができる。

玩具療法の実際と効果

・デイサービス利用中はいつでも玩具療法に取り組める。遊びたい時に遊ぶ。1人から6人程度の人数が遊びやすい。スタッフがきっかけをつくる場合もあるが、利用者が気分や遊べる時間をみてパズルなどの玩具を選択していく場合もみられる。

・玩具は楽しく遊ぶものではあるが、遊びの中で手や指を動かし、声を出し、体も使うことがあるのでリハビリテーションの効果も期待できる。

玩具療法を始めて一番効果がみられたこと、それは、笑顔の時間が増えたことであった。

（大須賀　豊　社会福祉法人台東区社会福祉事業団）

第 6 章

玩具療法について学ぶ臨床実習の試み

|1| はじめに

　玩具は、一般的には子供の遊び道具として認識されているが、玩具を用いた遊びは、癒し、運動機能・認知機能の維持増進、コミュニケーション増進など多彩な臨床効果が期待でき、「玩具療法」として保健・医療・福祉の向上へ有用性が期待されている、また、玩具は、小児ばかりではなく成人や老年者にも、また、健常者ばかりではなく傷病者や障害者にも、対象の属性を問わずに効果が期待できる。しかし、これまで玩具療法の存在や有用性、適用する場合の注意点などについて学ぶ機会は、医学教育において皆無と言って良い。そこで、本研究では、玩具療法について学ぶ機会を医学生の臨床実習の中で作り、学生の反応を調査して実習の意義を明らかにすることを目的とした。

|2| 方法

2.1　対象

　対象群は、平成22年1月から4月の間に群馬大学医学部附属病院医療情報部において臨床実習を選択履修した群馬大学医学部医学科5年生（4月から6年生）20名である。一方、コントロール群は、平成22年9月から10月の間に臨床実習を必修履修した5年生20名である。

　対照群・コントロール群ともに各回3～4名で実習を実施した。対象群には、通常の実習（診療録監査の実習）が終了した後に、玩具療法の実習を追加した。玩具療法の実習では机上に後述の3種類の玩具（図1）を用意し、実習前にアンケートA（図2）に各自回答させてから班員とともに短時間（15分から30分間）自由に遊んでもらった。実習後にはアンケートA（図2）とアンケートB（図3）に回答させ、レポート（図4）を提出させた。一方、コントロール群には通常の実習（電子カルテの実習）の前後でアンケートAへ回答させた。

2.2　使用玩具（図1）

　「夢ひよこ」（株式会社セガトイズ、安全基準合格4979750744778）：頭をなでるとセンサー

が反応し、鳴いたり羽を動かしたり、本物のような仕草を楽しめる、色・形・大きさ・肌触りなどほぼ現物と同じ電動のひよこ。

「ソリティア」（株式会社ハナヤマ、玩具安全基準合格4977513062909）：ゲームスタジアム10の10種類の盤上ゲームのうちの1つで、一人で楽しむパズルゲーム。

「Woody Unbalance」（株式会社メガハウス、玩具安全基準合格4975430020101）：参加者が交代で、積み上げた赤・青・黄の三色の木製ブロックを抜いては上に積み上げ、塔を崩した人が負けとなる複数参加のゲーム。

図1　実習に使用した3種類の玩具

2.3　実習意義の判定

以下のアンケートおよびレポートに基づいて本実習の意義を評価した。アンケートA（図2）：玩具を医療に利用する際に注目すべき3項目（「楽しさ」、「有用性」、「安全性」）について一対比較をしてもらい、それぞれに対する重み付けを階層分析法（analytic hierarchy process、AHP分析法）で定量化した。実習の前後で重み付けに変化が生じたか否かを判定し、教育効果の指標とした。アンケートB（図3）：実習で体験した玩具（夢ひよこ、ソリティア、Woody Unbalance）を実際に医療現場で使う場合、各玩具に期待する臨床効果について回答させた。各玩具に期待する、「癒し」、「運動機能増進」、「知的機能増進」、「コミュニケーション増進」の4種類の臨床効果について、実習後に一対比較させ、それぞれに対する重み付けを階層分析法で定量化した。重み付けの適切性は玩具福祉学会認定玩具療法士（著者）が文献を基に判定し、学生教育効果の評価指標の一つとした。レポート（図4）：設問6では、本実習に対する学生からの評価と感想を尋ねた。なお、設問1～5は、玩具療法の概念や有用性および適用時の注意点などについて学生の考察を深めるために設定したものであり、今回の実習意義の判定項目とはしなかった。

「おもちゃ」を医療に利用する際に，左右どちらを重視しますか？

	とても左の方を重視	やや左の方を重視	どちらともいえない	やや右の方を重視	とても右の方を重視	
楽しさ	1	2	3	4	5	有用性
楽しさ	1	2	3	4	5	安全性
有用性	1	2	3	4	5	安全性

図2　学生アンケートA

左右どちらの効果が大きいと思いますか？

	とても左の方が大きい	やや左の方が大きい	どちらともいえない	やや右の方が大きい	とても右の方が大きい	
癒し	1	2	3	4	5	コミュニケーション増進
癒し	1	2	3	4	5	運動機能増進
癒し	1	2	3	4	5	知的機能増進
コミュニケーション増進	1	2	3	4	5	運動機能増進
コミュニケーション増進	1	2	3	4	5	知的機能増進
運動機能増進	1	2	3	4	5	知的機能増進

図3　学生アンケートB

| 3 | 結果

3.1　アンケートA（図2）

　解析の結果、コントロール群では実習の前後で各項目に有意な変動は認められなかったが、対象では実習後で「有用性」に対する重み付けが有意に増加した（$p<0.05$）（表1）。一方、実習前には、対象群ではコントロール群に対して「楽しさ」に対する重み付けが有意に高く（$p<0.05$）、逆に「安全性」に対する重み付けが低い傾向であった（表1）。

表1　玩具を医療に利用する際の「注目点の重み付け」－実習の前後－

	対象群		コントロール群	
	実習前	実習後	実数前	実習後
楽しさ	0.34 ± 0.20^{a}	0.27 ± 0.16	0.24 ± 0.16^{a}	0.25 ± 0.13
有用性	0.22 ± 0.09^{b}	0.29 ± 0.13^{b}	0.23 ± 0.12	0.23 ± 0.12
安全性	0.44 ± 0.19	0.44 ± 0.15	0.52 ± 0.18	0.52 ± 0.17

[a]$P < 0.05$，[b]$P < 0.05$

3.2 アンケートB（図3）

解析の結果、学生は、「夢ひよこ」では「癒し」、「ソリティア」では「知的機能増進」、を期待する臨床効果として重み付けしていた。一方、「Woody Unbalance」では「知的機能増進」、「運動機能増進」「コミュニケーション増進」を期待する臨床効果としてほぼ同程度の重み付けを与えていた（図4）。これらの学生による重み付けは、玩具療法士の考える重み付けと同じであり、学生は各玩具の臨床効果を適切に理解することができたと判定された。

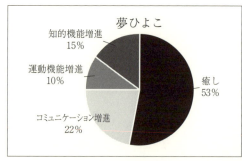
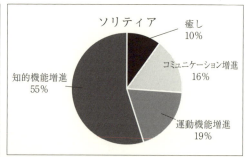
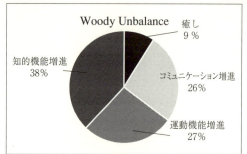

図4　学生が各玩具に期待する「臨床効果の重み付け」

3.3 レポート（図5）

本実習に対する学生からの評価は有用性（4.35 ± 0.81）および楽しさ（3.65 ± 1.09）ともに高かった（図6）。

1	自分が今まで遊んだ中で，一番記憶に残っている（お気に入りだった）おもちゃは？その理由は？
2	おもちゃは楽しいだけではなく，癒し，コミュニケーション増進，運動機能増進，知的機能増進などの効果があるといわれています。実際に，どのようなおもちゃが，どのような医療分野で，どのような効果を期待して使われているか，あるいは使われようとしているのか，調べてまとめてください。
3	おもちゃを医療分野で使う際に，注意すべき点としてどのようなことが考えられますか？注意点を3つ以上あげてください。 ① ② ③

4	これまでの臨床実習で遭遇した患者さんで，もしも「おもちゃ」で遊んでもらっていたら，患者さんのQOL向上，機能改善向上などに役立ったと思われる方はいましたか？どのような患者さんで，どのようなおもちゃで遊んでもらったら，どのような効果が期待できたでしょうか？
5	自分が医者になって医療分野で利用するとしたら，どのような場面で，どのようなおもちゃがあると良いと思いますか？
6	今回の「おもちゃの実習」に対する評価と感想は？ 【有　用　性】　5点満点で（　　　）点 【楽　し　さ】　5点満点で（　　　）点 【感　　　想】

図5　玩具療法実習の学生レポート

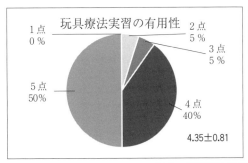 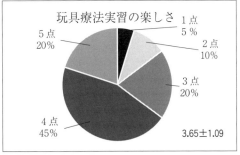

図6　玩具療法実習に対する学生の評価

|4| 考察

　今回、玩具療法について学ぶ機会を臨床実習の中で医学生に提供することが出来た。また、比較対照試験により学生の反応を調べたところ、本実習の意義を示唆する結果が得られた。本実習のような玩具療法について学ぶ機会を、医学教育の中でも今後積極的に取り入れて行くべきと考える。本研究が契機となり、玩具療法が医療分野に浸透することを期待したい。

　今回報告した玩具療法の実習は、これまで医学教育では行われることのなかった先駆的な試みと考えられる。国内最大の医学文献情報データベースである「医学中央雑誌」の検索システムで「玩具療法」をキーワードとして検索可能な期間（1983年から現在まで）で検索したところヒットする会議録、論文ともに皆無であった。また、「医学教育&玩具」で検索してみると会議録8件、原著論文4件、解説1件がヒットしたが、玩具やゲームを利用して医学教育を実施するという主旨のものがほとんどであり、本実習のような玩具療法自体について学ぶという主旨のものは認められなかった。

　本実習の教育効果は、学生の玩具療法に対する考え方の変化から示唆された。すなわち、アンケートA（図2）による階層分析法を用いた定量的な解析で、玩具療法に対する注目点（楽しさ、有用性、安全性）の中の「有用性」に対する重み付けが本実習後に有意に増加していたが、本実習を実施していないコントロール群では各項目に有意な変化が認められなかった（表1）。そのため、今回認められた変化は本実習の教育効果を示唆するものと考えた。ただ、対象群とコントロール群とでは実習前の項目（楽しさ）の重み付けに有意

差があったため（表1）、このことが今回の変化の発現に関与した可能性については今後の検討を要する。また、本実習の教育効果が長期的に継続するものであるのか否かについても明らかにする必要がある。今後、学生が医療者となって医療現場に立つようになってからも本実習で学んだ玩具療法のことを想起するのではないかと期待している。しかし、医療現場では周囲の視線や反応などのために玩具療法の実践を躊躇するかもしれない。躊躇なく実践できるようにするためにも、医学教育の中で玩具療法を学ぶ機会を増やし、玩具療法に対する理解を医療現場へ浸透させる必要がある。

　また、本実習の教育効果は、アンケートB（図3）の結果からも示唆された。今回は実習前後の変化について調べてはいないが、学生は実習で体験した3種類の玩具の特徴を理解し、各玩具に期待できる臨床効果を適切に把握することができていた（図5）。玩具には「癒し」、「運動機能増進」、「知的機能増進」、「コミュニケーション増進」の4種類の臨床効果が期待できるという玩具療法の考え方を学習したこと自体も教育効果の一つと考えられる。

　さらに、本実習の意義を検討するために学生からの評価を調査したところ、高い評価が得られた。すなわち、レポート（図4）で学生は本実習の有用性および楽しさに対して高く評価していた（図6）。今回、カリキュラムの中では比較的教官の裁量が効く選択実習の中で、玩具療法に関する実習を実施した。そのため対象者は20名と少数で、しかも短時間の履修となった。今回工夫した点は、班員同士が実際に玩具に触れて遊びながらその「楽しさ」「有用性」「安全性」などについて考えられるようにした点、および、レポート作成過程で学生が玩具療法の概念や有用性および適用時の注意点など幅広く考察するようにした点が挙げられる。その際には、玩具福祉学会の学会誌である「玩具福祉研究」や大会開催時の「大会資料」を参考資料として学生に貸与した。これらの工夫のために、短時間の履修であったにもかかわらず、教育効果をあげるとともに学生から高評価が得られたものと考える。

　今後、玩具療法に関する履修カリキュラムを医学教育に取り入れるためには、さらなる玩具療法の実践と研究の積み重ね、それによる教育資材の充実、玩具療法を教えることのできる医学教育者の養成などにも取り組む必要がある。

｜5｜ おわりに

　本研究を進めるにあたってご理解、ご協力を頂いた群馬大学医学部附属病院医療情報部の森田恭子先生、酒巻哲夫先生に深く感謝申し上げます。

　本論文は、高崎健康福祉大学総合研究所紀要『健康福祉研究』（第11巻第1号、37-43、2014）に掲載されたものである。許諾を得て再掲した。

【参考文献】

1）小林るつ子：玩具と福祉の考察, 玩具福祉研究1, 6-14, 2002.

2）吉田浩：プレイ・ケア・プログラムの効果の定量的評価に関する研究－プレイ・ケアへの資源配分とストレス緩和効果に関する実証分析－, 玩具福祉研究3, 2-12, 2004.

3）岩崎清隆：上肢の分離動作を促す回旋運動遊具とその指導経過, 玩具福祉研究3, 34-39, 2004.

4）都築惠美：入院児にも遊びを～遊びのボランティア「ピンクのうさぎ」の歩み～, 玩具福祉研究5, 53-64, 2007.

5）小林るつ子：玩具療法とは「玩具福祉学会」の活動紹介, 第2回玩具療法士養成セミナー教材, 2009.

6）小林るつ子：玩具の力, 玩具福祉研究8, 46-53, 2010.

7）田中一秀：裂脳症における上肢動作の獲得に向けた玩具療法～両手指の分離運動を促す課題の設定について～, 玩具福祉研究8, 95-100, 2010.

8）吉田浩：玩具福祉プログラムの効果について, 玩具福祉の理論と実践, 15-23, 2010.

9）苛原実：高齢者への玩具福祉の可能性, 玩具福祉の理論と実践, 30-47, 2010.

10）西本望：児童への玩具福祉の可能性, 玩具福祉の理論と実践, 48-56, 2010.

11）小松敬典：玩具福祉の領域, 玩具福祉の理論と実践, 57-63, 2010.

12）田中一秀：リハビリテーションとしての玩具福祉の可能性, 玩具福祉の理論と実践, 64-69, 2010.

13）渡辺勧持：障害児と玩具療法～あそび, ひと, もの～, 玩具福祉研究11, 17-30, 2013.

14）井上健：玩具療法のための認知症の医学的理解, 玩具福祉研究12, 14-20, 2014.

15）南金山崇：在宅認知症患者の介護負担軽減と玩具療法の役割について, 玩具福祉研究11, 24-29, 2014.

16）小林るつ子：全国に広がる玩具療法の実践の輪, 玩具福祉研究12, 30-37, 2014.

（岡村　信一　高崎健康福祉大学健康福祉学部教授）

第7章

高知市における玩具療法の効果と実践
―実践報告とロールプレイ―

　本稿は、第8回　玩具療法士養成セミナー（10/3（土）・4（日）　於・国際文化会館）を受講された職員2名の所属される社会福祉法人秦ダイヤライフ福祉会特別養護老人ホーム絆の広場、あざみの里2施設に於ける玩具療法のロールプレイと実践報告である。

期　日	平成27年11月14日（土）・15日（日）
会　場	社会福祉法人　秦ダイヤライフ福祉会
	特別養護老人ホーム　絆の広場　多目的ホール　および
	特別養護老人ホーム　あざみの里　交流ホール
対　象	福祉施設職員　ホームヘルパー　保健師　看護師　作業療法士　理学療法士他

第1日目
特別養護老人ホーム　絆の広場（ユニット型）多目的ホール

　特別養護老人ホーム「絆の広場」は全室個室で8ユニット80床、ショートステイユニット20床の4階建ての施設である。各居室には洗面所・トイレが完備され、また浴室には一般用のほかに車いすタイプとストレッチャータイプの特殊浴槽の設置もある。
　古民家を表現した玄関ホールにて打合せ後、落ち着いた和の雰囲気の地域交流室の前を通り、4階の多目的ホールが会場である。

絆の広場ロビーにて打合せ

職員に実践報告

動物玩具　　　　　　　　　　　　　　魚釣りゲーム

　この多目的ホールにおいて小林るつ子理事長による職員向けの玩具療法の効果と実践報告（60分間）。

　その後、会場の配置換えをし、ロールプレイの準備。
　多目的ホールには利用者さんたちが「これから何が始まるのだろう」とやや緊張した面持ちで、担当職員さんと三々五々集まってきた。利用者さん（車いす利用者を含む）達は、ゆったりとしたお一人おひとりのそれぞれのペースで、テーブルにある玩具に近づき、目の前の魚釣りゲームや福笑いの布製の玩具に職員のちょっとした言葉がけにより、関心を示された。しばらくすると安心した様子となり、のぞき込んだり、手を伸ばし触れたりする様子が見られた。また、歌ったり、話したりするネルルちゃん人形をはじめとして、動物類の癒し玩具にも興味を持ち、なでたり、抱いたり、顔を近づけたり、話しかけたりした。
　途中から合流された方々は、先にあるお仲間の顔や、ホールの何となく楽しそうな雰囲気が伝わるようで、初めからの方々よりは、比較的短時間でその場に溶け込み、自然と笑顔になるのも早かった。みなさんそれぞれのペースではあったが、目の前の玩具に担当職員さんと言葉を交わしながら、ある方は楽しそうに、またある方は真剣に玩具と向き合うお姿が見受けられた。また、職員さん達は、それぞれの玩具の取り扱いにつき、事前の予備知識があり、利用者さんに対する導入もスムースであり、和やかなロールプレイを実施できた。

第2日目
特別養護老人ホームあざみの里　交流ホール

　人格の尊重・自由と自立・友愛の3点を合言葉に個別ケアを前提としている社会福祉法人秦ダイヤライフ福祉会の施設を会場に、高知県福祉レクリエーション研究会が主催をした。
　この研究会は高齢者・障がい者に寄り添い、ご本人おひとりおひとりにぴったりの活動

あざみの里実践報告

を見つけ、自尊心を保ち、喜びを感じ輝くことのできる生活の一歩に向け特化した福祉レクリエーション活動をしている。従って、今回の受講者の多数は、専門家であった。

　まず、小林るつ子理事長のDVD活用による、これまでの全国各地における数々の玩具療法の成果と実践の講演。次に、栃木市における子育てサロンに於ける障がい児の玩具の活用およびデイサービス、特別養護老人ホームなど高齢者施設に於ける玩具療法の実践などをパワーポイントにより発表。

　実践報告後は、会場に展示してある玩具に触れながら、ロールプレイや質疑応答となった。高齢者・障がい者など、日々のケアにあたる福祉レクリエーション研修会の専門家の方々の質問は熱心であり具体的であった。短い時間ではあったが、玩具療法のリハビリ効果、コミュニケーションの促進効果、またある時は回想療法にもつながる効果・変化などについても高齢者の特性を知り、認知症の方々との対応にも理解のある会場の方々と情報の共有が図れたと思う。

　すべての人が生き生きとその生涯を送れるよう、またそれぞれの人格が尊重されて生活を過ごせる社会実現に向け、玩具療法もその一役を担える関わりであることを再認識した訪問であった。

あざみの里玄関ロビーにて

（石河　不砂　國學院栃木短期大学講師）

第8章

「共遊楽器」の発想と取り組み

|1| はじめに

「100年人生時代」と言われる現代において、老いも若きも活き活きとした生活を送るためには、様々な感覚特性・身体特性に目を向けた、新たな着眼点によるプロダクトの提案が必要である。筆者はかつて玩具会社の企画職に従事していた時、市場調査の過程で共遊玩具の存在を知った。共遊玩具とは、耳や目の不自由な方同士、また健常者が「共」に「遊べる」ように工夫された玩具のことを指す。共遊の概念を楽器に適用し、聴覚や視覚に障害がある方と健常者が共に楽しむことの出来る「共遊楽器」を考え、展示やワークショップの活動を行なってきた。本稿では、現在までの共遊楽器にまつわる活動を俯瞰し、共遊楽器によってもたらされる未来について考察する。

|2|「共遊楽器」の手法と実践例

共遊楽器は楽器の形状や機能を工夫することによって、聴覚や視覚に障害がある人が、健常者と一緒に音楽を楽しむことを目的としている[1]。筆者が過去に制作した共遊楽器について、主要なものを図にまとめた。共遊楽器のアプローチは大きく分けて、①「触覚」に訴えかけるもの、②「視覚」に訴えかけるものがある。本章では、時系列に沿って制作物を概説しながら、共遊楽器を実現するための具体的な手法について説明する。なお、各作品の詳細については関連文献を参照いただきたい[2) 3) 4)]。

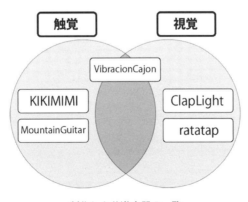

制作した共遊楽器の一覧

・Mountain Guitar（マウンテンギター）

　小さい子どもから大人まで、直感的に演奏することを目的として制作した楽器である[2]。親しみを持たせるため、既存のギターをデフォルメーションした形状とした。本体内部に組み込まれた光センサ、加速度センサ、圧力センサ、距離センサによって、楽器を振る、押さえる、叩く、弾く真似をする等の操作で直感的に演奏できる。複数のセンサを用いることで「簡単操作で本格的な演奏」を実現した。ピックアップ部分は、LEDの光をギターを弾く真似によって遮ることで光センサが反応する仕組みになっている。また、本体にはピッキングのガイドとなる溝をつけた。この溝に沿って指を動かすことによって、視覚障害者も簡単に演奏することができる。

　視覚障害者に対しては、本体のテクスチャや形状によって操作を誘導する方法が有効であると考える。このアプローチは、メガハウス社の「オセロ 極」を参考にした。この玩具は、駒の表裏でテクスチャを変えることで白と黒を触って判別できるようにデザインされており、触覚でコマの位置を把握してオセロを楽しむことができる。Mountain Guitarもこれに習い、触覚的な情報（本体につけた溝状のガイド）に沿って遊べる工夫をしている。実際の視覚障害者から、溝がガイドになっていて弾きやすいとのコメントを得ている。

視覚障害者がMountain Guitarを演奏する様子

溝部分の拡大図（左図）、
共遊楽器着想のヒントになった「オセロ極」（右図）

・Vibracion Cajon（ビブラションカホン）

　打楽器の演奏情報を、振動と光（映像）に変換して奏者同士で共有する楽器である[3]。ペルー発祥の打楽器「カホン」の内部に衝撃センサを取り付け、打楽器を叩く強さを検知する。振動は、ボイスコイル方式のアクチュエータ（振動子）によって発生させる。楽器を叩いた時のタイミングは、振動の強さや生成される映像に反映される。楽器は3つの形があり、それぞれふくらはぎ、太もも、臀部から振動を感じることができる。この楽器は、数段階の試作を経て現状の形になっている。

　一番始めに、振動を伝達する機能のみを実装したVibracion Cajon1.0を聴覚障害者に体験してもらったところ「振動がどちらの方向から来ているかわかりづらい」「音が見えたら楽しい」という意見があった。音や振動がどの楽器から発生しているのかを示し、また楽器に触れていない人も音の情報を共有できるように、演奏情報を可視化するVibracion Cajon3.0を改良版として制作した。可視化は床面へ映像をプロジェクションすることに

Vibracion Cajon 1.0外観と振動が伝わるイメージ　　光による演出を加えたVibracion Cajon 3.0

よって実現した。楽器を叩くとその位置から音の玉（オトダマ）が生み出され、相手と叩くタイミングが合うと玉同士が線で繋がって表示される。バージョンアップによって音が発生した場所を視覚的に捉えることができ、相手と合奏する楽しさを増幅することができた。この楽器は、聴覚障害者に対して音の存在を「視覚」と「触覚」を用いて保証する点で意義があると考える。筆者は以後、様々な感覚特性・身体特性を持った人を対象として共遊楽器の開発を進めた。

・Clap Light（クラップライト）
　拍手の際に手と手がぶつかるエネルギーを電力に変換し、LEDを光らせるリング型の楽器である。コンサートで場が盛り上がると、観客が自然と音楽のリズムに合わせて手拍子する光景が時折見られる。筆者はこの現象に着目し、聴覚障害者がリズムを「視覚で」感じることができるよう、Clap Lightを制作した。拍手の衝撃で本体に装着された圧電素子という電子パーツが歪むと、その際に電力を発生する（圧電現象）。この楽器をコンサート会場で配布し拍手をすると、会場を包むリズムを暗い環境でも把握することができる。コンサート会場の多くは、演奏者側が明るく、鑑賞者側が暗いため、聴覚障害の有無によらずコンサートの盛り上がりを共有するために制作した。このデバイスは、発電機構を用いることによって電池が不要で軽く、低価格で提供することができる。2011年に長野県で行われたクリスマスコンサートでも使用され、好評を博した。

Clap Light使用時の様子　　Clap Lightの試作（左図）、量産版（右図）

このように、単純な仕組みを低コストで実現して入手可能にする取り組みは、共遊楽器を広める上で重要な視点であると筆者は考える。Clap Light企業との協働によって、受注から4週間程度で出荷できる体制を整えた。塩ビ素材を使用した量産には、金型の設計が必要となる。筆者はClap Lightの試作品を基に、外形デザインを含めた製品の仕様を伝え、協働することで量産化を実現した。試作をベースに他者とコミュニケーションを取ることによって、個人であっても量産プロダクトを生み出すことができる可能性を提示した。

・ratatap（ラタタップ）
　Vibracion Cajonでは、楽器数量の都合上3人以上が同時に演奏参加できないという問題があった。この反省から、より多くの人が同時に参加可能な共遊楽器の仕組みを実現した。ratatapは、市販の打楽器の先端にキャップ大のモジュールを取り付ける。モジュールが装着された打楽器をエリア内で演奏すると、モジュールに内蔵された赤外線LEDが衝撃によって一時点灯する。楽器演奏の位置情報を、天井に設置したカメラで認識し、鳴らした場所から音を模した「オトダマくん」というキャラクタが出現するようにした。複数人が同時に楽器を鳴らすと、オトダマくんが合体して「デカダマくん」になり、オトダマくんを追いかける。この演出により、参加者が音により親しみやすくなった。また、楽器の演奏が難しい幼児も不規則に移動するオトダマくんを追いかけることで、間接的に参加することが可能となった。

　過去の気づきを活かし、次のプロダクトのアイデアに繋げることで、より多くの人が楽しめる道具の開発が可能となる。気づきの得方（効果検証の方法）を含む開発プロセスを体系化することにより、共用品の開発にも応用出来ると考える。

ratatapを楽しむ子ども

・KIKIMIMI（キキミミ）
　指先で音の振動を感じる事ができる共遊楽器である[4]。振動に対して敏感な指先で振動を感じることで、音楽のリズムや盛り上がり等の雰囲気を楽しむことを目的としている。日本語には、お酒の味を確かめる「利き酒」や、お香の香りを嗅いで嗜む「香を聞く」など、様々な「きく」という言葉が存在する。五感を研ぎ澄ませて一心に鑑賞する行為を指す「きく」と、音を別の感覚器で感じることのできる「第三の耳」、2つの言葉を組み合

わせてKIKIMIMIとした。音に触れる感覚は健聴者に対しても効果的に働き、「音に触る」能動的な音楽鑑賞体験につながると考えた。

　制作の指針として次の点を考慮し、耳の形をモチーフにデザインした。
　　１．小型でありながら、様々なバリエーションの振動を感じることができる
　　２．ライブでも活用できる形状（軽く、片手で握れる）
　　３．それぞれの指にパート毎に違った振動を与える

　制作手順として、握った際の形状を検討するためウレタンフォーム（固めの発泡スチロール素材）を整形し、振動を発生させる圧電素子の取り付け位置を検討した。次に、ウレタンフォーム製のモックを参照してCADソフトでモデルを制作し、３Ｄプリンタで筐体を出力した。

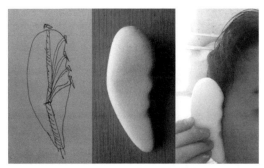

KIKIMIMIのスケッチと模型

　制作したKIKIMIMIは、2013年11月に行われた「渋谷音楽祭」のライブで発表した。招待した聴覚障害者に体験してもらったところ、次のコメントを得た。
　・新しい音楽の楽しみ方を感じれた気がする。言葉のリズムを教えるなど、音楽以外にも役立つのではないか。
　・たくさんの楽器や音があって、その重なりで音楽があるのだと実感した。家にもあったらいいのに。
　・今は線がつながっているから、おとなしく聴いているけれど、本当はこれを片手に飛びはねたい！

　今後は、KIKIMIMIを無線化し、ライブやコンサートで数百名が同時に体験できる環境を目指して改良を進めていく。

　以上の例から、共遊の概念は「利用者の感想や、利用状況の観察による気付きから制作物を改良する」プロセスによって実現できると考える。この手法のメリットは、改良を繰り返すことでより良いものを目指すことができる点にある。しかしながら、この手法で実際の製品開発を行うと、都度回路設計の変更や金型の修正などで多額のコストが発生するため、一般企業では実践が困難である。

　通常の開発においては、開発コストが膨らむと、売上による回収が難しくなることから、開発期間や試作回数に制限が生じる。これに対し、個人での開発は少人数で行うため、コストの影響範囲が小さくて済む。しかしながらその一方で、個人は量産のノウハウがない

渋谷音楽祭でKIKIMIMIを楽しむ観客

ため、数百個単位の発注が入ると対応が難しいという問題がある。ここで筆者は、Clap Lightのように、個人でなるべく精巧な試作品を制作し、それを元に企業と共同で量産化に取り組んでいく方法を提案したい。３Dプリンタや、センサを扱う際のツールキットがより身近になった現在において、個人でなるべく精巧なプロトタイプを制作し、その試作品を持って起業と協働する、というものづくりの方法は今後より一般的なものになっていくと考える。

　人の手に渡る「ものづくり」の達成には、アイデアを思いつく（imaginationとしてのソウゾウ）、思いついたアイデアを形にしていく（creationとしてのソウゾウ）プロセスが不可欠である。しかし、これらのプロセスは一般化されてはいない。より多くの方が共遊楽器の制作に関わることができるよう、筆者は一般の人が「共遊楽器を考える」「考えたアイデアを試作する」ための方法について検討した。

|3|「共遊楽器」の考え方を広める展開

　共遊楽器の考え方を多くの人に知ってもらい、実践してもらうための活動として、①TEDx Matsumoto[5]でのプレゼンテーション、②宮城教育大学、③つくば市民大学、④金沢美術工芸大学で講演とワークショップを行った。いずれの機会においても「共遊楽器の

TEDx Matsumotoプレゼンテーションの様子

制作に至った背景」、「共遊楽器の考え方（コンセプト）」、「実現方法と実例」を中心に講義を展開した。ワークショップの方法や結果については関連文献を参考されたい[6]。

②③④では、講演後にアイデア発想ワークショップを行い、参加者はオリジナルの共遊楽器を考えた。つくば市民大学でのワークショップは、多数の聴覚・視覚障害者の参加に恵まれた。それぞれのグループに当事者が均等に加わることで、導出されたアイデアに対して即座に当事者の観点からコメントや具体的なアドバイスが行われ、活発な議論に繋がった。今後も多くの当事者と共に「共遊楽器の考え方を知る」講座と「共遊楽器を考える」ワークショップを実施することで、共遊楽器の考え方に触れる取り組みを継続していきたい。

｜4｜「共遊楽器」の未来

2013年に共遊楽器を提唱してから、多くの方の協力を得て「共遊楽器を作るプロセスの共有」を考えるまでに活動が発展してきた。今後も、誰もが気軽に共遊楽器を考え、作れる環境を目指し、試作を含めた手法の共有に努めていきたい。玩具福祉学会に初めて寄稿させていただいてからも10年が経った。少子化に始まり玩具業界を取り巻く環境も大きく変化する中で、中高年を対象にした玩具も増えてきた。最近では、ミニ四駆が30歳代を中心に再ヒットの兆しを見せている。童心に戻ってモデルを組み立て、レースで競争する親子の姿をおもちゃ屋で見かけることもある。親が自らの少年時代を思い返しながら、子どもと同じ視点で遊び、世代間交流が実現する。遊びの中でお互いに喜び、楽しみ、自然なコミュニケーションが成立する。これこそが「玩具福祉」のあるべき姿なのではないか。

様々な感覚特性・身体特性を考慮した共遊楽器は、その発展の中で私が障害とは何かを理解する良いきっかけとなった。障害が個人的要因と社会的要因によって構成されるという視点に立って考えると、共有楽器はコミュニケーションの観点から障害そのものの見方を変えていく可能性があると考えている。良い道具は良い使い方と共にある。今後は共遊楽器の考え方を広く共有すると共に、効果的な使い方についても研究を進めていく。筆者が現在勤務している産業技術大学院大学は、公立の社会人大学院として、幅広い年齢層に対して「創造技術」の魅力を共有している。プロトタイプを制作する技法から、それを用いてプレゼンテーションし、より多くの人と協働するための「ものづくり言語」を教えるための貴重な機会を頂いている。今までの経験を活かし、今度は祖父・祖母と孫の世代間交流を実現するための共遊玩具・共遊楽器について模索していきたいと考えている。最後に今回の寄稿に際して機会を下さり、遊びを通したコミュニケーションについて深く考えるきっかけを下さった小林るつ子様、そして現在まで続く共遊楽器の研究を応援していただいたすべての人に感謝したい。

【参考文献】
1）金箱淳一：「共遊楽器」の提案と実践の報告, 玩具福祉研究, 第11号, pp.48-54, 2013.

2）Junichi KANEBAKO, James Gibson, Laurent Mignonneau : Mountain guitar : a musical instrument for everyone, Proceedings of the 7th international conference on New interfaces for musical expression, pp.396-397, 2007.

3）金箱淳一：Vibracion Cajon2.5：視覚と触覚で体感可能な打楽器, デザイン学研究作品集19号, pp.10-15, 2014.

4）金箱淳一, 楠房子, 稲垣成哲, 生田目美紀：KIKIVIBE（キキビブ）：音を振動で感じる共遊楽器, デザイン学研究作品集21号, pp.14-17, 2015.

5）Junichi Kanebako：「共遊楽器」について, TEDxMatsumoto プレゼンテーション.
　　公式動画URL：https://www.youtube.com/watch?v=dqR1xoloSpM
　　日本語字幕入り動画URL：https://amara.org/ja/videos/Jxuy7yCMgFqC/info/gong-you-le-qi-nitsuite-junichi-kanebako-tedxmatsumoto/

6）金箱淳一：「共遊楽器」発想のためのワークショップについて, 情報処理学会アクセシビリティ研究会第1回研究会, 2016.

（金箱　淳一　楽器インタフェース研究者、慶應義塾大学大学院メディアデザイン研究科研究員）

第 9 章
玩具福祉学会への
ぐるーぷもこもこの活動

|1| はじめに

　1979年（昭和54年）に発足したぐるーぷもこもこが、渋谷西武のおもちゃ売り場でおもちゃコンサルタントの小林るつ子氏と出会ったことにより、おもちゃのセミナーで種々のおもちゃや手作りおもちゃを知ることができた。1993年（平成5年）におもちゃの図書館全国連絡会に加盟し、阪神大震災時、「夏にサンタがやってきた」や「ATAC」「京大病院にこにこトマト」に寄贈したりした。

　2001年（平成13年）玩具福祉学会ができ、東日本大震災で被災された子ども達に、学会を通して沢山のおもちゃを毎年寄贈した。カトリック幼稚園の子ども達が「ドライブ」のおもちゃを「まちづくり」として使っていると聞いて感動した。

|2| 玩具福祉学会への「ぐるーぷ もこもこの活動」

　1991年（平成3年）に麻生区社会福祉協議会事務局が、福祉パルあさおにできた。それまで活動していたカトリック教会が使えなくなって困っていたので、活動場所をパルの研修室に移し、社協職員の好意で材料やミシンを置いておく棚を借りることもできた。また、小田急線新百合ケ丘の駅の近くという足の便の良さもあり、参加者がどっと増えた。

　同時に川崎市北部地域療育センターができ、障害をもつお子さん達ともこもこの布のおもちゃで遊ぶボランティアをしてほしいとの要望があり、「おもちゃのとしょかん　もこもこプレイルーム」が誕生した。おもちゃの図書館全国連絡会に加盟し、全国大会、地区大会に参加し、勉強してきた。

1999年（平成11年）のアジア・日本ではじめての国際会議にも参加し、スタッフとして協力したり、手作りおもちゃのコンテストで賞を頂いたりした。子ども達の要望に合わせて作り直したり、新しいものを考えたり、子ども達にいろいろ教えられた。
　ぐるーぷ・もこもこ30周年の記念に、川崎市内の養護学校、重度障害児学級、麻生区内の障害児者の施設に「花のまとあて」をプレゼントして使って頂いた。
　これをきっかけに、種々の依頼が来るようになった。
　玩具福祉学会ができ、野口、中山、魚本が会員になり、15年の間、7月の大会の時にもこもこの作品を展示したり、在宅ケア診療所ネットワーク全国大会に出席して小林理事長のランチョンセミナーで発表する時に展示をしたり、参加者に持ち帰って使って頂いたりした。その時知り合った方々が「玩具療法士養成セミナー」を受講して下さり、学会に入会して下さったりして、広まってきた。
　2011年（平成23年）3月11日、あの東日本大震災、学会からの要請で、もこもこから沢山の寄付をさせて頂いた。そして続けている。
　自分達も住んでいる所の人達の為に始めたことから、大きく広がった。必要とする人達は同じように全国にいらっしゃる。広い心で、でもできる範囲で作り続けていけたらと思う。
　もこもこ30年の間に、家族の転勤で地方に行ったり引っ越したり…その先でももこもこの物を作り続けたいという人達が、支部として横浜市青葉区、滋賀県、町田市で活動している。
　自分の住んでいる地域の為に作り続け、一部を本部に送ってくれる。また、三菱商事が社会貢献の一環として、社員の方がボランティアで作品の材料をカットしたり、寄付をしたりして下さっている。
　作ったものを「あさお福祉まつり」や療育センターの「ほくほくまつり」で販売したり、関東各地の図書館の依頼で作り方の講習に伺ったり、依頼製作として、頂いた謝金料などを材料費にしている。
　30年の間に皆30才年をとり、暗いと針目が見えない。親や夫の介護の合間に参加するなど、時間を作って、一針一針心をこめて縫っている。
　もこもこの作品の色の美しさ、作品の楽しさ、待っている子ども達の笑顔にいやされて（魚本・中山）。

（神谷明弘氏撮影）

東日本大震災をきっかけに、日本国際児童図書評議会を通して、布のえほんを被災地に送り届けている。
　布のえほん「おでかけブー！」が2013年国際障害児推薦図書に選ばれ、世界各地で展示され、2017年春の推薦図書リストに布のえほん「こんこんくしゅんのうた」が選ばれた。
　昨年、永年の活動が評価され、野間読書推進賞特別賞を頂いた。
　また、2017年度は三菱商事社内ボランティアでたまったポイントで障害児に布のえほんとおもちゃを寄贈する材料代としてもこもこに多額の御寄付が予定をいただき、麻生区内の施設や活動しているグループ、養護施設や各地の特別支援学校にお送りすることができた。障害の人だけでなく高齢者の活動場所でも使われている。

|3| 今後の展望

　現在約100名の会員が、3つの支部と連携して260種類以上の布の絵本、布のおもちゃのオリジナル作品を製作してきた。各地の公共図書館、特別支援学校、福祉施設で活用してもらっている。現在、活動場所、資材置場、会員の老齢化という悩みはあるが、今一度自分達の活動を検証し、内容の充実・発展を考えていきたいと思う。

（魚本　陽子　玩具福祉学会理事）

第 10 章

玩具福祉学会の今後

|1| はじめに

　この学会が設立された頃は、21世紀の初めで、新しいことをするべく設立されました。産学共同体として研究者だけでなく、現場でいろいろ働いている方も参加しました。この実積は大きいものです。15周年大会でこれらの報告を兼ねて「シンポジウム」でお話いたしましたが、いまだ報告し足りない事も加えて原稿にしました。また、これまで報告できないこと等をまとめました。いろいろな活動をご覧下さい。

|2| 黎明期の頃

　青山のこどもの城の研修室をお借りして、毎年年 1 回総会とともに全国から会員が集まりました。玩具企業の方々はその年の新製品を展示しました。広報では、ホームページをつくり、そこに玩具福祉学会の意義を明記しました。

> 1．子どもの成長と玩具の研究
> 2．病児・障がい児への援助と研究
> 3．実践者に対して玩具の選び方、使い方の研究
> 4．高齢者に対しての玩具との関り方・玩具の選び方
> 5．アジアの子どもたちへの支援
> 6．被災地への支援
> 7．これらの為に企業は開発・人材育成
> 8．大事なことは玩具を使い実践する人の育成を実施

　以上のことを研究し互いに学びあうことをしています。
　黎明期にお元気で励まして下さいました方のお力によります。小さい学会ですが確実に前にすすんでいます。
　玩具企業は業界の中に研究機関はありません。各社はそれぞれ開発の研究はしていますが、難しいのです。高齢化が進み、子どもだけでないのは理解できるのですが、なかなか難しいのです。

総会の受付係は玩具企業で

東北大学（仙台）でセミナー

|3| ホームページより

　この学術会議は21世紀型です。多くの同じ志を持つ企業・研究者・障がい者・医師その他専門家が集り、社会貢献できる玩具福祉学会を推進しています。多くの障がい児から学んだ事をこの学会で活かしてさらに研究を重ねていこうと、志す人の集団が出来たのです。この会の主旨は、玩具を用いて生活の質を高めて、毎日の暮らしが豊かになることを願うものです。障がいのある人も、高齢者も、病院に入院している子どもや、小児癌の子ども達を支援しています。「皆が良い暮らしを」と願うので玩具福祉学会の英文は『Toys for Well-Being Association』です。玩具でたくさん遊んだ障がい児達は成人しても、とても遊びが上手です。そして笑顔が生まれて仲間の認知も出来るように成るのです。この事は重要な事です。現在、玩具福祉学会は『玩具療法』と呼んで、特に高齢者の方々の支援に役立てています。それは、認知症と言われる方々に「この方は、何もできない」「徘徊して困る」「居眠りばかりして居る」「人との関わりができない」と言う諦めの状況に置かれている高齢者の方々が多いのです。しかし、玩具を用いて遊ぶ事で、少しずつ解消されて笑顔が生まれると言う検証ができました。厚生労働省の補助金を頂き600の症例を分析して科学的検証ができました。玩具福祉学会理事の医学博士・苛原実氏の御協力を頂き科学的な検証ができました。

　各地域のデイサービスを利用している方々が証明してくれたようなものです。長い人生

高齢者の施設

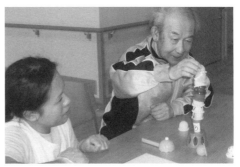
仙台の病院

を少しでも楽しいことがあれば、元気も出るのです。重症の認知症の方もお話をする人形を抱いて、一人で人形に話しかけたり、抱いて可愛がる姿を見れば『玩具療法』と難しく言わなくても幸せの心が伝わるのです。

　毎年、行われる福祉機器展では玩具は、展示できないのです。福祉用具として障がい児用とか高齢者用として特別なリハビリ用具的なものでないと展示ができません。それらは、大変高価で個人では買えません。でも東京ビックサイトで行われる『東京おもちゃショー』には楽しく遊べるものが沢山あります。毎年7月頃に行われます。無料で入れますので、覗いてみて下さい。よいものが発見できますように。

　玩具福祉学会では玩具を少し分類しています。癒し系玩具―これにはテクノロジーが導入されて話しかける人形や鳴く犬、動く猫など沢山あります。運動機能を促す玩具としては、磁石でくっつく安全なダーツ、簡単にくっつくので失敗がありません。また、ハンマーベンチやボーリング・ゲームなどがありますが、余り難しいルールは、要りません。又たくさんのリハビリになる玩具があります。これらには、木や、紙のパズルなど楽しくて、色も美しいものが良いです。
　一人ひとりが『良い暮らし』をする事が、本当の福祉と言えるのではありませんか？

玩具賞に入賞した玩具

|4| これからの未来に向けて

　我が国は皆様がご存知のように超高齢者時代に入っています。玩具は子どもの物という考えを忘れて世の中を広く見てほしいです。すでに高齢者の施設では玩具を使い楽しい時間を過す高齢者の方々が見えます。玩具は身近で買えるし、福祉機器より安い事です。
　またパソコンを使う方はほしいゲームなどを検索すれば出てきます。
　奈良県の施設にお伺いすると楽しく黒ひげ一発ゲームで遊んでいる高齢者に出会いました。このように各地域で玩具が使われています。皆様の地域では必ずデイサービスの施設があります。ぜひ調査してください。私どもの「玩具福祉学会」では玩具療法を推進しています。これも学んでほしいのです。広く販路を求めるために、これから玩具企業は高齢者にも目を向けることです。
　さらに企業も研究に力を入れてほしいのです。東北大学の吉田先生が、玩具福祉学会の10周年の年に、「学会賞」と言う賞を設立されました、この賞は、手つくりの方や企業の方でも参加できます。若い方のためにつくられたお話をする人形は特に、高齢認知症の方々がお友達としておられることが判明したのです。「学会賞」を目指して企業も手づくり玩具製作者も頑張りましょう。

奈良デイサービス①

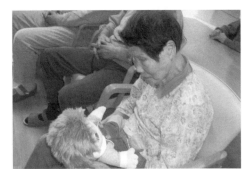
被災地で

奈良デイサービス②

総会の展示

|5| おわりに

　ここに書いたことは、活動の一部に過ぎません、これから未来に向けてさらなる活動の広がりを期待します。

総会

学会を支える人々

木のパズル　発表

在京理事会

（小林るつ子　玩具福祉学会理事長）

第2部
玩具を用いた医療とケアの実践

第1章 高齢者への玩具福祉の可能性 ―――――――――――――|文|苛原　実

第2章 リハビリテーションとしての玩具福祉の可能性 ―――――|文|田中　一秀

第3章 玩具療法のための認知症の医学的理解 ―――――――――|文|井上　健

第4章 小児科医と玩具 ――――――――――――――――――|文|高橋　真弓

第5章 子どもとおもちゃとこころのケア
　　　―福島県での東日本大震災後の医療支援活動― ―――――|文|井上　健・
　　　　　　　　　　　　　　　　　　　　　　　　　　　　　　　出口貴美子

— 第 1 章 —

高齢者への玩具福祉の可能性

|1| 高齢社会の現状とその背景

　最近、少子高齢化という言葉を頻回に聞くようになった。65歳以上の高齢者の人口が増加している反面、成人女性の出生率は低くなっており、子どもの人口は減少している。さらに、我が国の高齢化の問題点は、先進諸国の中でも高齢化が早い速度で進んでいることである（表1）。すなわち、欧米諸国に比較して、速い速度で人口構成が変り、社会保障のあり方や国民の意識が、高齢社会の現実になかなか付いてゆけないという面がある。2000年より世界であまり例のない介護保険を導入したことは、国の危機意識の一つであり、社会全体で高齢者を支えてゆくという仕組みを作ってゆく必要があった。

表1　先進諸国の人口高齢化所要年数

高齢化率	7 %→14%	
日本	24年	1970-1994
米国	70年	1945-2015
ドイツ	45年	1930-1975
フランス	115年	1865-1980
英国	45年	1930-1975

　高齢者介護の質は2000年の介護保険導入後明らかに向上していると思われる。特に認知症高齢者に対する介護は、認知症そのものの理解が深まっており、介護職員などの知識も豊富になってきた。しかし、試行錯誤の連続であったことは間違いなく、現時点で考えると認知症高齢者に対してエンドレスの徘徊を促してしまう回廊式施設など、誤った考えであったと反省することも少なくない。

　高齢者の生活を豊かにする手段としてのさまざまな治療法も出てきており、玩具療法もその一つである。本稿では、高齢者に対する玩具療法についてこれからの可能性を考察したい。

|2| 認知症高齢者の特性と玩具療法の利点

　高齢者に対する玩具療法を述べるにあたって、まず高齢者についての理解を深めておく必要がある。そのためには、認知症高齢者について理解をすることがポイントとなる。な

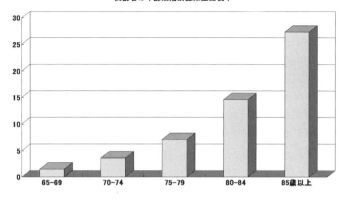

図1　認知症を有する高齢者の割合

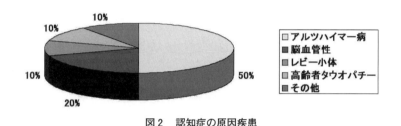

図2　認知症の原因疾患

ぜならば、高齢になるに従い、認知症状を示す方の割合は増加し（図1）、認知症の方の特性は高齢者の特性と共通点が多いからである。

2.1　認知症とは

　認知症とは、後天的な認知機能の低下により、社会生活の維持が困難になった状態のことである。高齢者は社会的責任が少なくなり、日常生活の中での役割もほとんどなくなり、認知症と気づかれることが遅れることもある。しかし、先に述べたように高齢になればなるほど認知症を発症する方の割合は高くなる。その点からも、高齢者の介護を考えるときには認知症についての知識は必須である。また、認知症といってもこれは病名というより症候群であり、認知症の中には多くの疾患が含まれる（図2）。もっとも頻度が高いのはアルツハイマー病であり、本稿ではアルツハイマー病の特性を中心に解説をしてゆく。

（1）記銘力低下の特徴

　アルツハイマー病の症状を理解する上でのキーワードは、「瞬時」と「過去」である。いずれも記銘力低下の特徴を表すことばであり、短期記憶低下は必ず現れる症状である。「瞬時」とは話をしている先から、話をしている内容を忘れてしまうような、短期記憶力の低下を指す。同じことを何度も話すのは、まさにそのためであり、こちらも同じように返事をすればよい。また、出来事を全体的に忘れてしまうことも特徴的である。たとえば、

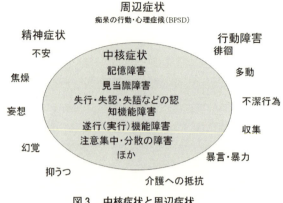

図3　中核症状と周辺症状

　デイサービスに行って帰ってきても、デイサービスに行ったことを忘れてしまう。「おばあちゃん、今日のデイサービスは楽しかった」と聞いても、「私はそんなところへは行ってないよ」と答えたりする。
　「過去」とは、記憶は新しいものからなくなってゆき、過去の記憶が残る傾向にあることをさす。たとえば自分の子どもの顔が分からなくなってくることがある。これは、記憶の中の子どもはまだ小学生であったり、幼稚園児であったりして、成人となった子どもを認識できないからである。また、「おとうさん」「おかあさん」と自分の親のことを話すようになる。それは、記憶が若い時代に戻っているからである。90歳代の女性が、「お父さんが入院をしているの」と病院の中を徘徊している光景を見たことがあるが、これなどまさに記憶が「過去」に戻っているからであろう。

（2）中核症状と周辺症状

　これらのアルツハイマー病そのものによる症状を中核症状とよび、場所や時間が分からなくなる見当識障害や着物をきちんと着られなくなる着衣失行などがある。失行はたとえばテレビのリモコンスイッチや電気釜の設定ができなくなることが多く、昔から慣れ親しんだものはできることが多い。たとえば、かまどでご飯をたくなどは、体で覚えているのでうまく行える。これらのことを「手続き記憶」とよぶ。中核症状に環境因子や本人の体調などが加わり、環境の変化や体調変化を原因としておこる症状を周辺症状とよぶ。一般に認知症の高齢者はこの周辺症状が特徴的と思われるが、よい環境でストレスもなければ周辺症状は出現しない。また、周辺症状は認知症の悪化を示すわけでなく、認知症の初期にも出現する症状である。病気による入院では認知症のない高齢者でも、せん妄といって、一時的に認知機能が低下して、徘徊や暴力行為をする状態になることがある。しかし、病気が落ち着いて、元の環境に戻ればせん妄はおさまる。認知症の症状は不可逆性であるが、せん妄は元に戻ることが大きな相違点である。

（3）そのほかの特徴

　そのほかに覚えておくべき特徴としては、親しくなればなるほど、認知症の症状を示す

ようになり、見知らぬ人には症状をあまりださない。いつも面倒をみてくれるお嫁さんには、認知症の症状を示すが、たまにくる親戚の人には症状を見せないできちんと対応することが多い。もちろん、これは初期の場合ではあるが、医療機関の外来診療だけでは認知症を見抜けないことが多いのはそのためである。

また、何か失敗をしても自分の非を認めないことが多い。トイレが間に合わなくて尿を漏らしても、自分がやったとは言わない。「一体誰がこんなところにお漏らしをしたのかねー」と平気な顔をしていることが普通である。

これと同様なことであるが、アルツハイマー病初期の方はあまり「分からない」ということは言わない。聞かれたことが分からなくても「ウーン、あれでしょう、あれあれ」などとぼかした言い方をするか、そばに人がいれば、「あれなんだったっけ」と聞くことがほとんどである。これを「取り繕い」という。

2.2　玩具療法の利点

（1）なぜ玩具が優れているか

玩具は誰でも子ども時代に遊んだことがあり、記憶が過去戻りしている高齢者には導入が比較的容易な利点がある。もちろん、玩具があってもそれで遊ぶには、介護を担当する方の援助が必要なことが多く、高齢者が楽しく遊べるような介助は必要である。

また、玩具は高価なものは少なく、施設などでも使いやすい。さらに、認知症の進行に合わせて、玩具の種類を変えることで遊ぶことができる特徴もある。たとえば、高度の認知症の方でも、話をする人形や、犬や猫の人形で笑顔が出るのである。

（2）玩具療法を行う際の注意点

玩具療法を行う際には、玩具が遊ぶ高齢者の能力にあったものかどうか、常に注意をする必要がある。認知症が進んで、うまく遊べない方には介助をしているものが、高齢者に嫌な思いをさせないように、別の遊びに誘うようにしてゆく必要がある。つまり、教えないと遊べない玩具では、遊ぶべきではない。

集団での玩具療法では、常に参加者の状態を観察しておき、援助が必要なときには、高齢者に恥をかかせないような方法でさりげなく助けるべきである。また、基礎的な知識として、玩具の種類や目的などを理解しておくべきことは言うまでもない。

｜3｜ 認知症高齢者に対する玩具療法の効果

認知症高齢者に対する玩具療法の効果については、平成18年度厚生労働省老人保健健康増進等事業で、本学会が行った報告書から一部を抜粋して実証する。

3.1 認知症の進行度と適応する玩具の種類

■**対象** FAST（Functional Assessment Staging、表2）により、軽度、中等度、高度と判定された、認知症高齢者68名を検討の対象とした。これら認知症高齢者は全て、在宅で暮らしており、同一法人の7ヶ所のデイサービスを利用している方である。

■**方法** 対照となる高齢者の認知症程度は、FASTの項目を参考にしながら、介護専門職の2名以上で行った。小林の分類による、1. 運動機能を促進する玩具 2. コミュニケーションを促進する玩具 3. 参加型玩具 4. 心の癒しになる玩具を用い、(1)自発的に遊

表2 FASTの分類

重症度		臨床的特長	
正常	1	主観的にも客観的にも機能低下を認めない	・過去（5〜10年）の出来事を覚えている
	2	発後の主観的機能低下 社会的に活動性、実行力の低下を認めない	・物の名、地名、目的を忘れる ・社会的には適応している ・注意深い観察により不安を訴えることが認められる
痴呆の疑い	3	社会的な場面における客観的高度機能低下	・重要な約束を忘れる ・日常生活（買い物、支払い）では障害がない
軽度	4	日常生活の複雑な場面での実行の欠如	・メニューに適した材料の買い物が困難である ・経済面での混乱やミスを生じることがある ・家庭内での生活（着替え、入浴など）には障害がない ・精神的に不安定な状態が認められる
中等度	5	日常生活における基礎的な場面での不適切な行動	・着替えを適切に行えない（介助が必要） ・入浴を忘れる ・車の運転が不安定になる ・感情障害が出現する
高度	6	着替え・入浴・排便排尿の自律機能低下 （a）服を正しく着られない （b）入浴を自立して行えない （c）排便排尿の自立の低下 （d）尿失禁 （e）便失禁	・歩行がしだいに不安定になる（小刻み、ゆっくり） ・不安、焦燥感が強い ・幻覚・妄想が出現することがある ・パジャマの上に服を重ねて着る ・くつひもが結べない ・入浴の手順が混乱する ・入浴を忘れる ・トイレで水を流さない ・ズボンを自分であげない
きわめて高度	7	失語・歩行障害・意識障害 （a）数種の単語（最大限6語程度）しか使用しない （b）意味のある単語は一語のみとなる （c）歩行能力の喪失 （d）着座能力の喪失 （e）笑顔の喪失 （f）混迷および昏睡	・意味のない単語の羅列は可能 ・「はい」「いいえ」「わかりました」等のみ発語する ・しだいに発語はなくなり、ブツブツと口の中で独り言をつぶやくのみとなる ・歩行困難となる ・歩行不能後、約1年ぐらいで座位姿勢を保てない ・泣いたり、笑ったりする表情は存在 ・表情は失われる ・眼球運動は可能 ・嚥下・咀嚼は可能 ・嚥下・咀嚼能力の欠如、経管栄養が必要 ・外部の刺激に対して発声する

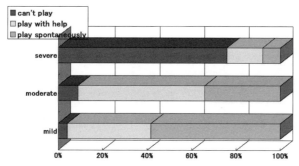

図4　運動機能を高める玩具で遊べたか

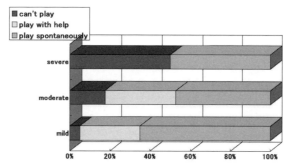

図5　コミュニケーションを促す玩具で遊べたか

ぶことが出来た、介助者が促して遊ぶことが出来た、介助者が促しても遊ぶことが出来なかったかを調べた。さらに、(2)遊びの前、遊んだ後での顔の表情をフェイススケールにより介護専門職が判定し、楽しんで遊べたかどうかを点数化した。デイサービスの利用中に、玩具療法として2回から8回程度行い、全ての点数の平均をそれぞれの玩具で算出して比較した。

■**結果**　軽度認知症と判断された方は25名で、男性7名、女性18名、年齢は67歳から97歳までで平均83.2歳であった。玩具療法の回数は2回から10回、平均5.56回行った。

中等度認知症と判断された方は31名で、男性8名、女性23名、年齢は61歳から96歳までで平均82.7歳であった。玩具療法の数は1回から10回まで、平均4.68回行った。

高度認知症と判断された方は12名で、男性4名、女性8名、年齢は75歳から96歳まで、平均84.2歳であった。玩具療法は1回から7回まで、平均5.33回行った。

（1）玩具で遊べたか、介助を要したか、遊べなかったか

これらの方が、玩具で遊べたかどうかを調べた。運動機能を高める玩具（図4）で遊べなかったのは軽度の方では1名（4％）、中等度の方では2名（6％）、高度の方では9名（75％）であった。介護者の介助があれば遊べたのは、軽度では9名（36％）、中等度では15名（48％）、高度では2名（16％）であった。自発的に遊べたのは軽度では14名（56％）、中等度では7名（23％）、高度では1名（8％）であった。

コミュニケーションを促す玩具（図5）では、認知症軽度の方で遊べなかったのは1名

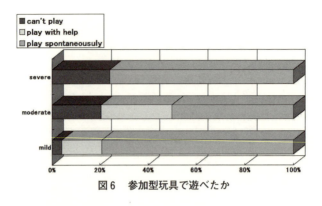

図6　参加型玩具で遊べたか

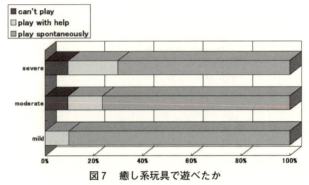

図7　癒し系玩具で遊べたか

（4％）、中等度の方では4名（13％）で、高度の方では1名（8％）であった。介助で遊べたのは軽度の方6名（24％）、中等度の方8名（26％）、高度の方ではいなかった。自発的に遊べたのは、軽度の方13名（52％）、中等度の方11名（35％）、高度の方でも1名（8％）の方が遊ぶことが出来た。

　参加型の玩具（図6）で軽症の認知症の方で遊べなかったのは1名（4％）で、中等度の方では5名（16％）、高度の方では1名（8％）が遊べなかった。介助で遊べたのは軽度の方は4名（16％）で中等度の方は7名（23％）、高度の方は0名であった。自発的に遊べたのは、軽度の方は19名（76％）、中等度の方は12名（39％）、高度の方は3名（25％）であった。

　癒し系の玩具（図7）では、軽度の方で遊べない方は0名、中等度では2名（6％）、高度では1名（8％）であった。介助で遊べたのは軽度2名（8％）、中等度6名（9％）、高度2名（17％）。自発的に遊べたのは、軽度18名（72％）、中等度18名（58％）、高度7名（58％）であった。

（2）遊び前後のフェイススケールの変化

　遊びの前後でフェイススケールの変化を点数化して、評価をした（図8）。点数が高いほど笑顔が出たことになり、マイナスは顔の表情が悪くなったことを示す。運動機能を促す玩具では、軽症は5.78、中等度では3.95、高度は0.83であった。コミュニケーションを促す玩具では軽症で4.06、中等度で3.97、高度では－2.0であった。参加型では軽度が5.56、

中等度が4.15、高度が0.08であり、癒し系では軽度が6.27、中等度が5.46、高度が2.17であった。フェイススケールの評価においては、認知症が軽いほど笑顔がよく見られる傾向にあった。

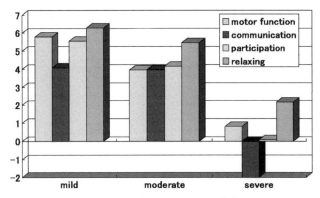

図8　フェイススケールの変化

■考察　玩具で遊べたかどうかの結果は、はじめから異なる機能の玩具を試していない例も多く、それほど確かな情報とはならなかった。しかし、自発的に遊べるかどうかを玩具の機能別に比較してみると、運動機能型、コミュニケーション型、参加型では、認知症の程度と遊べるパーセントが相関をしていることが分かる。これに対して、癒し系の玩具では高度認知症の方も半数以上が遊ぶことが可能であり、言葉をしゃべる人形や、吠える犬などの玩具で多くの認知症高齢者が楽しむことが可能であった。

　コミュニケーションをとるタイプの玩具では、認知症によるコミュニケーション機能の低下により、遊ぶことが困難になることは容易に想像がつく。運動機能を促す玩具で、高度認知症の方が遊べないというパーセントが高かったのは、運動機能を促す玩具を試したというケースが多いためであり、高度認知症の方に適していないとは断定できない。このことは、フェイススケールの点数の変化では、運動機能を促す玩具が高度認知症の方においても、少し改善していることからも実証されている。これら運動機能を促す玩具では、認知症の高齢者の過去の生活歴や職業歴が関係してくると思われる。これは、癒し系の玩具においてもいえることであるが、犬や人形の玩具で、昔飼っていた犬のことを思い出す方や自分の子どものことを思い出す方なども多かった。フェイススケールの点数の変化から推論できることは、軽度や中等度の認知症の方では、どの分類の玩具でもほぼ同じ程度、玩具療法前後で笑顔が増すことが実証された。これは、玩具療法が認知症高齢者の生活の質を高めて、高齢者同士や高齢者と介護職の方々の関係性を豊かにすることが示されたことに他ならない。

　高度認知症の方で、コミュニケーション型の玩具において、フェイススケールがマイナスになっているが、これは、試した例数も少なく、たまたま参加した方の機嫌が悪かったなどの要素もある。認知症のある方に、教えながら無理に玩具療法を行ってはいけないということが出来て、笑顔が増すことが実証された。

3.2 まとめ

運動機能を促す玩具、コミュニケーションを促す玩具、参加型の玩具では認知症の程度が進行するほど、自発的に遊べる率が低下していた。癒し系の玩具では、認知症の程度に係わらず、自発的に遊べる方が多かった。また、高度認知症の方でも運動機能を促進する玩具で遊ぶことが出来る方もおり、過去の生活歴や職業歴が玩具療法にも関与することが推察された。

│4│ 初期認知症の方の玩具療法による予防効果について

4.1 調査の内容

■**対象** FASTを参考にして、軽度または中等度と判定されたアルツハイマー病の20名を対象とした。全て、認知症高齢者グループホームか有料老人ホームに6ヶ月以上住んでいる方で、自力で移動可能な方である。

■**方法** 20名の高齢者を住まわれている施設ごとに2群に分け、特定施設「はなみずき」に住む10名の群には、玩具療法を週2回3ヶ月にわたり定期的に、介護専門職がかかわり遊んでもらった。もう一つの認知症高齢者グループホーム「さざんか」に住む10名の群は、特に玩具療法をせずに、これまでと同様に過ごしてもらった。両群のMMSE（Mini Mental State Examination）（表3）と高齢者用多元観察尺度、MOSES（Multidimentional Observation Scale for Elderly Subjects）（文末資料）を用いて認知症の程度と日常生活上のさまざまな項目を測定した。玩具療法施行前、施行中、終了後の3回、両群ともほぼ同時期に測定した。これらのテストは施設専属のケアマネージャーと経験5年以上の介護専門職による2名で行った。

■**結果** 玩具療法群は、男性4名、女性6名で76歳から91歳で平均84.2歳、対照群は男性2名、女性8名で71歳から92歳で平均82.8歳であった。これらの方のうち、玩具療法群では2名の方が経過中に骨折を起したため、有意差検定の対象から除外し、対照群でも2名の方が、ノロウイルス感染症を発症し臥床の期間が長くなり、検討対象から除外した。

それぞれの結果は表7のごとくとなった。それぞれの結果につき、両群の群間比較と、群内比較をT検定にて行った。

（1）MMSEの変化

玩具療法群と対照群のMMSEの第1回目の分布に関しては、両群での差はなく、ベースラインは同様である（図9）。玩具療法群の第1回目のMMSTは最小値13点、最大値22点で中央値は17.5点。第2回目は最小値15点、最大値24点で中央値は18.5点。第3回目は最小値20点、最大値25点で中央値は21点と回を追うごとに点数が上がっていた。

表3　MMSE

		質問内容	回答	得点
		今年は何年ですか	年	
1	（5点）	いまの季節はなんですか		
		今日は何曜日ですか	曜日	
		今日は何月何日ですか	月	
		ここはなに県ですか	県	
		ここはなに市ですか	市	
2	（5点）	ここはなに病院ですか		
		ここは何階ですか	階	
		ここはなに地方ですか		
		物品名3個（相互に無関係）		
		検者は物の名前を1秒間に1個ずつ言う		
3	（3点）	その後、被験者に繰り返させる		
		正答1個につき1点を与える。3個すべて		
		言うまで繰り返す（6回まで）		
		何回か繰り返したかを記せ　　個		
4	（5点）	100から順に7を引く（5回まで）、あるいは		
		「フジノヤマ」を逆唱させる		
5	（3点）	3で提示した物品名を再度復唱させる		
6	（2点）	（時計を見せながら）これはなんですか		
		（鉛筆を見せながら）これはなんですか		
7	（1点）	次の文章を繰り返す		
		「みんなで、力を合わせて綱をひきます」		
		（3段階の命令）		
8	（3点）	「右手にこの紙をもってください」		
		「それを半分に折りたたんでください」		
		「机の上においてください」		
9	（1点）	（次の文章を読んで、その指示に従ってください）		
		「眼を閉じなさい」		
10	（1点）	（なにか文章をかいてください）		
11	（1点）	（次の図形をかいてください）		
			得点合計	

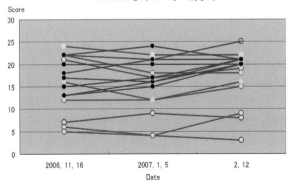

図9　玩具療法の効果—MMSE

これに対して、対照群のMMSEでは、第1回目で最小値5点、最大値24点で中央値は14点。第2回目は最小値4点、最大値22点、中央値12点。第3回目では最小値3点、最大値22点中央値15.5点とばらつきがみられた。第1回目と第2回目の両群の群間をT検定すると、$p = 0.0205 < 0.05$となり、有意差を認めた。しかし、第1回目と第3回目では$p = 0.2155$となり有意差は認めなかった。

群内比較においては、第1回目のMMSEと第3回目では$p = 0.0115 < 0.05$となり、玩具療法により、MMSEの改善が有意差をもって認められた。

（2）MOSESの変化

MOSESの全ての項目、セルフケア、失見検討、抑うつ、いらいら、引きこもりについても、玩具療法群と対照群の群間比較とそれぞれの群内比較を行った。

玩具療法群と対照群で群間比較において有意差が出たのは、失見検討と引きこもりの2項目であった。

失見検討の第1回目と第3回目の変化率をみると、玩具療法群が−4.6％、対照群で＋17.9％であり、T検定で$p = 0.0447 < 0.05$となり、有意差を認めた。

同様に、引きこもりにおける第1回目と第3回目の変化率をみても、玩具療法群では−15.1％、対照群では＋16％であり、T検定で$p = 0.0192 < 0.05$と有意差を認めた。

群内比較では、引きこもりについて第1回目と第3回目のT検定で$p = 0.008 < 0.05$と有意差を認めた。

■**考察**　認知症の程度を客観的に測定するMMSE試験において、第1回目と第2回目で玩具療法群と対照群で有意の差を認めたこと。また、群内比較においても玩具療法群でMMSEの点数が有意差をもって改善していることが認められ、玩具療法の認知症高齢者に対する認知症の進行予防の効果が実証された。

さらに、MOSESによっても、引きこもりと、失見検討において玩具療法群で改善していることは、玩具療法が見当識障害の予防効果や、引きこもりの予防効果があることが実証された。

実際に、今回玩具療法を担当した介護専門職の印象においても、見当識障害が改善しているとの声も聞こえた。玩具療法では他の方との接触やコミュニケーションを必要とするし、MMSEの改善も認められるように認知症の程度も改善傾向にあるので、見当識障害や引きこもりが改善するのであると思われる。

玩具療法は比較的他の療法に比べて導入しやすいこともあり、今後通所施設や入所施設、在宅においても更なる普及が望まれる。

しかし、今回の検討は20名と人数が少ないこと、玩具療法の期間も3ヶ月と短いことなどから、まだ検討の余地はあると考えられる。今後とも、玩具の種類や過去の生活歴や職業歴との関連も含めて、研究を続けて行きたい。

4.2 まとめ

玩具療法群と対照群の比較において、MMSEで玩具療法群が有意差をもって改善しており、玩具療法の認知症進行防止の効果が実証された。MOSESにおいては、失見検討と引きこもりにおいて玩具療法は効果が認められた。

│5│ 高齢者への玩具福祉の可能性

玩具は子どものものという考え方は今後改めていく必要があるだろう。遊びはいくつになっても必要なものであるし、人が生きていく上で生活の質を豊かにする手段となりうる。特に高齢になり、身体が自由に動かなくなってくると、その方のQOLを高めるための玩具療法は重要性を増してくる。

現在、様々な高齢者に対する療法がある中で、玩具療法はもっとも導入が容易であるものと考えられる。しかも、認知症のある方でもその程度に合わせて玩具の種類を選ぶことで、充分対応可能である。

玩具療法を高齢者に行う際には、これら玩具の種類や認知症高齢者の特性に対する知識を持った援助者により行うことで、より質の高い療法が可能であると思われる。今後、さらに効果や遊び方の研究を重ねることで、玩具療法、玩具福祉の可能性は広がってゆくであろう。

【参考文献】

1）小林るつ子（2010）,「認知症の非薬物療法　玩具療法」, 苛原実編,『認知症の方の在宅医療』, 南山堂, pp.123-126.

2）山口晴保（2005）,「認知症の原因疾患」, 山口晴保編,『認知症の正しい理解と包括的医療・ケアのポイント』, 協同医書出版社, pp.11-14.

3）苛原実（2006）, 認知症高齢者に対する玩具療法の適応と効果, 玩具福祉学会編, 高齢者への玩具療法の実践の効果の調査研究事業報告書, 玩具福祉学会, pp.21-39.

（資料）

高齢者用多元観察尺度
Multidimentional Observation Scale for Elderly Subjects（MOSES）

氏名　　　　　　　　　　年齢　　　性別　男・女

H　　年　　月　　日　実施

記入者名
注意：以下の全ての項目について回答用紙上に回答すること。過去1週間の日中の行動に最もあてはまる項目を選択すること。

■Ⅰ．セルフケア
1．着替え　過去1週間について、利用者は
　（1）まったく介助なしでできる
　（2）着るものをそろえておく、あるいは着るように促すなどの多少の介助を要する
　（3）部分的には自分で着ることができるが、しばしば介助をようする
　（4）すべて会場で着るか、寝巻きのまま
2．入浴　過去1週間について、利用者は
　（1）まったく介助なしで入浴することができる
　（2）タオルや石鹸を用意したり、お湯をながしたりあるいは促すなどの多少の介助が必要
　（3）部分的には自分で入浴することができるが、しばしば介助を要する（たとえば、湯船の出入りを手伝ったり、体の一部を洗ったり、タオルを絞ったりする介助が必要）
　（4）全面介助（ベッドバスを含む）
3．見繕い（髪を整える、爪を切る、歯を磨く、髭をそるなど）　過去1週間について
　（1）介助なしですべての身繕いができる
　（2）ある見繕いはできるが、他の見繕いは介助が必要
　（3）多少は見繕いできるが、すべての面で介助が必要
　（4）すべて職員による介助が必要
4．失禁（尿あるいは便）　過去1週間の間、利用者はどの程度失禁がみられたか
　（1）まったくない
　（2）夜のみ
　（3）日中もときどき
　（4）日中もしばしばある（1日1回以上）
5．トイレの使用　過去1週間で利用者がトイレを使ったときは
　（1）自分からトイレに行き、介助なしで使うことができる

（2）わずかな介助が必要（トイレに誘導したり、用便後に拭いたりなど、あるいはトイレの床を汚す）

（3）トイレに行くが、しばしば介助が必要（下着を降ろして拭いたり、腰をかけさせる）

（4）全面介助

6．身体的移動能力　過去1週間ほとんど、建物の中を歩き回るとき利用者は

（1）介助なしで歩行できる

（2）杖や歩行器で歩行可能、あるいは車椅子を自分で操作できる

（3）職員の介助で歩行可能

（4）ベッドのみ、あるいは椅子に座ったまま（日中はベッドから椅子へ移動するが、座ったまま）

7．ベッドからの昇り降り　過去1週間ほとんど、利用者は

（1）道具や介助なしで可能

（2）自力で可能だが、道具の助けが必要

（3）職員の介助が必要

（4）終日寝たきり

8．柵やベルトの使用　過去1週間、日中、ほとんど利用者は柵や抑制のためのベルトを必要としたか

（1）まったくなし

（2）まれに（1～3日間ほんの短い時間）

（3）時に（3日以上短時間あるいは3日以内でほとんど終日）

（4）しばしば（3日以上ほとんど終日）

■Ⅱ．失見検討

9．コミュニケーション（話すこと、書くこと、あるいは身振り手振り）　過去1週間の間ほとんど、利用者と話したときの状態

（1）明確に理解する

（2）短いやりとりのみ理解する（短い文や身振り手振りなど）

（3）短いやりとりでも繰り返せば理解する

（4）コミュニケーションは不能

10．発語　過去1週間の間ほとんど、利用者が話すことをどの程度理解できるか

（1）発語の内容はまとまりがあり、筋が通っている

（2）話し始めたときにはまとまりがあるが、しだいに話題からそれる

（3）内容のまとまりはあるが、的はずれ（質問に無関係の答えなど）

（4）ほとんど意味をなさない（無意味な発語など）

（5）評価不能：過去1週間発語なし

11．室内での見当識（部屋や洗面所や食堂の場所がわかるか）　過去1週間、日中の見当識状態

（1）部屋や洗面所や食堂の場所がわからなくなることはない

（2）まれに（週3回以下）

（3）時に（3日以上1日に1、2度、あるいは3日以内で1日に数回）

（4）しばしば（1日に数回、3日以上）

（5）評価不能：介助なしでは歩行不能

12. 職員に対する見当識　過去1週間の間、利用者は職員について

（1）数人の職員の名前あるいは正確な役割がわかる（医師であるか看護師であるか）

（2）1人か2人の職員の名前あるいは正確な役割がわかる

（3）職員と利用者や見舞い客の区別はできるが、職員の名前や役割はわからない

（4）職員と利用者や見舞い客の区別ができない

13. 場所に関する見当識　過去1週間の間、利用者は自分の生活している場所について

（1）正確にわかる（施設の名前や町の名前がわかる）

（2）どういう施設かわかるが、名前や町については間違える

（3）時にどういう施設にいるかわかるときもあるが、わからないときもある

（4）どういう施設にいるかわからない（自宅などにいると答える

（5）コミュニケーション機能が適切でないときは、本質問の答えは得られない

14. 時間の見当識　過去1週間のほとんど、利用者は現在の年（±1年）、季節、おおよその時間（朝か、昼食後か、夕食後かなど）をわかっているか

（1）3つのすべてがわかる

（2）3つのうち2つがわかる

（3）3つのうち1つがわかる

（4）3つともわからない

（5）コミュニケーション機能が適切でないときは、本質問の答えは得られない

15. 最近の出来事の記憶（過去1年間のレクリエーションや食事、見舞い客など）

（1）ほとんどの出来事を正確に覚えている

（2）ほとんどの出来事を覚えているがぼんやりとしている

（3）いくつかの出来事を覚えているが、他のことは忘れている

（4）数分前のことを忘れているようにみえる

（5）コミュニケーション機能が適切でないときは、本質問の答えは得られない

16. 重要な過去の出来事の記憶（生年月日、職業、家族の名前や住所）

（1）多くの過去の出来事を容易に正確に思い出せる

（2）多くの過去の出来事を正確に思い出す努力を要する

（3）いくつかの過去の出来事は思い出せるが、ほかのことは忘れている

（4）過去のことはほとんど思い出せない

（5）コミュニケーション機能が適切でないときは、本質問の答えは得られない

■Ⅲ．抑うつ

17. 悲哀および抑うつ状態（退屈している状態や無関心、悩んでいるあるいは不安状態は含めない）　過去1週間で利用者がどのくらいしばしば抑うつ状態であったか

（1）まったくない

（2）まれに（1～3日間ほんの短期間）

（3）時に（3日以上短時間あるいは3日以内終日）

（4）しばしば（3日以上ほとんど終日）

（5）パーキンソン病などの身体的障害のため判定不能

18. 悲哀的で抑うつ的な訴え（悲しい、落ち込んでいる、あるいはどこか他の場所に行きたいなどと話す。ケアについての訴えは含まない。また、悩みについての話も含まない）　過去1週間の間、利用者はどの程度自分が悲哀的で良く筒的であることを話すか

（1）まったくない

（2）まれに（1週間で3回以内）

（3）時に（3日以内1日に1、2度あるいは1日に数回が3日以下）

（4）しばしば（1日に数回が3日以上、希死念慮の訴えはここに含まれる）

（5）過去1週間書いたり、話したことがなければ本評価は行わない

19. 抑うつ的な発語（話をするときに悲哀的あるいは抑うつ的な声の調子あるいはため息など、怒りや悩みあるいは身体的苦痛などによるものは除く）　過去1週間の間、利用者にはどの程度悲哀的で抑うつ的な話し方がみられたか

（1）まったくない

（2）まれに（1～3日間ほんの短時間）

（3）時に（3日以上短時間、あるいは3日以内終日）

（4）しばしば（3日以上ほとんど終日）

（5）過去1週間発語がないときは本評価は行わない

20. 心配あるいは不安な様子（悩み、不安な様子がある）　過去1週間の間、利用者にはどの程度、悩みや緊張、不安な様子がみられたか

（1）まったくない

（2）まれに（1～3日間ほんの短時間）

（3）時に（3日以上短時間、あるいは3日以内終日）

（4）しばしば（3日以上ほとんど終日）

21. 心配や不安の訴え（あることに悩んでいると話す。自分は不幸であるというような訴えは含まない）　過去1週間利用者はどのくらい、なにか悩んでいる、あるいは不安だということをなにか訴えるか

（1）まったくない

（2）まれに（1～3日間ほんの短時間）

（3）時に（3日以上短時間、あるいは3日以内終日）

（4）しばしば（3日以上ほとんど終日）

（5）過去1週間訴えがないときには本評価は行わない

22. 声をあげて泣くこと（ため息や叫び声は含まない）

（1）まったくない

（2）まれに（1～3日間ほんの短時間）

(3) 時に（3日以上短時間、あるいは3日以内終日）

(4) しばしば（3日以上ほとんど終日）

23. **将来に対する悲観（将来について望みがないと我慢ができない、あるいは物事が以下に改善していないかなどという訴え）**　過去1週間の間、利用者が自分の将来について悲観的に難じていることを示すことをなにか訴えたか

(1) まったくない

(2) まれに（1週間で3回以内）

(3) 時に（3日以内1日に1、2度あるいは1日に数回が3日以下）

(4) しばしば（1日に数回が3日以上）

(5) 過去1週間書いたり、話したりしたことがなければ、本評価は行わない

24. **自己に対する関心**　過去1週間の間に、気が動転していたり、なにか問題に気をとられているために周囲のことに注意をどのくらいはらえないか

(1) まったくない

(2) まれに（1週間で3回以内）

(3) 時に（3日以内1日に1、2度あるいは1日に数回が3日以下）

(4) しばしば（1日に数回が3日以上）

■**Ⅳ．イライラ感；怒り**

25. **ケアに対して協力的か（食事や入浴の介助に協力的か）**　過去1週間の間ほとんど、利用者が職員と接するときに

(1) 積極的に協力する（可能であれば手伝う）

(2) 受動的ではあるが協力する（素直に受け入れる）

(3) 多少嫌がることもある（最初は理屈や愚痴を言ったりするが、ケアを受け入れる）

(4) ケアするためにかなり説得や努力が必要

26. **職員の指示に従うか**　過去1週間の間に職員による指示に対して

(1) 怒ったり、抵抗しないで従う

(2) 抵抗しないが、多少機嫌が悪い（ぶつぶつ言ったり、機嫌の悪い表情など）

(3) 理屈を言ったり、抵抗する身体的な動きがあるが、従う

(4) 抵抗するが最終的には職員が手を引っぱったりする強引な誘導が必要

(5) 指示を理解しない（身体的/精神的障害のために職員が簡単な指示を行えない場合も含む）

27. **イライラ感**　過去1週間、利用者はどの程度イライラしたり、不機嫌だったりしたか

(1) まったくない

(2) まれに（1週間で3回以内）

(3) 時に（3日以内1日に1、2度あるいは1日に数回が3日以下）

(4) しばしば（1日に数回が3日以上）

28. **かんしゃくを起したか（要求が拒否されたり、なにか待たされたときの愚痴や攻撃的言動／行動）**　過去1週間でどのくらいかんしゃくを起したか

（1）まったくない

（2）まれに（1週間で3回以内）

（3）時に（3日以内1日に1、2度あるいは1日に数回が3日以下）

（4）しばしば（1日に数回が3日以上）

29. 職員に対する攻撃的な言動（わめいたり、悪口を言ったり、悪態をついたり、威嚇したりなど）　過去1週間でどの程度攻撃的な言動がみられたか

（1）1度もなし

（2）時に

（3）しばしば（3日以上少なくとも1日に1回）何かを頼まれたときにそうしたくなかったとき

（4）しばしば（3日以上少なくとも1日に1回）とくに原因やきっかけがなく

（5）利用者に発語がない場合には本評価は行わない

30. 他の利用者に対する攻撃的な言動（わめいたり、悪口を言ったり、悪態をついたり、威嚇したりなど）　過去1週間でどの程度攻撃的な言動がみられたか

（1）1度もなし

（2）時に

（3）しばしば（3日以上少なくとも1日に1回）他の利用者に干渉されたとき

（4）しばしば（3日以上少なくとも1日に1回）とくに原因やきっかけがなく

（5）利用者に発語がなく、他の利用者との接触がない場合には本評価は行わない

31. 職員や他の利用者に対する攻撃的行動（たたいたり、押したりすることも含む）　過去1週間でどの程度攻撃的行為があったか

（1）まったくなし

（2）きっかけがあったときに1度

（3）きっかけがなくとも1度

（4）1度以上（他の利用者に対して暴力をふるったりするために拘束しなければいけない利用者も含む）

（5）身体的に攻撃行為が不可能であるときには本評価は行わない

32. 他の利用者にけんかを売ったか　過去1週間でどのくらい他の利用者にけんかを売ったか

（1）まったくなし

（2）まれに（1週間で3回以内）

（3）時に（3日以内1日に1、2度あるいは1日に数回が3日以下）

（4）しばしば（1日に数回が3日以上）

（5）他の利用者に接触がない場合には本評価は行わない

■Ｖ．引きこもり

33. 一人でいることを好むか　過去1週間

（1）ない。機会があれば他の利用者と接触していた

（2）一人きりでいても、他の利用者と接触していた

（3）少なくともひきこもっているときがある

（4）ほとんど引きこもっている

34. 周囲と接触しようとするか（話しかけたり、笑いかけたりあるいはちかづいたりすること など） 過去1週間、利用者は

（1）しばしば（3日以上1日に数回）他の利用者と職員の両方と接触しようとした

（2）しばしば（3日以上1日に数回）他の利用者あるいは職員のどちらかと接触しよう とした

（3）時に利用者あるいは職員のどちらかと接触しようとした

（4）時に利用者あるいは職員のどちらかと接触しようとしたことはない

35. 接触に対して反応するか（単に指示に従ったり、接触に対する反応として顔を見たりする ことは含まない） 過去1週間、利用者はどのくらい他の利用者や職員の接触に反応したか

（1）ほとんどいつも接触を保とうとした（会話を続けるなど）

（2）ほとんどするが、短時間である（質問に答えたり、うなずいたりするが、接触をさら に保とうとしない）

（3）時にしかしない（他の利用者や職員が接触を試みた時間の半分以下）

（4）まったくなし

36. 他の利用者と親しい交流があるか 過去1年間利用者は

（1）1人以上の利用者とあった

（2）1人の利用者のみとあった

（3）少なくとも1人の利用者のみと表面的な交流がみられた（短時間一緒にいるなど）

（4）他の利用所との交流はない

（5）他の利用者と接触がない場合には本評価はおこなわない

37. 身近な日常の出来事に対する関心（ごく身近な出来事を見たり、聞いたり、反応したりす ること） 過去1週間、利用者はどの程度周囲の出来事に積極的に注意をはらったか

（1）しばしば（3日以上終日）

（2）時に（3日以上の1日のうち短時間、あるいは3日以内ほとんど終日）

（3）まれに（3日以上1日のうち短時間、あるいは3日以内ほとんど終日）

（4）まったくなし

38. 社会的な出来事に関する関心（家族やなくなった友人あるいは新聞やスポーツのことを話 したりするか） 過去1週間、利用者は病棟や自宅での出来事にどの程度関心をもったか

（1）毎日

（2）数日

（3）まれに（家族のことに関心はあるが、面会の時期についての関心しかない場合など）

（4）まったくなし

39. 積極的に動くか（すすんで本を読んだり、散歩に出たり、ラジオを聞いたり、他の利用者と 話をしたりするか。行事として決まっているレクリエーションなどは含まない） 過去1週間、 利用者に自発的な行動がどのくらいみられたか

(1) しばしば（3日以上ほぼ終日）

(2) 時に（3日以上の1日のうち短時間、あるいは3日以内ほとんど終日）

(3) まれに（3日以上1日のうち短時間）

(4) まったくなし

40. 他の利用者の手伝い（他の利用者に対して関心があることを示すあらゆる種類の手伝いや手助け） 過去1週間、進んで他の利用者を手伝ったり手助けをしたことがどのくらいあったか

(1) しばしば（1日のうち数回が3日以上）

(2) 時に（1日のうち1、2度が3日以上、あるいは1日のうち数回が3日以下）

(3) まれに（週のうち1～3回）

(4) まったくなし

(5) 身体的に寝たきりあるいは拘束されている場合には本評価は行わない

（苛原　実　医療法人社団実幸会理事長）

第2章

リハビリテーションとしての
玩具福祉の可能性

|1| リハビリテーションの基本的概念

　福祉、医療の発展が著しい中、多くの固有名詞が一般化されるようになった。その中でリハビリテーションも例外ではない。疾患を罹患し、その直接的な治療への興味から、後遺症として有してしまった障がいをどのように克服・回復するべきかという着眼点が育ってきている証であると考えられる。

　リハビリテーション（Rehabilitation）とは、re（再び）＋halilis（適した、ふさわしい）＋ation（状態にする）と語幹を分類することができる。よって本意としては「再び適した状態にすること」を意味していることになる[1]。この定義からもかなり幅広い領域を網羅している印象を受けるだろう。たとえば、自宅での散歩や、家事手伝いなど、日常生活に関わる動作・運動を行っていることはこの定義に当てはまることになる。ただし、重要なのは「適している」という意味にある。

　「適する」を「正しい」と捉えるのには、語弊がある。受容範囲を考えると「正しい」よりも「適している」の方が広い印象である（図1）。例に挙げるのであれば、食事中に会話することは家族関係を円滑にするには適している。ただし食事の作法においては食べながらの会話は正しい所作とは言えない。この点をふまえれば、適していることは必ずしも正しいとは言えないことになる。ここでの問題は主体の明確化になる。一般社会から見れば障がい者が適しているとは考えにくく、不適応を起こしているという判断にもなりかねない。

　車椅子で移動している方を見ればその苦労や困難に物憂げになり、脚を引きずりながらも歩行している方をみれば哀愁さえ感じてしまう。この風潮自体が障がい者という差別を作り上げていることにつながっているのである。彼らはその不自由さを持っていながらも社会に適応しようと努力しているのである。主体が彼らであれば、社会的に正しいかどうかは分からないとしても、適していることに他ならない。支援者がその状況を悲観してしまい本人が努力している姿を排除するような過度な援助は彼らの自立を阻み、適応能力をそいでいることを感じなくてはならない[2]。

　人には自尊心がある。自分を高めることや、自己肯定への欲求はいつでも持っているのである。全てを援助することが「適した姿」ではないことは支援者がもっとも念頭におかねばならない概念なのかもしれない。それらの概念のもと、リハビリテーションは医学の一端を担うまでになっている。医学的に、さらには社会的に患者が適応するための支援をあらゆる方面から模索していくことが主題となっているのである。たとえひとつの方略に

図1 「適した」状態と、「正しい」状態

よりうまく行動が合致しなくとも、新たな方略を科学的根拠に基づき考案し計画立案をすることで、より適した状態への検討をくり返していく。要は定型にとらわれない柔軟な発想が必要となってくるといっても過言ではない。玩具療法自体がこの視点を有していくとすればリハビリテーションと重なる部分は大いにあると考えている。

│2│ 小児領域と高齢者領域のリハビリテーションの目的とその傾向

　小児ではリハビリテーションとは呼ばず、ハビリテーション（habilitation）という。これは小児の場合には、re（再び）という表現が当てはまらず、初めて適応していく段階であることからこのように呼ばれる。小児におけるハビリテーションの特徴としては、先天性であるにしろ後天性であるにしろ、障がいを有している状態から運動・精神発達をしていくという過程を踏むことになる。よってバリエーションに富んだ発達段階をおっていくことも少なくない。発達への介入をする際にこの個別性に目を向けた計画を立てていく必要がでてくる[3]。

　一方、高齢者ならびに成人におけるリハビリテーションの目的は「復帰」という言葉が該当し、生活に復帰、社会への復帰と既に一度獲得している能力を何らかの原因で損なってしまっている状況から、再度獲得し直すことにある。この能力の獲得においても、様々な条件が関与してくる。たとえば、片方の下肢を切断していた場合、その状態で立ち上がる動作や歩行などは既に獲得しているとはいいながらも「片足で行う」ことは初体験になることが多い。よって過去に経験した運動発達を手がかりに新たな身体活動を使用しながら、再度獲得していくことになる。純粋に今までと同じような動作様式に戻るということではないということは理解しておく必要がある。新たな身体で行う活動は新たな運動になるのである。

　このような両者の背景を考えるとおのずと提供する課題や目的が大きく変わってくる。小児においての課題は新奇さに溢れ、そのもの自体が彼らの興味を大きく引きつけなくてはならない。小さな刺激からの過剰な結果が直結している課題は彼らには受け入れられやす

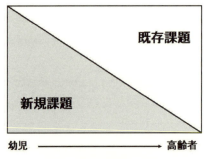

図2　課題の種類と適応

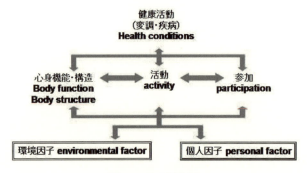

図3　IFCの概念図

い。未経験の活動を行うには、動機付けを高めなければ継続的に取り組むことはできない。

しかし高齢者においては、課題において刺激による結果を経験によって推測する事ができる。彼らが継続的に取り組むためには、保守的思考による安堵感を提供する方略をとられることが多い。最近、高齢者のリハビリテーションにおいてアクティビティと称して塗り絵や貼り絵などの活動を促している施設が見受けられる。これらによれば作品ができあがったときの達成感を得ることができ、作品を施設内に飾れば作成者の満足度はさらに高まるだろう。これらの視点から考えれば、新規性の高いものは小児に提供し、結果がわかりやすい課題を高齢者に提供するということになる（図2）。しかしこれらはあくまで一般的傾向だと考えなくてはいけない。対象となる個人因子・環境因子により課題の設定は異なっていく。情報が少ない状況下では目安になるだろう。

|3| 玩具福祉との連携

このようなリハビリテーション下で玩具による福祉活動は十分に協同できる潜在的な因子を有している。玩具の有益性としては、自己と対象物と環境の相互作用により自らの楽しみを発見することにある。この楽しむという感情は課題の継続を促し精力的に取り組む能動性を築き上げ時間的概念さえも忘れてしまうほどの集中力を発揮することになる。このような精神状態をフロー（flow）と呼び、この状態を引き出すには個人がもっとも必要

図4　お手玉を使った課題例

とする課題を設定することが因子の一つとなる[4、5]。

　さらに、玩具の数が限られていることを考えれば1つの玩具から多くの方略を思考し提供できるスキルが課題設定者には重要になるだろう。これらの課題設定に関しては、医学的立場にいるリハビリテーション従事者は困難であることが多い。対応している問題が医学的側面の要素が多く、生活・社会を意識した介入が時間的にも難しい。福祉という視点は社会的に個人をとらえることにあり、さらには生活に密着した介入を行う必要がある。玩具を使用することで、生活に充実感を与え、生き甲斐や人との関わりの楽しさを再獲得することは、人生の質を高める因子になり得るだろう。

4 玩具療法を施行した疾患紹介

　ここに2症例を紹介する。問題点の解釈に関してはICFに準拠して考えていくものとする（図3）。症例1は70歳代の多発性脳梗塞を発症している女性の方である。身体状況には顕著な麻痺による障がいは確認されないが、活動制限による精神機能の減弱、ならびに人間関係の構築が不活発な状態が続いていた。

　治療開始直後より、介入方法に苦慮していた症例であり、特にセラピストとの会話を積極的に行うような行動はみられず受動的な反応が多く、希望や要望を聞き出すことは大変困難であった。その日常的な会話の中で「昔はお手玉が得意だったのよね。」という発言が聞かれお手玉を使用した治療に着手した。お手玉による課題は、空中に投げることで身体全体のバランス機能を高めることにつながり、指定された場所へ移動させることで身体内部のバランス調整能力を向上させることにつながる。まず、本人へ「お手玉を用意しました。これをつかって少し体を動かしましょう。どんな内容がいいと思いますか？」と伝え、同意と課題に対する思考を促した。前述した精神活動より、「別に…」といった反応が初期にはあったのだが、本人の能動性がみえてくるまで待ち続け、用意を始めて2週間目に本人からの提案があらわれたため即時に行った。それまでの間に、人の目から離れたところでお手玉をなんとか操作しようとしていた様子も観察できていた。はじめの課題はお手玉をかごに投げ入れることであった。これはお手玉を片づけるのに担当者がまごついていた状況をみていた本人より効率的な解決方法として提示していただいた。ここから一緒にお手玉を操作して身体を動かすことが増え、治療の全般がお手玉を使用した課題と

図5　輪投げを使った重心移動課題例

なった。はじめは両手1個ゆり動作しかできなかったのが、1ヶ月後には体得していたであろう両手3個ゆり動作も可能となった[6]。本人の活動レベルの向上、ならびに精神活動も活発になり、そのほかの場面においてはお手玉を自作する意欲まで見せるようになった（図4）。歩行獲得に関しては、徐々にではあるが歩行距離の延長や介助量も軽減していき、能力の向上がみられたが、実用的に利用できるレベルにまでは至らなかった。

　症例2には、80歳代の軽度認知症を呈した男性である。個人因子として、他者受容が低く、決定権の管理は自身で行うことが望ましいと考えている。さらに環境因子としては大家族の中で生活してきたため他者からの関わりが密にある状態にあった。そのような状態から関係性が希薄になりやすい施設への入所となり、精神機能的にも不安定になっている印象があった。身体機能面に関しては、杖を使用して歩行をしており、怪我の度合いが小さい転倒を繰り返していた。治療目標としては、転倒によるリスク軽減が関係者から優先的にあがってきた。

　治療開始時は多弁であり、生い立ちや今の環境に対する不満の訴えが中心で、自らの身体に問題を抱えている認識はなかった。転倒の原因としては、前方への重心の移動が困難であることが治療目標の優先順位が高い因子であると考えられた。そこで重心の調整課題として、輪投げを提案した。本人は意欲的にも気乗りしない様子であったため、治療の開始時に体調の確認をするために行うという説明で納得していただいた。的棒の距離は少し努力しないと輪が届かない150cm程度に設定した（図5）。輪を投げる方法が乱雑となり、なかなか的に集まらないことが続き精神的なストレスが蓄積し、さらに投げ入れる際に全身を使って投げ入れようとするので、両足が伸びきり体が前方に折れ曲がり、いわゆる"く"の字の姿勢となり、重心がますます後方にいってしまったのである。当初の目的とは結果が離れていってしまったので修正を加えるべく指示をすると、それが最後のストレスの一押しとなり激高し、治療自体を停止してしまった。数日かけて関係性を再構築したものの、本課題は2度と行わなかった。その他の治療を継続的に行い転倒の頻度は減少する傾向が見られたが、重心位置の変容にまでは至らなかった。

|5| 療法における振り返り

　両疾患ともに、受動的であるという面では共通項があると考えられる。しかしながら、

一番の違いは課題の決定にある。リハビリテーションにおける治療は、比較的受動的な側面が多い。これが医学依存度を高めていることを従事者自体が考えなければならない。前者の場合には、たまたまのきっかけであったものの、本人が課題を提示することができるという機会を提供できたのは大変よかった。またその答えを聞き逃さず対応できたことも信頼関係を深め、課題への取り組みにつながったと考えられる。一方、後者の場合はそもそも自己決定欲が強い方に対して何につながるかわかりにくい課題を行うというのは、不信感を募らせることにつながりかねない。さらにうまくいかない結果が即時視認でき、さらには多くの人に見られているという環境が意欲をそいでいってしまったと考えられる。最終的には課題に意地で取り組んでいたと推測すると、介入者と本人との思いの違いにいたたまれない気持ちになってしまう。

　介入者としては、一番の方法だと思って提供したとしても、対象者の自尊心や主体性を重んじた介入を意識しなければ課題が雲をつかむようなものとなってしまい、結果はおろか目的さえも変化してしまうことを十分に留意しなければならない。常に中心にいるのは対象者であり、彼らの気持ちを引き出せる環境を提供できるのは介入者であり、その環境を提供できるバリエーションを持たなければ個人のオーダーにあわせた課題を設定できない。

｜6｜ 医学モデルから生活モデルへの転換

　WHOにより2001年に国際生活機能分類（International Classification Functioning, Disability of Handicap 以下ICF）が策定され、それまでの医学モデルでの患者把握を、生活主体へと切り替えていくと定義された[7]。医学的治療並びにリハビリテーションにおける治療体系も限界があり、医学的介入で患者のすべての問題が解決されることはないという決意の表れだととらえている。社会でのあり方、人生のあり方、健康観など人として生きることに主軸を置き、患者主体の医療・福祉の提供をしていくことが共通概念となりつつある。医学は専門性が高く閉鎖的な印象があることは否めない。しかし生活になれば多くの職種が介入できることにある。人がよりよい生活を送るためのアプローチの一つとして玩具療法が確立していくことを一医療人として応援していきたい。

【参考文献】

1）千野直一（2009），『現代リハビリテーション医学』，金原出版.
2）マイケル・P. バーンズら（2007），『リハビリテーション医学』，新興医学出版社.
3）伊藤利之（2008），『こどものリハビリテーション医学』，医学書院.
4）島井哲志（2006），『ポジティブ心理学』，ナカニシヤ出版.
5）クリストファー・ピーターソン（2000），『学習性無力感』，二瓶社.
6）日本お手玉の会　http://www.shikoku.ne.jp/otedama/html_new/green_main.html
7）厚生労働省（2009），『国際生活機能分類―ICF-CY』，厚生統計協会.

（田中　一秀　茅ヶ崎リハビリテーション専門学校教員）

---第 ③ 章---

玩具療法のための認知症の医学的理解

|1| はじめに

　玩具療法は、玩具の持つ特性、すなわち癒し、活性化、楽しみ、コミュニケーションなどの言語性あるいは非言語性の効果を活かして、こどもや老人、特に障害をもつ小児や認知症に罹患した高齢者に対するケアを効果的にするものである。広い意味でのリハビリテーション、作業療法、あるいは非薬物療法として捉える事も出来るが、一定の治療効果を得る事を一次的な目的にしたものではなく、あくまで楽しく「あそぶ」ことが主たる目的である。しかしながら、玩具療法士が玩具を使いこなし、対象者に関する理解のもと、対象者とのコミュニケーションを通じて、対象者の持つ能力を最大限に引き出す事によって、様々な効果を発揮する事ができる。

　介護福祉に多少なりとも関与している人であれば、比較的日常的に認知症を患った高齢者との関わりをもっていることであろう。認知症の高齢者（あるいは初老期の方）がどの様な問題を抱えており、それに対してどのように対処し、援助して行くべきか、ということについては、経験的に理解されているかも知れない。しかし、個々の方が抱える認知症には様々な疾患があり、どの様な人がどの疾患とともに生きているのかを理解していることが、玩具療法の効果的な実施のために非常に重要である。そこで、ここでは老年期認知症について、その原因や症状等についての医学的な理解を深めること目指し、各疾患について述べる。なお本稿の内容は、平成25年度玩具療法士養成セミナーの講義の内容をまとめたものである。「認知症を知るホームページ（http://www.e-65.net）」をはじめとする資料を参考にしたものであり、また平成22年度紀要『玩具福祉研究』に掲載された総説と一部重複する内容であることをご了解いただきたい。

|2| 認知症とは

　認知症とは、脳や身体の疾患を原因として、**記憶・判断力**などの障害がおこり、普通の社会生活がおくれなくなった状態をさす。認知症は非常にありふれた疾患であり、誰にとっても身近な問題である。認知症は、高齢になるにつれて人口当たりの罹患率が増加する。したがって、高齢化が進むとともに、患者の数が急激に増大する。認知症の物忘れ（記銘力障害）と生理的な物忘れとは本質的に違う。生理的な物忘れは部分的な記憶の欠落（例えば、久々にあった人の名前が思い出せない等）であるのに対し、認知症は病的かつ全般

的な記憶の障害（例えば、朝食を食べたことを忘れてしまう等）をきたす。また、認知症では、物忘れ以外の症状も伴う。物忘れの原因は、**脳の神経細胞の減少や機能の低下**である。年齢を重ねるとともに「もの忘れが増えてきたな」と自覚する人は多いが、これは脳の神経細胞の減少という免れることのできない老化現象が原因であり、誰にでもおこるものである。一方、このような生理的な老化による減少に比して、著しく早いスピードで神経細胞が消失してしまう脳の病気が認知症である。従って通常の老化現象による「もの忘れ」と認知症による「もの忘れ」は質的に異なる。

|3| 認知症の症状

　認知症の症状は、大きく中心症状と周辺症状に分類される。中心症状は認知症により直接障害される症状で、**記銘力障害**（特に最近の記憶＝短期記憶の障害が目立つ。最近のことから忘れる逆行性健忘）、**見当識障害**（場所、時間、人がわからなくなる）、**判断力の低下**（周囲の状況に応じて妥当な判断ができない）などが挙げられる。中心症状はほぼ全ての認知症高齢者に認められ、経過とともに進行する。一方、周辺症状は、BPSD（Behavioral and Psychological Symptomsof Dementia）とも呼ばれており、個人によって症状が異なり、また変動する事が特徴である。下記のような多様な症状があり、介護上大きな問題となる事が多い。玩具療法により改善し得るのは、この周辺症状である。

①不安

　認知症の初期には自己の能力低下に対する不安、進行期には与えられた課題をうまく処理できないため、また現実の認識ができなくなるため、病的な不安や恐怖を感じる。身体的不調への不安、一人にされることへの不安により介護者や家族の後を追って歩く、幻覚・妄想に支配され不安になる。**夕暮れ症候群**は夕方から夜間にかけて不安と焦燥が亢進し、落ち着かなくなる事をいう。

②焦燥

　わけもなくソワソワと落ち着きなく、苛立ち、不平をいう、音を出す、無視する、ものを隠すなどの行動を伴う。部屋の中を行ったり来たりする、言葉や行動が乱暴になる。早期の介入により、誘因となる状況や人を引き離し、穏やかな環境を作るよう心がける。

③うつ状態

　認知症の初期に出現しやすい。孤立感、孤独感、家族や介護者からの非難、自信や自尊心の低下が原因となる。自責の念や悲哀感を持たせぬように配慮する。身体的・精神的能力の低下を指摘したり、叱責したりしない。無理に気分転換や楽しみのために活動への参加を強いるのは逆効果となる事があるので、注意が必要である。

④妄想

　患者にとって大切な直近の人物が妄想の対象となることが多く、人間関係に困難を来し易い。周りから被害を加えられる、という被害妄想の形をとることが多い。なぜ妄想が起こるのか、その背景を理解することが重要である。**物盗られ妄想**は、記憶障害と元来の猜疑心が基盤となる。**見捨てられ妄想**は自分が見捨てられると確信し、介護者を攻撃する。自宅にいるのに、荷物をまとめて「家に帰る」と要求するのは、逆行性健忘に基づく誤認症候群が基盤となる。**替え玉妄想**は身近にいる人物が他人と入れ替わったと確信する。**嫉妬妄想**は配偶者が不実を働いていると思い込む。アルツハイマー型認知症の妄想は、体系化せず短絡的で変化しやすいので、この特性を対応に利用する。一般的に、能力や立場の喪失と喪失感に対する自己防衛が関与しているので、継続的に安心感を与え、主がなくてはならない存在であることを伝え、生き甲斐感を持続させる。訂正は困難なので、否定せず、傾聴し、主の立場にたって行動する事が重要である。

⑤幻覚

　アルツハイマー型認知症では10〜30％にみられ、多いのは幻視である。幻聴、幻臭、体感幻覚などは少ない。レビー小体病では幻視の頻度が非常に高い。せん妄に伴う幻覚を鑑別する必要がある。本人の訴えを傾聴し、否定せず受容的態度で共感を示す。環境整備として、光の感度に問題があり、明暗の境界が不明瞭となり、これが幻視や誤認を招くことがあるので、適切な照明を心がける。

⑥拒絶、興奮、暴言・暴力

　拒絶は、介護者に対する非協力的な態度や拒否で、前・側頭葉の基質的障害が原因である。脳血管性では比較的初期から認める。一方、アルツハイマー型認知症では比較的後期から目立つようになる。興奮は状況依存的なことが多い。注意されたり、制止・強要されたり、介助で十分説明されなかったときにおきやすい。暴言・暴力は、前頭側頭葉型認知症で顕著だが、アルツハイマー型認知症でも見られる。暴言は、焦燥や身体的な問題と関連する。暴力は、重度認知障害の男性で多い。心理的な要因が契機となることが多い。妄想や誤認から介護者に対して否定的な感情や敵対心を抱き、さらに易刺激性が亢進した時に、暴力につながる。

⑦徘徊

　初期には目的を持った外出から迷子になることが多い。進行とともに周囲にはよく理解できない目的で、昼夜を問わず外出しようとし、しばしば行方不明になる。長時間の付き添いなど、介護の負担が大きく、一方で制止した時に介護者への抵抗や暴力に発展することもある。思考判断力の低下、性格変化、地誌的な失見当識が原因となる。脇目も振らずに歩き続ける。名札をつける、GPSシステム搭載機器の利用などで対応する。

⑧性的行為

　ADLは保たれているが、自己抑制が十分にきかない場合におこる（脱抑制）。一般的に不適切な性的言動は認められても、行動化に至ることはそれほど多くないが、対象者によって受け止め方が異なるので、注意が必要である。

⑨睡眠障害

　概日リズムが乱れ、日中うとうとと傾眠傾向になり、逆に夜間に睡眠障害を来すことが多い。規則正しい生活が重要で、起床時間、食事時間、就寝時間を一定にする。光の十分な暴露、定期的な外出、運動などで日中の生活を充実させる。酒やカフェインの夕方以降の摂取を控える。寝室の照度や雑音などの環境面の整備を行う。メラトニン作動性の入眠薬ロゼレムが有用なことがある。一方、通常の睡眠導入剤は、かえってせん妄を増悪させることがあるので注意が必要である。

｜4｜ 認知症の原因疾患

　認知症は、様々な疾患によって脳が病的に障害されるために起こる。その原因疾患は、主に**アルツハイマー型認知症**と**脳血管性認知症**である。この2つ以外に、びまん性レビー小体病や前頭側頭型認知症（ピック病）等の神経変性疾患、その他にも外傷性疾患、感染症、内分泌・代謝性中毒性疾患等が認知症の原因となる。

①アルツハイマー型認知症

　アルツハイマー型認知症は、認知症をきたす疾患の中で最も多い疾患である。原因は不明だが、脳の神経細胞が急激に減り、脳が萎縮して高度の知能低下や人格の変化がおこる。初期の症状は、徐々に始まり、ゆっくり進行するもの忘れが特徴である。古い記憶はよく保たれるが、最近の出来事を覚えることができない（逆行性健忘）。そのため同じことを何度も聞きかえし、置き忘れが多くなる。稀に、抑うつや妄想ではじまることもある。運動麻痺や歩行障害、失禁などの運動・知覚系の症状は初期には見られない。CTやMRIなどの画像検査も、ごく初期には正常かやや脳の萎縮が強いという程度だが、徐々に萎縮が進行する。近年では、ポジトロンCT（PET）やアミロイドPETなど新しい分子画像診断技術の進歩により、脳機能や代謝の様子を可視化することが出来るようになり、早期の診断が可能になって来ている。

　症状は緩徐に進行し、記銘力障害以外に見当識障害、認知や判断など高次脳機能の障害とこれに伴う生活能力（食事、更衣、入浴、洗面、排便排尿など）の低下、言語の障害、感情の不安定、運動・歩行の低下などが見られる。

　アルツハイマー型認知症は、変性と呼ばれる脳の中での変化が原因でおこる。変性により進行性の大脳皮質（多くの神経細胞がある脳の表面に近い部分）の著しい萎縮がおこり、脳全体（特に側頭葉や頭頂葉）が進行性に萎縮していく。成人では通常1,400グラム前後あ

る脳の重さが、発症後10年位たつと800〜900グラム以下に減少する。萎縮に伴い、脳室（脳脊髄液がはいっている部屋）が拡大する。大脳白質（神経細胞同士をつなぐ線維がある脳の中心に近い部分）の萎縮は、皮質ほど顕著でない。

　アルツハイマー型認知症の脳を顕微鏡で観察すると、死んだ神経細胞の周囲に出現する**老人斑**や**神経原線維変化**など特異的な変化（病変）が観察される。そしてこれら老人斑や神経原線維変化の増加に伴い、神経細胞が減少する。老人斑の主要な構成成分の１つにβアミロイドペプチドがある。βアミロイドの蓄積はアルツハイマー型認知症の最も重要な原因である。神経原線維変化は、βアミロイドと並んで重要な成分であるタウ蛋白の修飾（リン酸化）が異常に起こり、これが神経細胞の突起（軸索）の中に凝集したものである。どちらの異常な構造物も神経に対して毒性がある。一方、神経伝達物質の減少は、アルツハイマー型認知症の症状に深く関与していることが知られている。現在使われているアルツハイマー型認知症の治療薬は、これらの神経伝達物質の減少を補う薬理作用を持つ。例えば記憶保持に重要な**アセチルコリン**を標的にした薬が**アリセプト**、**レミニール**、**エクセロンパッチ**などであり、**グルタミン酸**を標的にしたものが**メマリー**である。現在**セロトニン**を対象にした薬も開発されている。

②脳血管性認知症

　脳の血管が詰まったり（脳梗塞）破れたりする（脳出血）ことによって、その部分の脳の機能が低下するためおこる認知症を脳血管性認知症という。脳血管性認知症は、脳の中に大きな梗塞がある場合や小さな梗塞が多数ある場合、脳全体の血流が低下している場合など様々な原因で発症する。脳卒中発作後に、突然、症状が現れたり、段階状にある時期を境にカタンと進行、悪化したりすることがしばしばみられる。脳血管性認知症は、障害された場所によって、ある能力は低下しているが別の能力は比較的保たれるという様に、まだら状に低下し、記憶障害が著明なわりに人格や判断力は保たれていることが多いのが特徴である。　また、高血圧、糖尿病、高脂血症、喫煙など、心疾患や動脈硬化の危険因子を持っていることが多い。歩行障害、四肢麻痺、呂律が回りにくい、嚥下の障害、転びやすい、尿失禁、抑うつ、感情失禁（感情をコントロールできず、ちょっとしたことで泣いたり、怒ったりする）などの症状が早期からみられることもしばしばある。脳血管性認知症の原因としては、小梗塞の多発（多発性脳梗塞）によるものが大部分（70〜80%）を占める。

　脳血管障害により脳の血流量やエネルギー代謝量や酸素消費量が減少する。その程度や範囲は認知症の程度と相関する。MRI画像では、多くの症例にＴ２強調画像（水成分を白く示す撮影方法）で深部白質（脳室の周囲）に多発性脳梗塞を認める。進行すると脳室の拡大や大脳白質の萎縮を認める。梗塞や出血の部位により、認知症状や運動障害等の合併症状が多様である。脳血管性認知症では、障害された部位によって症状は異なり、めまい、しびれ、言語障害、知的能力の低下等には症例よってむらがある。また、記憶力の低下が顕著な割には判断力や理解力などが相対的によく保たれている場合（まだら認知症）が多いが、この点はアルツハイマー型認知症との介護方法の違いという点で重要である。また、症状は日によって、あるいは一日の中でも時間によって差が激しいことがしばしば見られる。

身体的症状を高頻度に合併する（片麻痺、意欲・自発性低下、小刻み歩行などの歩行障害、頻尿・尿失禁、構音・嚥下障害など）。

③レビー小体型認知症

　変性が原因でおこる認知症の中ではアルツハイマー型認知症の次に多い。アルツハイマー型認知症と同様のもの忘れ、見当識障害、判断力の低下などが見られる。幻視（生き生きした人、動物の姿など）が特徴的。意識の覚醒度や注意力など変動が著明で、ぼんやりしたり、不活発、ぽーっと何かを見つめていたり、話がまとまらなかったりといった症状が増強する。またパーキンソン病のような運動失調症状（関節の固縮、歩行困難、転倒、動きが遅い、手が不器用など）を伴う。抑うつ症状を伴うことがある。向精神薬などの副作用が出やすい。病理学的には、大脳全体の神経細胞に a シヌクレインという蛋白の異常な蓄積によるレビー小体が多く出現し、神経細胞の減少が見られる。

④前頭側頭型認知症（ピック病）

　アルツハイマー型認知症やレビー小体型認知症に比べ、まれな疾患である。発病はアルツハイマー型認知症に比べて若い傾向にある。もの忘れよりも人格変化が目立つのが特徴的である。人格変化は、自己中心的、短絡的となり、盗み等の反社会的な行動が出現する。反面、それまで取り組んできたこと等に構わなくなり、やる気がなくなるなど意欲低下も出現する。生活態度が乱れ、行動がだらしなくなる。食事の好みの変化がおこり、偏食、過食等が見られる。同じ言葉や行動の繰り返しなど行動言語障害が起こる。CTやMRIの画像診断では、前頭葉と側頭葉に強い萎縮が見られる。

｜5｜ 認知症との鑑別が必要な疾患

①せん妄

　急性の脳障害に伴っておこる軽い意識障害（覚醒度の障害）で、判断力や理解力が低下し、しばしば幻覚や妄想があらわれて興奮状態になる。夜間に不眠、不穏となる**夜間せん妄**が多い。脳血管障害、感染症など身体的疾患、脱水、アルコールの離脱、薬剤変更、外傷や手術の侵襲や入院などの環境変化が誘因となって生ずることが多い。せん妄は認知症とは別途に起こることものであるが、認知症にはせん妄が合併し易く、鑑別が難しいことがある。せん妄では一日の中で症状の変化が激しく、「しっかりしている時間」と「そうでない時間」があること（動揺性）が認知症との違いである。

②慢性硬膜下血腫

　外傷後、数週間の後に徐々に出現する認知症状、失禁、歩行障害など片麻痺が出現する。認知症と間違われること、あるいは認知症が悪化したと間違われることがあるので注意が必要である。手術で治療可能であるので、早期に発見し治療につなげることが重要である。

③ 軽度認知障害（MCI）

認知症ではないが、正常加齢では説明できない様な記憶障害がある状態をさすもので、認知症の前段階として、近年重要視されている。なぜなら、5年間でMCIの人の約半数が認知症に移行することが、明らかになって来たからである。認知症になってしまうと治療が困難であることから、今後はその前段階であるMCIが認知症の早期診断と予防的治療の対象になる、と考えられている。特にアミロイドPETにより、MCIの一部の人では、アルツハイマー型認知症と同様に、脳の中にアミロイドが蓄積し、将来、アルツハイマー型認知症に移行する可能性が高いことが明らかになった。

｜6｜ 玩具療法の医学的効果について

① 効果が期待される症状

a) 意識・覚醒レベルの低下（ぼんやり）

玩具療法の効果が最も期待される症状である。玩具という実体的なものを介在するため、対象者に対する外部からの刺激がスムーズに入る。また、「遊び」による意識の集中（交感神経系の活動）が誘導されるため、意識・覚醒レベルが上昇する。複数の人数で遊ぶもの、ゲーム性の高いものが効果的である。

b) 引きこもりや発語、自発性の低下

「遊び」は対象者と実施者とのコミュニケーションを図るための非常に有用なツールである。眼前に話題の中心になる玩具があれば、記憶に頼った会話をする必要がなく、また言葉を想起することが難しい人でも、スムーズなコミュニケーションをとりやすい。眼前にある玩具についての具体的な情報を用いた会話量の増加が見込まれる。利用者の興味や趣味に合う玩具の選択が重要である。利用者のペースで手を出してもらえるよう、働きかけに工夫する。

c) 不機嫌・感情の不安定

認知症では、記憶は保持されないが、感情や気分は持続・遷延する。「遊び」による楽しい気分は、認知症の対象者の気分を改善させ、感情の安定化に寄与すると思われる。これはコミュニケーションの改善につながる。癒し系の玩具が用いられる。対象者によっては、かえって感情を煽ってしまったり、過剰に興奮させてしまったりすることがあるので、注意する。

d) 手指の調節機能などのリハビリ効果

特に脳血管性認知症では、手指の運動機能障害に対する効果が期待できる。楽しく

遊べるため、本人が目的意識を持てなくても続けられる。リハビリ効果を期待しすぎて、困難な達成目的をおいて行うと失敗する。あくまで実施可能な難易度で、楽しく継続的に行うことが重要である。

②効果が期待できない症状

a）　記銘力障害や失見当識など認知症の中心症状

認知症の中心症状は、脳の基質的な変化（神経細胞の破壊・変性）によるものであるので、これを改善することはできない。ただし、覚醒レベルが上がるため、見かけ上、記銘力障害が良くなるように見えることは、しばしば認められる。特に、脳血管性認知症の方では、見かけ上の改善の程度が顕著である。

b）　認知症の進行

認知症の進行を止めることはできない。しかしながら、対象者のQOLの向上に、大きく寄与することができる。

|7| 結語

玩具療法のみならず、高齢者の介護あるいは看護において、認知症の特性を理解した上で対応することが重要である。アルツハイマー型認知症の人と脳血管性認知症の人に対する適切なコミュニケーションの方法は異なるのである。加えて認知症では、対象者の生来の性格気質（病前の性格）が疾患により修飾され、これが行動化として現れる。従って各個人の性格傾向を良く知ることがスムーズなコミュニケーションをとるための重要な要素となる。加えて、対象者の病前の職業や社会的立場などの情報を十分に把握し、玩具療法の実施に活かすことが重要である。玩具療法は、認知症の非薬物療法の一つとして認知されつつある。玩具療法を認知症患者に施行する際には、各対象者が罹患している認知症の特性とその生来の性格を十分理解した上で、個別に考慮した方法をとる必要があることを理解しておくべきである。

（井上　健　国立精神・神経医療研究センター　神経研究所疾病研究第二部室長）

第 4 章

小児科医と玩具

|1| はじめに

当院は内科小児科のクリニックですが小児科部門としては①小児科外来 ②自閉症や知的障害の子どもたちが通うデイサービス ③病児保育室 ④事業所内保育所を運営しています。「小児科医と玩具」というテーマで、当院の4つの施設においてどのように玩具を活用しているのかについて報告します。近年の社会構造の変化により小児科医の役割も大きく変化しています。

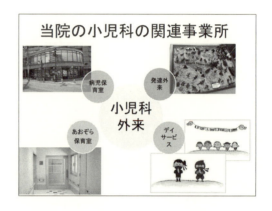

ひとり親の増加、貧困家庭の急増、子どもたちのゲームやビデオ、携帯電話への依存などは子どもたちの成長と発達に大きな影を落としています。

|2| 小児科外来

2.1 待合室の玩具

外来の待合室は受診の時間を待つ子どもたちにとって楽しく魅力的であり、かつ緊張を和らげる場所であることが求められます。待合室の玩具は自由に手に取ることが出来、元に戻しやすいように、見せ方や置き方も大切です。お医者さんに行くのはいやだけど、待合室は好きという思いで外来での時間を過ごしてもらえるといいなと思います。

待合室の玩具の条件としては①優れたデザイン性 ②塗料や形状の安全なもの ③拭いたり消毒したりしやすい

もの　④手触りのよいものなどを考慮しました。絵本は見えやすい高さで表紙を見せながら開架式で並べています。子どもが自由に手に取ることができますし、元に戻して片づけやすいです。絵本は病児保育室の保育士が1か月に1回種類を変えています。

2.2　「プレパレーション」と玩具

　ワクチンの普及により最近は感染症にかかる子どもが少なくなりました。毎日たくさんの子どもたちがワクチンのために来院します。子どもたちは注射や点滴、採血は大嫌いです。外来では、子どもたちと保護者が安心してワクチンや点滴を受けことが出来るよう不安や恐怖の気持ちを和らげるための配慮や準備を行ないます。これを「プレパレーション」といい、写真のような玩具をつかいます。

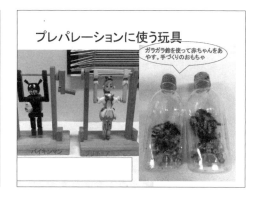

2.3　発達外来・「遊戯療法＝プレイセラピー」と玩具

　小児科外来では、臨床心理士が心理検査、発達検査、心理療法を行っています。子どもがもつ「心理課題」の解決に有効性の高い心理療法として「遊戯療法＝プレイセラピー」を行っています。遊びを通した感情の表現、発達的成長を見ることが出来ます。プレイセラピーに使う玩具は子どもの心の世界が表現されるような自由度の高いものを準備しています。これらの玩具で子どもたちは心の中にある遊ぶ力を呼び起こし、自らを育てていきます。

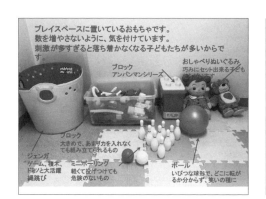

|3| 発達障害や知的障害を持った子どもたちのためのデイサービス

3.1 発達障害について

　発達障害は低年齢で発現する脳の機能障害です。大きく3つのグループに分けられます。①ASD（自閉症スペクトラム障害）、②ADHD（注意欠如・多動性障害）、③LD（学習障害）です。これらの障害の症状はそれぞれに診断基準があり特徴がありますが、一人の子どもの中に①、②、③の障害を併せ持っていることもしばしばあります。頻度は、近年増加の一途をたどり7～10％くらいとも言われています。

3.2 児童発達支援デイサービス＝就学前の子どもたちのデイサービスでの玩具

　デイサービスでは年齢ごとに、発達ごとにその子にあった遊びのプログラムを作ります。子どもの心をひきつけ、楽しく心に残る遊びをするために、玩具の利用は欠かせません。子どもたちが「楽しい」を体験し、「楽しい」からこそ、自らやってみようという思いが沸き起こります。楽しいからこそ、発達に繋がっていきます。

　①1歳台──おもちゃで遊べなくて、あやしても笑わない子どもたちへは、まず愛着形

子どもの発達段階

- 1才頃──母親との愛着形成
- 2才頃──自我の始まり
- 3才頃──他人の気持ちがわかる 他人の立場でものを考えることが出来る
- 4才頃──自分の感情をコントロールする
- 6才頃──勉強に必要な能力が育つ

※（発達障害＝自閉症スペクトラム）の子どもたちはこれらの発達が遅れたり発達の偏りがありさまざまな症状をもっています。

① 愛着形成

- 大好きな人を作ってもらいたい。
- この人といると楽しいと感じる遊び、身体を使って楽しさを共感できる遊びを。

成を促す遊びから始めます。そして目で追い、音を楽しみながら感覚を育てる遊びを行います。クーゲルバーン、カラコロツリー、起き上がりこぼしなどをよく使います。

② 2歳、3歳ぐらい――子どもの好きな玩具や遊びでイメージの世界を拡げる取り組みをしています。見通しを持って遊びに参加できるように、絵本の中のストーリーを玩具や遊具を使って現実の世界に再現します。絵本を通して、簡単な見立て遊びができるようになることを目標にしています。はらぺこ青虫ではリンゴのトンネルを楽しみます。はらぺこ青虫は1mの大きさの絵本を使います。青虫の人形も手作りしました。

③ 4歳、5歳、6歳――一人で興味のあるおもちゃで遊ぶのは好き。でも友達と一緒に遊ぶのは苦手という子どもたちが友達と一緒に遊ぶのが楽しいと感じるような活動を提供します。玩具、絵本、紙芝を利用して友達とかかわることが「楽しかった！」という体験を重ねていきます。

④ パニックになった時、不安になった時に助けてくれる、心を癒す玩具―自閉症の子どもたちは自分の思いを伝えるのが苦手です。自分が予想していいたことと違ったら不安になりどうしていいか分からない、相手の気持ちが分かりにくいなどの特性からしばしば興奮したりパニックになったりします。そんな時に自分の気持ちを整えるおもちゃがあるといいです。柔らかい感触に触れる、砂時計の落ちていく砂を見る、狭くてだれもいないダンボールの中に入るなどにより落ち着くことが出来ます。

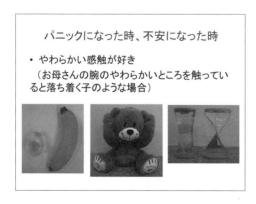

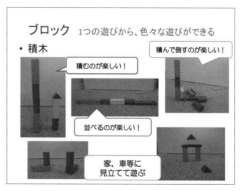

第4章 小児科医と玩具　107

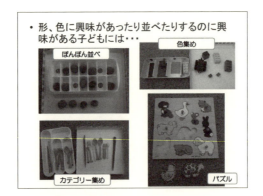

⑤障害特性を意識した手作りおもちゃ―色や形や並べたりに興味がある子、数字の好きな子、視覚優位な子、見て理解できる工夫をしたおもちゃや遊びを行っています。
⑥玩具は障害のある子どもにとってとても大きな役割を果たします。
・玩具があると、楽しく、いきいきできる時間を過ごすことができる。
・玩具を介して、楽しいこと、おもしろい事を共感することができるようになる。
・玩具を介して、友達や周りの人と楽しい時間を共有することができる。
・玩具を介して、楽しみながら友達の気持ちや、社会性を培うことができる。
・玩具を介して、楽しみながら、手の操作性を高めることができる。

｜4｜ 病児保育室と玩具

4.1 病児保育室とは

　子どもが病気になり、母親が仕事を休めない時に一時的に子どもを預かる保育室です。病児保育室は、単に保護者に代わって世話をすることだけではなく専門的な看護と保育の知識や技術を持ったエキスパートによって「保育看護」をすることにあります。働くお母さんたちが病気の子どもを安心して預けることが出来る保育室です。
　病児保育室の特徴
　①どんな病気の子が、何人利用するのかはその日にならないと分からない。
　②季節や病気の流行によって利用者の変動が大きい。
　③０歳児から小学校６年生までの子どもを同時に保育する。
　④当日初めて利用の子もいる。
　　上記のような特徴に加えて一人ひとりの子どもたちの病状もさまざまです。遊びや玩具の活用に工夫を行っています。

4.2　病児保育室での玩具

①病気（感染症）の子どもが遊んだりなめたりするため洗ったり消毒ができる素材の物（プラスチック製品）が多い。

②1、2歳児の利用が多いので、チェーンリング、ポットン遊び、ぬいぐるみなど安全を考慮した玩具を多く使います。

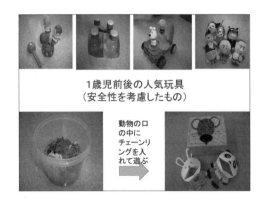

③3歳以上児以上は何をして遊びたいのか自分で伝えることが出来るので。玩具の写真をカード化して子どもたちに選んでもらいます。自分で遊びたい玩具を決めると、不安な気持ちが安心にかわり落ち着いて過ごすことができます。

④病児保育という平素とは違った環境の中でも、自分で遊びを選んで楽しい時間を過ごすことで病気の回復に役立ちます。

｜5｜ 事業所内保育園と玩具

①高齢者との交流

1年前に始めた1－3歳の子どもたちのための事業所内保育園です。高齢者のデイサービスやショートステイ、高齢者住宅と同じ建物内にあり毎日高齢者と一緒の時間を過ごし

ています。子どもたちと高齢者は、タッチをしたり、一緒に歌を歌ったりと相互にとってかけがえのないひとときになっています。

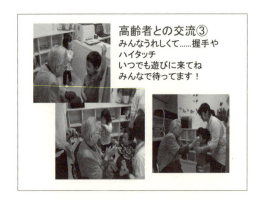

②手作り玩具

　玩具福祉学会からいただいたたくさんの手作り玩具が大活躍しています。手作り玩具の優しさやぬくもりが子どもたちの心を育ててくれています。

(高橋　真弓　医療法人あすか　高橋内科小児科医院副院長)

子どもとおもちゃとこころのケア
―福島県での東日本大震災後の医療支援活動―

|1| はじめに

　未曾有の出来事は、地球規模の災害であった。東北地方沿岸が、一気に津波に飲み込まれ、その後の原発事故で、放射線の恐怖が人々を襲った。テレビの映像から、このままでどうなってしまうのかというパニック状態に陥ったとき、日本中の人々が、どうにかしないと、と思っていただろう。そのような中、出口は小児科医として、医療支援の道を探った。福島県いわき市で被災し、一人避難所の巡回診療を行っていた同級生の佐藤医師から聞いた生々しい情報に、出口のこころは、自ずといわき市へ向かった。

　当時、開業医が東北に医療支援に向かうことは様々な困難を伴うものであったが、紆余曲折の後、日本医師会の災害医療支援チームJMATのシステムの下、精神科医の井上とともに、震災後3週間の4月3日に佐藤医師のいるいわき市へ向かった。全国各地から集まった医師や薬剤師らとともに参加した避難所巡回診療に始まった我々の災害医療支援活動は、一年を迎える。支援活動の内容は、その時々で大きく変化してきたが、その中で、私たちと常に活動を共にしたおもちゃは、被災地の子どもたちとの心の交流の橋渡しとして、そして子どもたちの自然な笑顔を生みだす魔法の道具として、大きな役割を果たしてくれた。

|2| いわき市

　いわき市は人口33万人で、福島県の中では最大の人口と面積を持つ中核市である。震災直後、原子力発電所のトラブルに伴うパニック状態となり、多くの市民が市外に避難を行

4月3日、いわき市避難所でJMAT活動

福島県立医大　こころのケアチームに参加

い、一時、市内はゴーストタウン化したといわれている。我々がいわき市に入った4月3日は、いわき駅前の繁華街には人通りもほとんどなく、真っ暗だったが、東北自動車道の開通に伴う物流の改善により、徐々にガソリンの供給が再開され、スーパーやコンビニの棚が日々充実して行った。地震や津波で壊滅的な被害を受けた沿岸地域を除けば、市内はかなり通常に近い生活を取り戻しつつあるタイミングであった。ホテルも営業を再開し、一部では飲食店も営業を再開するところが出始めていた。

|3| JMATからこころのケアへ

　地元医師会のオーガナイズのもと、全国から集まった医師や薬剤師らとともに、避難所を巡回し、避難している方々のあらゆる医療ニーズに対応するというのが、我々の最初の任務であった。出口は先んじて岩手の被災地に入っていた日赤の支援チームからの情報により、避難所におもちゃがないことを知っていたので、小児用の医薬品とともに自らおもちゃを持参して、被災地入りした。

　これとは別に、玩具福祉学会の小林理事長の手配により、手づくりや業界からのおもちゃの支援を受けた。避難所を巡回診療しながら、持参したおもちゃを子どもたちにプレゼントした。当時、いわき市で活動していた医師には、小児科医がほとんどおらず、避難所でも子どもたちの生活へ配慮はほとんどなされていなかった。出口は子どもたちや保護者の話を聞きながら、子どもたちを見守るためのケアが必要であることを強く悟った。数日間のJMATでの活動の後、木田いわき市医師会長より、精神科チームによる「こころのケア」が保健所を拠点に行われているので、そちらに参加し、JMATとの橋渡しをしてもらえないか、という依頼を受け、出口と井上は、こころのケアチームに合流した。

|4| いわき市こころのケアチームでの活動

　こころのケアチームは、福島県立医大の管轄のもと、大阪、福岡、東京などから参加している医師、看護師、薬剤師、精神科保健福祉士などで編成されたチームで、一日数カ所の避難所にしぼり、時間をかけて多くの方々の避難の状況ついての話をじっくり傾聴し、避難生活の体験を言語化してもらうことによってストレスの発散を促すことを目的とした活動である。必要に応じて、向精神薬の処方を含む医療活動や、保健所での個別医療相談も行った。震災前から様々なこころの病を抱える人々のケアもさることながら、震災のために家族や家を失った人々や、長引く避難生活のストレスの中にさらされている人々に寄り添って話を聞き、少しでもストレスを解消し、安心してもらえるように努めた。井上は大人を中心にケアを行う一方、出口は特に子どもたちの様子に気を配り、子どもたちや保護者らの話を聞いた。同時に、子どもたちと遊びながら、言語化が容易でない小さな子どもたちのこころのケアを行った。

4月、避難所でのこころのケア、子どもたちと自衛隊と

6月、幼稚園での保護者向け相談会、相田医師と出口医師

　おもちゃは、その中で非常に大きな力を発揮した。子どもたちのこころのケアに役立つことを願いながら、段ボールいっぱいのおもちゃを持参し、避難所を訪問した。災害時の子どものこころのケアで大切なことの1つは、いかに「非日常」の状況の中に、少しでも「日常」を取り戻すサポートができるか、ということである。たとえ避難所の中でも、おもちゃを使って楽しく遊ぶ事は、日常をとり戻すために、大変有効であった。さらにおもちゃは、子どもたちの成長過程で必須のアイテムであり、人と人の心をつなぐための有効な媒体でもある。私達の活動の目的は、単なるおもちゃの提供ではなく、子どもたちと一緒に遊びながら、子どもたちの様子を注意深く観察し、保護者の方々からもお話を伺い、その時間を共有することである。おもちゃを媒体とすることで、その場が和み、親近感が沸き、自然と会話が生まれることにより、人のこころに触れることができることを改めて実感した。おもちゃで楽しく喜んでいる姿を見ている保護者の方にとっても心が癒される瞬間であったように思う。その後も継続して玩具福祉学会から贈られたおもちゃは、私たちの活動の大きな支えとなった。

|5| 幼稚園、保育所の巡回支援へ

　時間の経過とともに避難者は借り上げ住宅などに移動し、5月の連休明けには市内の避難所はほぼ閉鎖されたことにより、巡回診療活動は終了した。一方で、放射線に慢性的に被曝する中での生活に関する不安の高まりは依然持続しており、情報が錯綜する中、何を信じていいのかわからない、という保護者と、様々な被曝防御の対処に追われる幼稚園や保育所からのこころのケアにニーズが高まってきた。そこで、4月下旬の訪問時からは、避難所に加え、幼稚園や保育所などを訪問してのこころのケアを実施した。さらに、6月初旬の活動では、放射線科相田典子医師をメンバーに迎えての巡回支援を行った。

　子どもたちのために少しでも安心した生活が送ることができるよう、保護者や先生を対象に座談会形式などで、あるいは個人的な相談がある場合には必要に応じて個別相談を行うなどした。先生や保護者からはたくさんの質問が出てきた。余震にひどく怖がる子ども

たちや地震遊びや津波ごっこをする子どもたちへの対応の仕方、食事と内部被曝のこと、服装やマスクなど放射線防護のこと、妊娠出産のこと、その他あらゆる種類の質問を受けた。先生も保護者も、そしてその姿を鏡に映し出すかのように、子どもたちも目に見えない放射線の不安におびえながら生活しているということがひしひしと伝わってきた。そのような中で、なるべく「日常的な」生活、当たり前の育児をきちんと行うことの大切さを確認しながら、こころのケアを行った。

｜6｜ 巡回支援からネットワーク支援へ

　我々は、4月に2回、6月に1回、合計17日間の巡回活動を行った。震災から3ヶ月を経た6月のいわき訪問の後で、私たちは一つの転機を迎えたことを実感した。それまでのこころのケアの活動の中心であった避難所の巡回診療は、避難所数と避難者数の大幅な減少により、その対象の規模や支援のニーズは明らかに減った。また、地域の医療施設の再開により、精神科を含めた医療そのものは、ある程度、地域で賄うことができるようになった。一方で、放射線被曝に関する恐怖と不安は、いわき市民が直面する最も大きな問題でありつづけた。特に小さな子どもや妊婦、妊娠を予定している女性を抱える家庭にとっては、そこに住み続けるか、という究極的な選択をも考えざるを得ない問題であり、毎日の衣食住に大きな影を落とす問題になっていた。

　そこで私たちは、放射線の問題を特に重要な危機として捉え、その恐怖に特にさらされている人たちに対しての支援が必要と考えた。特に小さな子どもたちを抱える保育所、幼稚園、学校や家庭においては、地震とは異なる慢性的なストレスと緊張感を持続的にかかえており、安心といえるにはほど遠い状況であった。これは、いわき市をはじめとする福島県に特異的な事情であり、その状況の中でのニーズに応じたサポートが必要であると考えた。

　子どもたちの成長は止められない。日々成長していく子どもたちの健康を見守り、安全・安心に元気な子どもたちが育つ過程を、子どもたちを取り巻く大人たちがどのように見守っていくべきか、いわきの将来を担う子どもたちの笑顔を保つために、私たちができることは何だろうか。そういった問題意識の中で出した答えは、いわき市の医療、教育、行政、福祉などの専門領域で子どもたちの生活を支える関係者を一同に介して、ネットワークを構築し、それぞれが持つ情報や知識を共有し、子どもたちを見守るという共有意志の元に集う機会を定期的につくる、ということだった。そして、同時にその中で生まれたネットワークの中で、我々が主に支援者の支援のために、専門性を活かした活動を行うということだった。こうしたコンセプトのもと、平成23年8月以降、「いわきこどものこころのケア連絡会」と「こどもと保護者のこころのケア相談会」そして幼稚園教諭を対象にした勉強会の開催などが、我々の活動の主体となった。

|7| いわきこどものこころのケア連絡会

　いわき市は、大きな自治体である。このため、平時においては異なる専門職間の情報の交流、例えば小児科医師と幼稚園教諭、保健師と学校の先生の間での情報交換は思ったより少ない。しかし、いわき市は低線量の放射線被曝に持続的にさらされており、大人も子どももこころの中から安全や安心を失い、不安にさいなまれていた。そういった状況では、子どもたちを取り巻く多くの地元の専門職が連携して、活動することが意義深いと考えた。そこで、これまでになかった専門職どうしのネットワークを構築し、それぞれの職場や生活の場の中で得られた情報を交換し、あるいは問題解決のための意見交換をする場として発足したのが「いわきこどものこころのケア連絡会」であったが、我々はその結成に中心的な役割を担った。6月の訪問後にその結成が提案され、その準備が進められた。人的ネットワークは、これまでの災害医療活動の中で知り合った人たちを結びつけることによって構築された。これまでこころのケアの活動を行ってきた筆者らの医師チーム4名に加え、いわき市医師会長、小児科部会長、小児科クリニックや市中総合病院小児科の医師、幼稚園の園長、福祉系大学教授で精神科社会福祉士、保険所の保健師、市役所職員、教育委員会、スクールカウンセラー、市議会議員などが最初の呼びかけに答えてくれた。平成23年8月21日に開催された第1回の会合では、これまで情報がなかった学校の子どもたちの様子、市の計画や県からの情報、幼稚園での父兄の戸惑いなどの状況についての詳細かつ具体的な報告があった。

　学校では、震災のために延期になっていた人事異動が夏休みに行われたため、夏休みが明けたら担任の先生がいなくなり、知らない先生が担任になった、という状況がおこった。震災後の揺れる子どもたちのこころを担任の先生が支えている状況での突然の配置転換には、注意を要するのはないか、との指摘があった。また、幼稚園では、放射線被曝に関する不安が保護者の中で大きく、保護者の半数がいわきを出たいと考えている、という調査結果の報告があり、ふるさとで育児を続けることや将来への見通しへの不安が大きいことが報告され、サポートの必要性が明らかになった。

　以降、10月9日に2回目、翌年1月29日に3回目の連絡会を開催した。少しずつメンバーを拡大しながら、いわきの子どもたちを取り巻く様々な状況についての情報交換の場としての機能を果たしていると考えている。

この連絡会を通じて、これまで交流のなかった市内の開業医とスクールカウンセラーの臨床心理士のコミュケーションが生まれたり、市議を通じて市の対策方針や県からの連絡事項などについての情報を共有したり、あるいは医師会の取り組みや、幼稚園の苦悶など、当事者でしか語ることのできない様々な問題点が毎回明らかになった。これらは、必ずしもす

いわきこどものこころのケア連絡会

ぐに解決しうることばかりではないが、様々な異なる業種の専門家の中で共有することにより、それを各専門職の領域の中で共有化し、子どもたちを見守る中で活かしていくことができると考えている。

|8| 子どもと保護者の相談会

上述の連絡会の開催にあわせて、一般市民、特に子どもを抱える保護者を対象に、こころの相談会を開催した。これまでのこころのケアの活動が、避難所に避難している方々、保育園や幼稚園の幼児、保護者、先生といった特定の対象者集団に対してのみ行っていたため、広く市民の中で、こころの相談をしたいと思っている人がどれぐらいいるのか、把握できていないということから、実施に至ったものである。いわゆるこころの医療相談としてというより、育児の中でも悩みや疑問に答える場として、気軽に訪れてもらえるような相談会というコンセプトで、第1回および第2回の連絡会にあわせて行った。

第1回目は、10家族ほどの申し込みがあり、座談会形式で自分たちの気持ちや悩みを言葉にし、医師に気軽に相談するという場を設けることができた。この時期には、人それぞれで異なる放射線被曝に対する過敏性が、人間関係をぎくしゃくさせたり、孤立させたりという二次的な影響を及ぼしていることが、明らかになったが、座談会で語り合い、思いを共有することで、お母さん達の不安を軽減することができた。一方で、広報など保健所の担当者に業務上の負荷が大きく、時間の経過とともに漠然とした不安が収束してきたことから、相談希望も減少したので、それ以降は形を変えての支援活動を行うことにした。

|9| 幼稚園、保育所の先生への実態調査と研修会での
フィードバック

6月までの支援活動の中で、あるいは8月以降の連絡会の中で、幼稚園や保育所の先生の精神的なストレスが大きいことは、肌で感じていた。幼稚園や保育所の職員自身が被災者であるということ、園庭の除染などの特別な対応が求められていること、子どもたちが余震におびえたり、赤ちゃん返りをしたりといった震災に因るストレス反応を呈したりしたこと、そして保護者から園に対するさまざまな要望が多く、個々の要望への対応に苦慮することなど、多くのストレスを抱えながら、仕事にあたっていた。先生は、子どもたちに対する現場での最も重要のこころのケアの実践者であることから、先生の想いや悩み、こころや身体の状況について、全体像を把握し、問題点に対して対処していくことは重要なことと考えた。そこで我々は、連絡会のメンバーであるいわき市私立幼稚園協会と共同で、市内の幼稚園の職員を対象にアンケート調査を行い、そのデータを産業総合科学研究所の協力を得て解析を行った後に、幼稚園職員を対象とした研修会でその結果をフィードバックするという試みを行った。

168名の職員（9割弱が教諭）からアンケートの結果、職員、子ども、保護者を巡る多くの問題点を数値としてあぶり出すことができた。これらの結果をもとに、私立幼稚園協会との共催で平成24年1月29日に幼稚園教諭を対象にした研修会を実施し、現場へのフィードバックを行った。調査結果にわかりやすく医学的解釈を加えて解説をした。研修会場の保健所のホールは150名の参加者で満員となった。今後も、同様の取り組みを、保育園などを対象に行っていく予定である。

|10| 飯舘村での子どものこころのケア

　飯舘村は、福島県浜通りの山間部に位置する人口約6千人、世帯数1700ほどの小さな村である。福島第1原発からは20km圏外であるが、放射線量が高いため、計画的避難区域に指定され、全村避難となっている。避難場所は主に福島市内である。飯舘村ではこれまでこころのケアチームが入っておらず、こころのケアの必要性の有無を含めた現状の把握も十分になされていなかった。また継続的に心理面での相談、特に子どもの健康や心理面に関する心配が大きいことから、子どもとその保護者に関するこころのケアついて、知人を介して村からの要請があり、今回の訪問の運びとなった。

　第1回目の訪問は、平成23年11月27日で、福島市飯野町にある飯舘村の臨時村役場近くの公民館にて、小学生以上の学童を対象者とした「こどもと保護者を対象としたこころの相談会」を実施した。実施内容は、これまでいわき市で行ってきた相談会に倣った。相談会では、おもちゃや本などをプレゼントとして持参し、これらを用いながら行った。6家族、計20名が参加し、座談会形式で行われ、震災当時の子どもたちの赤ちゃん返りや、母親に対する依存、甘え行動の増加、余震に対する恐怖や不安などの体験が各自の想いを加えながら語られた。相談会の間、子どもたちは我々が持参したおもちゃで、まるで堰を切ったように、大いに遊び回っていた。日常、放射線被曝の危険があるため外で自由に遊ぶことが出来ず、室内で遊ばざるを得ない子どもたちは、久しぶりに大声ではしゃぎながら遊ぶことが出来て、非常に楽しかった様子である。また、子どもが走り回る姿を見て、母親らは安堵の表情を見せていた。子どものこころのケアとして、皆で大いに遊ぶ場を提供することが、子どもたちのみならず、その保護者を含めたストレスの解消と心理的な安定感に寄与すると考えられた。

　第2回目の訪問は、平成24年2月12日で、村主催の大きなイベント「いいたて村民ふれあい集会」の一企画として、託児室とセットで子どものこころのケア相談コーナーを開設した。今回も前回同様におもちゃを持参した。託児室への申し込みは予想以上で、子どもが子どもを

飯舘村での相談会、子どもたちがおもちゃで遊び回る中、保護者のお話を伺った。

呼ぶようにどんどん数が増え、一時は30名ほどの子どもたちでごった返すような状態になった。延べ人数は把握しきれなかったが、幼児から中学生まで、相当数の子どもたちが訪れ、遊び相手のボランティアとして参加していた大学生4名と一緒に、大騒ぎでかけずり回って遊んでいた。これを見越して出口が選んだおもちゃは、非常に好評であった。こころのケアの相談も、医療や育児に関するものなど、7件ほど受けた。メインイベントの中でも、我々の活動に関する紹介をすることにより、村の人々に我々の存在を知っていただくよい機会になった。終わりの見えない避難生活が続く飯舘村では、子どもたちも幼稚園や学校への通学に、バスで1時間も揺られていくなど、ストレスの多い生活環境が続いている。加えて、外で遊べないという生活環境の中、遊びでストレスを解消する機会が極端に少なくなっている。村という小さなコミュニティは、まとまりがよく、見渡しもよい。飯舘村の子どもたちに必要なもの、それを少しでも補うための手伝いは、間違いなく「遊びと玩具」というキーワードの中にあるのではないかと思われた。

|11| 今後の子どものこころのケアのための任意団体設立

　これまでの私たちのこころのケア活動は、急性期の避難所での医療支援から、現在の地域ネットワークの確立まで、その時々に何が必要なのかを考えつつ、まさに変幻自在に形を変えて行われてきた。しかし、その中で一貫したテーマとして、被災した子どもたちの未来をいかに見守るか、ということを考えてきた。これは今後の活動の中でも、変わることのないテーマであることから、私たちはこれを活動の基盤とする団体を設立することを決めた。Cocoro Care for Children（CCC）と命名された任意団体は、出口を代表とし、8名の活動メンバーをもって、平成24年1月29日のいわき市の訪問時に設立を宣言した。CCCは以下の3つ、1）社会へのアプローチ、2）若い世代への継承、3）子どもと保護者の心のケアを活動の柱とする。今後の子どもたちとその保護者に対するこころのケアは、このCCCの枠組みを柱とし、さらに支援者を募りながら行っていく予定である。

CCCの3つの活動理念

|12| まとめ

　風を力に進むヨットのごとく、私たちのこころのケア活動は、その時々の風向きに応じて、支援の形態を変えながら前に進んできた。いわき市と飯舘村の子どもたちが、日々の生活の中で、少しでも安心・安全を感じながら、自分のふるさとの町を胸に成長していく

ことができるように、今後も有効な支援活動のあり方を模索しながら、活動を継続していきたいと考えている。自由に戸外で遊ぶことさえ長期にわたって制限されている福島県の子どもたちにとって、おもちゃは普段にもまして、遊びのパートナーとして大切なものになっている。私たちは、玩具福祉学会の一員として、これからも果たすべき大切な役割があると考えている。

謝辞

　ともに活動してきたこころのケアチームの同志、特に聖路加国際病院の佐藤哲也医師、神奈川県立こども医療センターの相田典子医師、福島県立医大神経精神科の皆様、いわき市保健所の皆様、飯舘村役場の皆様、手づくり玩具を提供してくださったぐるーぷ もこもこの皆様、玩具メーカーの皆様にお礼申し上げます。平成23年8月から平成24年3月までの活動は、赤い羽根「災害ボランティア・NPO活動サポート募金」助成事業の助成を受けました。

（井上　健　国立精神・神経医療研究センター　神経研究所疾病研究第二部室長、出口貴美子出口小児科医院院長）

—— 第 3 部 ——
玩具のつくり手として

第 1 章　玩具製造・開発企業特別リポート

 1. ピクチャパズルの歴史 ……………………………………… |文| 遠藤　洸一

 2. 日本のおもちゃ業界、戦後トピック 56 ……………………… |文| 伊吹　文昭

 3. 日本玩具文化財団の活動のご案内 ………………………… |文| 佐藤　豊彦

 4. おもちゃパッケージから皆さまへのメッセージ ………………… |文| 渡辺　善男

 5. 野球盤の歴史 ………………………………………………… |文| 望月　和人

 6. PETロボットの開発について …………………………………… |文| セガトイズ

 7. ダイヤブロック50周年 …………………………………………… |文| 植竹　俊夫

 8. キャラクターマーチャンダイジングについて …………………… |文| 澤畑　英雄

第 2 章　コミュニケーション玩具の開発
 —「ここくま」のできるまで— ……………………………… |文| 関口真木子

第 3 章　コミュニケーション促進という側面で捉える『日本地図パズル』
 —「2016年度 玩具福祉学会・学会賞」受賞の検証— ……… |文| 加藤　康

第 4 章　心と身体をはぐくむ玩具 ………………………………… |文| 坪井　幸司

第 5 章　バンダイ「ケンダマクロス　シリーズ」
 2016年度玩具福祉学会　玩具賞受賞に関して ……………… |文| 杉崎　晋也

玩具製造・開発企業特別リポート

|1| ピクチュアパズルの歴史

　アポロ社のピクチュアパズルは昭和27年に創刊され、現在まで販売を続けています。現在でも全部で年間80万枚ほど製造販売をしており、発売以来の累計は1984年当時で3,000万部は販売していましたので、現在は発売累計では4,500万枚以上となり親子3代に愛される玩具に成長しました。

　また、社内でも教育玩具としてのピクチュアパズルとしての認識は高く、諸物価が高騰している中でも定価400円の時代が25年間も続き、480円になるためにプラスチックの出納袋を入れて、お客様の利便を第一と考えとおります。値上げの抵抗もなく、お片付けがやりやすくなったとご好評をいただき、中には昔買った商品のためにお片付け袋だけをご注文くださるお客様もいます。さらにお子様の手引きになるようフルカラーのパンフを入れて、お子様の発達にあわせて数種類の抜型で、引き続き楽しく遊ぶような工夫が加えられています。

　製造上では紙の貼り合わせで、パズルが反らないような技術的な工夫、また合紙の袋張りの技術、刃型の仮止めの技術、厚紙の印刷の色の再現性など、また、常に在庫の補充での品切れの防止の製造管理、地図に国旗などの変更に対応する情報の収集、魅力的な絵柄の定期的な発刊のための開発、品質を落とさず原価を維持する努力をつづけてまいりました。

　低単価商品でありますのでローヤリテイが原価で大きなウエイトを占めるのですが、一般販売価格には反映せず、ワンプライスにして、お客様の満足を得ているのも発売以来の伝統がお客様の支持を得ています。デザインについてはすべて内製化をしているために価格の割には手間がかかっています。

　販売上では出来るだけ消費者が買いやすいような店頭露出が求められており、書店や量販店などの単品管理による返品の防止、書籍業界で販売している中では驚異的な返品率で今日まで販売し、効果的な販売ができるように販売店に対しての販売什器の貸与など、営業の地道な活動によって、社員一丸でこの商品に誇りを持って販売しています。

　アポロ社の2代目社長　遠藤欣一郎氏が創業60周年の社史「教育玩具への挑戦」のなかにピクチュアパズルについて次のように記されています（1984年）。

昭和27年に発売したピクチュアパズルの発祥は1760年のロンドンの地図メーカーのジョン.スペルズベリーが木製の板に地図を貼り境界線で切り離したパズルが大評判となり切り離しパズル（デイセクトパズル）とかピクチュアパズルとなづけて売り出したものでしたので奇しくもアポロ社が同じことを日本で始めたことになります。アポロ社のピクチュアパズルは前にも述べたように教育玩具としての役割を固く守ることで過去30年方針を曲げずに今日に至りましたがその間様々な起伏はあったもののさらに３千万個に近い実績を積み重ねてまいりました（注：1984年当時）。

　戦前から印刷の仕事の関連で戦後に占領軍のポケット聖書の印刷でアポロ社は息を吹き返しましたが、その技術を生かし紙製のおもちゃの開発に挑戦することを考え出しました。
　その時代にオフセット印刷で布地に印刷することで看板や暖簾を作って当初は珍しい宣伝媒体として映画関係や相撲協会などの仕事があり、映画の大映株式会社　永田雅一社長がアメリカのウオルトディズニーの版権を引き受けたので、使わないかとのお誘いがあり契約をさせてもらいました。当時は紙製のおもちゃはメンコや紙風船折り紙すごろくなどありふれたイメージのものしかなく雑誌の付録など低い価値しか認められないので魅力のある紙製おもちゃを作り出したと考えていました。昭和27年11月26日の朝日新聞に教材として「好適　組み合わせおもちゃ。」という見出しで、推理、構成、忍耐を楽しみながら養っていくという紹介で東京大学心理学教室の詫摩教授の「時間のかかり方や、どんな順序で組み合わせていくかで知能の発達程度がわかる。」

　デパートで発売中、大判150円、中判100円、小判70円となっている。

　開発のスタッフとしては、のちのエポック社社長　松本氏の指導で高橋務氏が開発にかかわり、その後、ドールハウスや野球盤なども生み出しました。パズルについては実用新案特許などの知的所有権の確保なども準備ができました。ただ仕事を始めてみるとわかるのですが、厚紙を貼りあわせて抜型で圧接することは大したことではなさそうに見えますが、量産には接着材や紙印刷についてもまた製版についても大変な失敗を重ねながら良い製品を作ることが先決問題となり、片一方の仕事で生計を立て

ながら商品の開発ができたのです。しかしながら、ディズニーの版権が使えるということ
は大変有利なことで、そのために随分周囲の理解が得られアポロ社のピクチュアパズルは
日の目を見たのです。聖書の頒布事業で基盤作りが整ったところでディズニーの版権がも
らえ、ピクチュアパズルを誕生させたところ、幼児教育の元老で指導者であられた岸辺福
雄先生、札幌の福永津義先生、東京大学の相良守次教授、お茶の水女子大の松村康平先生
などを顧問に本格的な教育玩具のメーカーたらんと決意したのでした。

　ピクチュアパズルは戦前のことですが、日本橋丸善が輸入販売していてインテリの僅か
な人だけが知られていましたが一般には全く普及していませんでした。それよりむしろお
茶の水大学名誉教授の倉橋惣三先生によってフレーベルの賜物や、モンテソリーの遊戯用
具の方が知名度を持ち、これを使うのはごく限られた幼稚園に限られ教育玩具のイメージ
は近寄りがたいものとされていました。そういうときにアポロ社が教育玩具のメーカーと
して名乗りを上げたのは一寸生意気だったかもしれませんが、一方では多くの先生方から
の励ましやご教示をいただきました。しかし実際に商品としてのピクチュアパズルの生産
販売には様々な難問が立ちふさがっていました。これは玩具屋というよりはむしろ出版社
に似た内容の仕事なのです。いつも新刊のことについて考えながらベストセラー狙うこと
ができるかどうかが大切なポイントで、思いついたら出すという気まぐれな態度はお金を
捨てるのと同じことであります。受注専門の印刷業と違って作り出したものを完全に回転
させてゆく積極性が唯一の解決なのです。こういうことは実際にやってみなければ理解し
難いことでしたが、ややもすれば無鉄砲といわれるほどの冒険をしなければ存在が認めら
れないというジレンマに陥りやすかったのでした。素人の生兵法といいますが、顧みれば
まさにその通りで作り出すことのみに一生懸命で売りつくす努力は十分でなかったという
よりも玩具の流通組織や機構そのものについて不勉強でした。しかし何とかしてこのピク
チュアパズルを認めてもらいたいという念願から真面目に考えたことは教育玩具であると
いう実態を最高の権威者にお願いして明らかにすれば、きっと世上の認識を得られるだろ
うということでした。そういう動機から東京大学の心理学教室をお訪ねして、相良守次教
授にご指導をお願いしました。随分乱暴で手前勝手なことを大学に持ち込んだのでしたが、
相良教授は大学院の学生さんを紹介してくださり、そのかたと何度も打ち合わせを重ねた
末、ピクチュアパズルを使ったテストの方法を定めました。まずテストの実施を日本橋高
島屋の屋上で開始するまでに漕ぎ着け、テストをすると同時に即売をすることが決まりま
した。このパズルによる競技会を朝日新聞が取材してくれ人気を博したものの、期待した
ほどの販売成績には結びつくことできませんでしたが、これに懲りることなく関西はじめ
地方でも展開してその企画を通して玩具問屋さんはじめ流通関係の方々との交流が始まる
ようになってきました。しかし、まだ印刷屋根性の方が強く独善的であったことを反省し
ています。それは玩具業界に入ってみなければ到底理解しえぬものであったからです。
　話しは変わりますがディズニーのキャラクターが浸透し始めたのは戦後の目覚ましい産
業復活のありさまを物語る物差しのようなもので、ディズニーの版権を使わせてもらって
いるということが大きな判断材料に数えられるようになりました。さらに「ウオルトディ

124　◇ 第3部　玩具のつくり手として

ズニーエンタープライズ」という日本法人の組織が確立され、それ以前の版権者もこの新組織の契約によって円滑な業務を続けさせていただきました。

ピクチュアパズルのテスト報告書

　玩具屋がこどもを集めてなにやらテストをする。それは面白い企画じゃないか、ということになって催させていただいたのが「ピクチュアパズル競技会」であったのでした。

　百貨店は人集めの企画催事として受け入れてくださったのですがアポロ社にとっては果たして本当に理想と実際が合致するだろうか、また先進国のように長続きする商品なのかどうか疑心暗鬼でしたが、この思いがけない催しに大勢の方々が殺到され参加していただきました。てんてこ舞いをしながら大学院の学生たちがデーターを取ってくれました。

　そんなことで商売になるのかという揶揄が飛び交い冷笑を受けましたが断行しました。その結果がここにあるテスト報告書なのです。

　ピクチュアパズルは、こどもたちの夢を美しい絵で現した玩具です。この絵はいろいろな型に切ってあり、たやすく分解し、取り出せるようになっています。これを一度バラバラに分解し元通りにはめこむ、そして絵を再現させてあそびます。

　オシャブリ、ガラガラ、人形、積木など、こどもの生活、感情、本能にむすびついている生命の長い玩具と同様に、このピクチュアパズルもまた、形を元通りにはめ込む作業と、かくされたところになにがあるかを探ってみたいという探究心にかたく結びついて子どもと密接な関係を保っています。

　こどもがピクチュアパズルで遊ぶのをよく見ていると、生育状態、環境等によっていろいろな個性、能力の差異がまざまざ観察され、また練習を重ねていくと、相当ハッキリした練習効果が表れるので、大人にも、子どもにも面白い玩具であり、殊に児童心理学上興味のある問題が多くあります。「このピクチュアパズルを楽しく遊ぶことにより、子どもの構成力、創造力をはたらかせるなかで、知性と忍耐力を養い、さらには完成の喜びとして満足感をもたらします。」現在、全国の百貨店、スーパーマーケット、書店、文具店、玩具店でお求めいただいているアポロ社のピクチュアパズルは、このテスト用パズルに比べて複雑で高度のものがほとんどですが、練習によって飽きることなく繰り返して遊べるようになっています。アポロ社のピクチュアパズルは、その基礎研究をつづけるため、心理学の先生や保育関係の先生方のごしどにより過去数回にわたり子どもたちにテストを繰り返してまいりましたがそのテスト結果をまとめて紹介しお子様たちのご指導にお役にたてば幸いです。

　このテストは

　東京教育大学教授　　佐藤則之先生

　千葉県流山市　このはな幼稚園　園長　秋元久美子先生

　東京都葛飾区　明昭第 2 幼稚園　園長　　関口準先生

　東京宝仙短大付属幼稚園　保育科講師　　舘　紅先生

のご指導により約600人の幼稚園児を対象にテストを行った結果です。テストは昭和40年ごろに実施いたしました。

　また参考資料として掲載した昭和30年5月のテスト成績は、東京大学心理学教授　相良守次教授の指導により、詫摩武俊先生によってまとめられたものです。

テスト報告

　テスト用パズルを使い3歳から5歳まで約600人の幼稚園児を対象にテストし、幼児がテストに取り組む態度や、完成の時間などを観察し記録しました。

　困惑して泣き出す子どもや途中でいやになりほかの遊びに気を取られる子もいましたが、大部分の子どもたちが大人の予想よりはるかに早くパズルを完成することができました。

テストの方法

1. 3歳児には　　11片
   4歳児には　　18片
   5歳児には　　31片
2. パズルの絵をよく見せる。
3. どんな絵であるかをよく覚えさせ切片を子どもにはずさせる。
4. はずした切片をバラバラに混ぜさせる。
5. バラバラにした切片をはめ込んで元の絵にまとめることを説明したのち「さあ、やりましょう」と合図をする。

遊び方の実際

　子ども達が実際に遊ぶのをよく見ていると、だいたい次の6つの方法を手掛かりとしてパズルと取り組んでいるのがわかりました。これを3歳から5歳までの540人の子どもについてどのような手掛かりのもとにパズルを解決するのかを観察した結果は次のとおりです。

　ここに示された数字は確定的であると断言はできませんが全体的に表でもわかるように

A）片と片を合わせる

3歳児	17.1%
4歳児	14.9%
5歳児	17.3%
平　均	17.5%

B）中心から合わせる

3歳児	0%
4歳児	3.0%
5歳児	0.3%
平　均	1.1%

C）絵と絵のつながりを求める

3歳児	24%
4歳児	23.4%
5歳児	24.4%
平　均	24%

D）ふちより絵と絵をあわせる

3歳児	12.1%
4歳児	31.9%
5歳児	16.9%
平　均	21.8%

E）中心から絵を合わせる

3歳児	0%
4歳児	1.3%
5歳児	6.0%
平　均	2.6%

F）抜型にたよる

3歳児	34.8%
4歳児	25.1%
5歳児	34.6%
平　均	32.7%

解決方法としては型にたよって解決の手がかりを求めるものと、絵や色彩のよるものと2つのかたちがあることを示しています。さらに年代的にみると3歳ではC絵と絵のつながりF抜型にあわせる、4歳児ではDふちより絵と絵をあわせるF抜型にあわせる、5歳はF抜型にあわせる、C絵と絵のつながりという順位なります。勿論、子どもたちはパズルで遊び解決していく中で自然にいろいろな方法を取り入れ身につけていきます。そしていろいろな方法を取り入れることが合理的な解決へつながります。

(どのくらいの時間で出来たか)

いつもよく聞くことではありますが、大人の方々からピクチュアパズルは「大変難しい遊びだ」「むずかしそうだ」「子どもに大きな負担になりそうだ」と断定されがちです。しかし、実際には子どもにとっては興味多く特殊なケースを除いてはむしろ大人より早くできるのです。3歳から5歳までの540人について、パズル完成に要する時間を測定し、テストした人員、解決できた人員、その所要時間の平均を最短、最長完成率を求め表にまとめました。なお、3歳児に11片、4歳児に18片、5歳児は31片と年齢により片数を変えたものを与えました。

この調査により大人が考えている事柄と大分異なった結果がわかります。

○3歳児テスト人員：30名

完　成	29名
平均所要時間	5分41秒
最　短	1分6秒
最　長	16分44秒
完成度	96%

○4歳児テスト人員：254名

完　成	249名
平均所要時間	6分37秒
最　短	1分44秒
最　長	23分45秒
完成度	98%

○5歳児テスト人員：256名

完　成	249名
平均所要時間	10分35秒
最　短	3分
最　長	37分5秒
完成度	97.2%

次にあげる表は、まだピクチュアパズルがまだ今日ほど普及すれていなかった昭和30年5月のテスト結果です。今回のテストに比べてみて時間的には何と50%以上短縮されています。今回テストに参加した子どもたちはピクチュアパズルを持っているかあるいは何回か遊んだ経験のある子どもたちがほとんどでした。ひとりひとりの子どもに当てはめて考える場合にも以上のことを充分考えあわせて参考にしてください。

テストパズル：4歳児　11片
　　　　　　　5歳児　18辺

○4歳児テスト人員103名

完　成	74名
平均所要時間	9分8秒
最　短	3分17秒
最　長	17分
完成度	72%

○5歳児テスト人員129名

完　成	99名
平均所要時間	10分35秒
最　短	2分59秒
最　長	21分15秒
完成度	76.6%

ピクチュアパズルの遊びの指導法

①絵をよく見せること

　絵を分解してはめこむ遊びに取り掛かる前に、絵をよく見せておいてこの絵がなんの絵か、何のお話しかなどをよく理解させて、絵に対する興味を促します。できることなら、あらかじめ余り長くならない程度で、絵についての内容を話し合い、これから自分で遊ぶのだと示唆することが理想です。

②遊び方をよくのみこなせること

　分解して、それを元通りの絵にするために、切片を正しい位置にはめ込むものであることを理解させます。初めて遊ぶ場合には、切片をバラバラにする際に、自分の手で一つ一つ取り出していくことが大切です。また必ず自分の力で行い、他の人の手伝いに頼らないように適切な助言を与えることも必要でしょう。多人数で一つのピクチュアパズルで遊ぶときは、お互いに協力してやることも教えていかなければなりません。

　（早くできる子ども）　は、このテストを参考にしますと、まず見通しがあり、切片ばかりに頼らず、先の遊び方──（遊び方の実際）を参考にしてください。──をうまく取り入れている。脇見や無駄口をしないで一心にやる。中心からは決してはめない等のことがわかります。

　（おそい子ども）　は、見通しがつかず、いたずらに切片にたよる。「試行錯誤」が多い。一つの方法に固執する。脇見、無駄口が多い。そして焦りが出て来て何分たっても正しい位置に切片を置くことができない。

　［生活指導による影響］　は、テストに関する限りでは、過保護のために依頼心が強い子どもは試行錯誤が多いということが顕著にあらわれていました。しかし一次テストで解決できなかった子どもでも、二度目にはほとんど解決できました。またふだん集中力にかけるような子どもでも、完成の目的に向かって長時間集中し、完成時に達成感を味わっている子どもが少なからず見られました。以上の事柄については、子どもの個性（パーソナリティ）と知能指数（IQ）、いろいろなメンタルテストで調べられている子どもを沢山あつめて、ピクチュアパズルについてのテストを行えば、さらに興味ある結果があらわれると思います。

　［テストのまとめ］　として、テストに際して直接園児を指導されている先生方とお話をしました。「長時間かかった子ども」についての話題が中心となりましたが、知能や発達が遅れているために遅れていると判断してはいけないこと。その原因は過保護な環境のために依頼心が強くて手伝ってもらいたがる場合、意欲が乏しく頑張りが聞かない場合、子どもなりの予測を立てて集中して物事を考える力がない場合、「納得してから行動する癖の強いために、どこから手を付ければよいか混乱し遅くなる」という事例などがあげられ

ました。このような場合、元気づけるとひとりで完成することはもちろん、テストを繰り返すたびに所要時間も短縮され、パズルに取り組む姿勢も、意欲的で、目覚ましい伸びを見せるのです。

ピクチュアパズルの望ましい与え方

まずお家の方達も一緒に楽しんでパズルと遊んでください。

幼児期は、まねる＝まねぶ＝学の生活です。

大人の姿をじーっとみて、まねをはじめます。

お子さんがつまずいたら、途中で投げ出さずによる意欲を持たせてください。

「やりなさい」の命令ではなく、「おやおや、この人は顔がなくてかわいそう」「さっきここら辺にお花が咲いていたのではないかしら」などのたのしい助言を与えて励ましてやりましょう。

完成したら大いによろこんであげてください。

お子さんの成就感、達成感を満喫させてやりましょう。

このよろこびは、学習にもつながっていきます。

あと片づけも最後までやらせましょう。

ピクチュアパズルの片付け方は保存する上でも完成された状態で片づけさせることが望ましいのです。しかし、まだお子さんがパズルを遊ぶのに精一杯の時は、片付けの半分は大人が手伝った方が、次回遊ぶ喜びが余韻として残ります。

最後にアポロ社のピクチュアパズルは、教育玩具として、実践的な立場から、子どもの教育面に寄与できることを願っています。安定度の高いディズニーの絵や、絵本で人気のある画家の美しい絵柄ばかりを取りそろえております。

また、どのお子様でも無理なく楽しく遊ぶことができる、そして年齢に応じたいろいろな模様のパズルをそろえっております。ピクチュアパズルaシリーズは初めてパズルに出会うお子様（2・3歳）のやさしく可愛いパズルです。さらにこれをマスターした段階では、ピクチュアパズルL版、初級中級、ピクチュアパズルS版、上級と続きます。就学されたお子様には、ピクチュアパズルの日本地図、世界地図があります。学校の教材用としてもお役に立ちまた遊びながら、日本、世界についての基礎知識が身に付き興味をうながします。あなたのお子様にも、この系統だったピクチュアパズルをお与えくださることを、おすすめします。

［1984年製作のため、現在はディズニーの版権は扱っていません、またピクチュアパズルaシリーズやS版は現在は販売していません。現在はかつてのL版が480円税抜で10ピースから63ピースまで9種類の抜型で製造されています。］

（遠藤　洸一　株式会社アポロ社　元社長）

|2| 日本のおもちゃ業界、戦後トピック56
～おもちゃ業界はどのように発展してきたか？～

終戦から早や66年目を迎えて、改めてここで戦後のおもちゃ業界を、主なトピックから振り返ってみたい。

焼け野原からの再出発

「日本金属玩具史」（日本金属玩具史編纂委員会編、1960年発行）によれば、戦後のおもちゃ業界は次のような状況からの再出発だった。

> 「業界の中心地であった本所、深川、浅草は、ただ一面の焼け野原で、夏草の茂るにまかせていた。大阪も名古屋も同様であった。郷里に帰っていた業界人たちはボツボツともとの土地に戻ってきたが、型はすべて供出し、材料もなく、前途はまったく暗澹としていた。金属玩具は明治初期のゼロの地点に戻ったのだ。そして焼け跡には粗末な衣服をまとった子どもたちが無心に遊んでいたがその子どもたちの手には、ただ一個の玩具すらなかった」

最初に現れた食品玩具

街ではアメリカ軍将校やGIたちが、お土産用に人形や羽子板、あるいは張子のダルマや首振りのトラのような古い郷土玩具を闇市で買っていた。おもちゃらしいおもちゃもなく、遊びと食べるものに餓えていた子どもたちの前にまず現れたのが、戦後いち早く復活した紙芝居であり、焼け跡のバラック建ての工場でつくられた食品玩具類だった。ともに、食べることと遊びの両方を満たしてくれたのである。

食品玩具は菓子におまけとして小物玩具がついているもので、戦前にも駄菓子屋で売られていたが、それが戦後復活し、1個5円か10円のイモアメやガムに小さなおもちゃをつけたものが人気だった（これらは玩具ということで厳しい砂糖の統制から逃れることができ、それ故にいち早く出回った）。

アメリカ兵が教えてくれたチューインガムを手本に、松ヤニにサッカリンやズルチンなどの人工甘味料をまぜた国産風船ガムも、ガムを膨らませるところが多分におもちゃ的で人気となり、ほかに、ブリキの呼子笛やセルロイドの小さなマスコットなどのおもちゃと、お菓子類をセットにしたものもよく出た。

食品玩具と並んで終戦後、まず姿を現したのは紙製玩具で、1945年（昭和20年）の暮れには幸運にも戦災を免れた玩具店の店先には、粗末な着せ替え人形や千代紙、ぬり絵、正月用の福笑いなどが並び、それとともに、人気となったのが同じく値段の安いセルロイド玩具で、セルロイドの小さな人形やガラガラ類、そして特に再生品のピンポン玉が2倍、3倍の値段で飛ぶように売れた。

ジープのおもちゃを買うのに長蛇の列

戦後すぐの時代のこどもたちの憧れはアメリカ兵が乗り回しているジープであり、日本のおもちゃが再び社会から熱い視線を浴びるのはこのジープを玩具化した時だった。

終戦の年の1945年（昭和20年）12月に、京都の丸物百貨店でブリキ製のジープが1個10円で売り出された時、それを買い求めようという長い列がデパートを一周した。真冬の寒さを物ともせずに、大人も子どもも一緒になったその行列は文字通り延々と続いた。それだけジープは憧れであり、それだけ人々はおもちゃに飢えていたのである。製作者の小菅松蔵氏の名を取って「小菅のジープ」と言われた玩具は、その年の暮れのうちだけで10万個も売れる大ヒット商品となった。

玩具が食料輸入の見返り輸出品に指定される

1945年11月、連合軍最高司令部（GHQ）の要請により、全国玩具統制組合は日本の玩具の生産状況証書を提出した。その際、GHQのハンティング陸軍少佐からは「玩具の輸出品製造は食料の見返り輸出対象品となるものであるから、それらに携る業者は如何なる理由ありとも早急に復帰し、製造を始めるよう最大の努力を払わなければならない」と指示があった。このように玩具は、食料を輸入する見返り輸出品に、また生活必需品11品目の中の一つに指定されたのである。

GHQとの懇談会

玩具が見返り輸出品に指定されたことで、GHQと日本玩具商工業協同組合との折衝が頻繁になった。

1946年1月、国際文化振興会の主催によるGHQの玩具関係者と東京における各資材別製造部門の代表者との座談会が開催された。会談の中でGHQ側からは米国へ輸出する際のアドバイスがあった。日本側からは原料の提供を願い出ている。1947年7月には、同組合はGHQ外国貿易課係官チャイルド氏から輸出向け金属製玩具の見本を今後は積極的に提出するように申し渡しがあったことを受け、金属製玩具製造業者を集めて協議会を開催した。また、玩具商工組合は同年12月にGHQ並びに日本の関係官僚や係官の臨席を得て「紙に関する懇談会」を開催し、1948年1月には「布製玩具資材に関する懇談会」を開催した。

物価統制令の公布と玩具類の限界価格設定

政府はインフレの防遏の抜本的対策の一環として1946年3月3日、物価統制令を施行し、物価の安定に乗り出すこととなった。また、新物価体系による物の価格を表示するため、大蔵省では価格等表示規則を定め同月施行した。

玩具類にも限界価格が設定されることになり、日本玩具商工業協同組合の規格検査によって、1946年9月に価格が決定されることになった。

　さらに玩具類の統制額が1947年3月29日に告示され、玩具類は日本玩具商工業協同組合の検査を受け、同組合所定の検査証紙を貼付しないと、この統制額の一割の価格で販売しなければならなくなった。

「子どもにおもちゃを」と国会に請願

　1946年6月に開会された国会は、モンペ姿の女性議員が大量に進出して話題になるが、「おもちゃ代議士」と呼ばれた山崎道子氏や、近藤鶴代代議士が「子どもたちも戦争の犠牲者であり、せめておもちゃを与えてやりたい」として運動し、1,000名の署名を集めた請願書を国会に8月10日提出し審議された。

　具体的には、親がおもちゃを与えられないのは値段が高いからであり、値段が高い大きな要因は玩具に対する製造課税が6割もするからであり、これを撤廃するか免税点を引き下げるべきだと訴えたわけで、この主張は尊重され、審議開始から1か月も経たない9月1日付けで製販価格10円未満のものが免税になった。

　この当時は「こどもにおもちゃを」という主旨の投書も新聞にたびたび掲載されており、戦争の悲惨さとともに、おもちゃで遊べない子どもたちの悲惨さが改めてクローズアップされていたのである。

玩具類の公定価格廃止

　政府は新価格体系が大体完了したのを機に、あまり重要でなく、また統制の実益のない一部の雑品の公定価格を廃止することになり、1947年10月25日にその品目を発表し、同27日から実施した。

日本雑貨株式会社が創立

　1947年、日本雑貨協会関係の玩具、セルロイド製品、美術工芸品などの雑貨団体有志が雑貨類の輸出振興を図るため、GHQの諒解の下に日本雑貨株式会社を創立した。

メイド・イン・オキュパイド・ジャパン

　1947年6月10日、連合軍司令部は、終戦から丸2年目の8月15日から民間貿易の再開を許可する旨の特別発表を行い、この日から玩具も正式に貿易が再開され、23年に入ってから玩具輸出は活発化した。ただしその形式は以下のように2つの方法とも極めて変則的なものだった。

　① 　輸出を希望する企業は、日本玩具商工業協同組合を通じて日本雑貨輸出株式会社に

見本と説明書を提出し、毎週月曜日に行なわれるGHQ担当官による下審査で、意匠、品質、価格などを参考に輸出に向くか否か審査され、合格した見本品だけが改めて日本雑貨輸出株式会社から貿易庁を経て司令部に再提出され、その指示を待って希望輸出先（１ヶ国に限る）にその見本を送り注文を待つ。

②　また直接バイヤーが来日して商談が成立した場合は、日本の業者が貿易庁に報告してその査定を得て、貿易庁が業者に代わって外国企業と契約を結び、その上で、司令部の担当官がドル建てで価格を決定したが、外国の業者は司令部の担当官とあらかじめ満足がいくような話し合いができた。そして商談がまとまると政府から資材の提供が受けられ、製品が出来あがると業者はそれを貿易公団に査定価格で売り渡し円貨を受け取る。

要するに国と国との取引だった。サンフランシスコ講和条約が締結され発効する1952年４月まで、こうして輸出されたすべての製品には「メイド・イン・オキュパイド・ジャパン」（占領下の日本の製造）の文字が総司令部の命令で入れられた。

輸出検査制度の発足

海外貿易の道が開かれると、おもちゃの輸出が一気に花開くが、1949年（昭和24年）に為替レートが１ドル360円に決まり、急激な価格変動の影響からバイヤーの買い控えやキャンセルもあって業界は混乱し、輸出の不振も一時目立ってくるが、その要因の一つが日本製のおもちゃの粗悪さがアメリカ市場で不評を買うようになったことだった。

こうした悪評に危機感を募らせたおもちゃ業界では、輸出向け玩具の検査の必要性を痛感し、金属玩具工業協同組合連合会を組織し、輸出品取締法に基づいて1950年10月、輸出向け金属玩具や機械玩具の自主検査実施に踏み切る。これによって粗悪品を防止することになったのである。

また1951年からは模造品防止のためのデザイン登録制度をスタートさせる。

こうして始まった輸出検査制度とデザイン登録制度が、日本のおもちゃ業界の復興と成長を後押しした。

「製問組合」設立へ

戦後の玩具産業の復興・発展を支えたのは輸出で、輸出貢献産業として国の復興にも大きく貢献したが、その中心的な役割を担ったのが東京輸出金属玩具製造問屋協同組合（現東京玩具製問組合、略して製問）だった。同組合は1954年（昭和29年）に、前身である東京輸出金属玩具工業協同組合連合会によって定められた輸出金属玩具の自主検査、模造防止のための専用権登録制度などの輸出検査機構を存続・発展を目的に設立された。

初代理事長は齋藤晴弘氏、同第２代・野村貞吉氏（東京玩具貿易）、同第３代・一志定美氏（アルプス商事）で、1949年（昭和24年）に齋藤氏と一志氏は、まだ海外への渡航が容易ではなかったこの時代に米国などの現地調査を行い、先に述べた如日本が輸出した金属玩

具やセルロイド玩具の不評にショックを受け輸出玩具の品質向上へと乗り出し、これにより輸出金属玩具の自主検査等を行う連合会が設立され、飛躍的に品質・輸出額を向上させた。

玩具輸出額が飛躍的な伸び

こうした取り組みにより、戦後の玩具の輸出額は1949年から36億円、44億円、45億円、57億円と毎年増加し、1953年には83億円、1954年に112億円と飛躍的に伸ばしていく。

1959年にはNHKテレビでも30分にわたり「ドルを稼ぐ玩具」と題した特集が組まれるなど、輸出産業の花形になっていく。

機構、素材の進化

戦後のヒット商品は、機構的な発展と素材の進化なくしては語れない。

戦後、まず輸出されたのは「金属」「ゴム」「セルロイド」のおもちゃであり、1949年からは毛貼りの「歩行熊」(増田屋斎藤貿易)や「ジャンピング・ドッグ」などのゼンマイ動物玩具が人気となって、金属玩具が主役になる。

ゼンマイ玩具に次いでスターになったのがフリクション玩具で、明治に考案されたフリクション機構に、ゼンマイを使わずに走るという画期的な改良が加えられた「ブリキの自動車」が1948年に登場する。こうして「走り物フリクション」の時代が幕を開け、その後「サイレン入り」のフリクション消防車や、「B29」「B50」(いずれもトミー)といった米軍の爆撃機をモデルにした大型のフリクション飛行機などが出て、フリクション玩具は全盛を迎える。

ゼンマイ、フリクションに続いて主役になったのは、電動玩具だった。日本における最初の電動玩具は、1952年に発売された「セダン型自動車」(アルプス商事)であり、1953年には糸で吊りぐるぐるまわる「上飛び飛行機」(野村トーイ)が出て、その後続々と優秀な電動玩具が生まれる。

画期的な「ラジコンバス」の登場

金属玩具から電動玩具へと主役が変わり始めた1955年の秋、増田屋斎藤貿易から画期的な新しい電動玩具「ラジオコントロールバス」が発売され大きな話題を呼ぶ。

電波で玩具のバスを操縦できるもので、略して「ラジコン」と呼ばれた。精米1キロ76円50銭の時代に1台4,500円と高額ながら、その年のクリスマス商戦ではたちまち売り切れとなった。

女の子のおもちゃも驚異的に進歩

女の子の世界でも画期的なおもちゃが戦後に次々と誕生する。

プラスチックの登場は、それまで金属製だったコーヒーセットやコップ、皿などの女の子のままごと道具に大きな変化をもたらし、また、燃えやすいということでアメリカへの輸出が難しくなったセルロイドに代わる素材として、ソフトビニールを使った新しい人形のおもちゃが1954年から1955年にかけて生まれる。

それを代表するのが「ミルク飲み人形」で、はじめはアメリカで開発されたが、1954年に国産品が発売されると大変な人気となり、あるデパートでは1日60個も売れたと、当時の新聞は伝えている。

このヒットで、先行きに危機感を感じていたセルロイド玩具の加工業者たちは、一斉にソフトビニールの人形やおもちゃ作りに転換する（ソフトビニールは火事の危険性がないだけでなく、感触の柔軟さ、適度の重量感、ゴムのような弾力性などの利点があり、1956年に10数工場だった加工業者の工場は1959年には100工場に増加する）。

そして、この「ミルク飲み人形」の人気は、1957年に登場した同じソフトビニール製の「カール人形」に引き継がれ、こちらは「ミルク飲み人形」を上回って、東京・日本橋のデパートでは一日最大240個売れたと言う（「小鳩くるみのカール人形」増田屋斎藤貿易）。

さらに1962年にはやはりソフトビニール製の「歩行人形」（増田屋斎藤貿易）が話題となる。歩行人形は足の付け根の部分の仕掛けで手をひくと歩くのでこの名で呼ばれ、1966年には電動ボタンを押すとヨチヨチ歩くものが生まれ、同じく同年には涙を流して泣いたり、ミルクを飲ませると笑い顔になる「泣き笑い人形」（マテル）が発表され注目される。

さらにミルク飲み人形、カール人形、歩行人形に続いて新しく人気の的になったのがファッションドールで、「バービー」や、「タミーちゃん」（三栄貿易）、純国産の「スカーレット」（中嶋製作所）などが話題になった。

「フラフープ」「ダッコちゃん」大流行

1956年に「ホッピング」が、1958年には「フラフープ」が大ブームになる。フラフープ人気は瞬く間に大人にも広がったが、長時間熱中すると内臓障害を起こすという根拠のない噂が出て、ブームも僅か3か月ほどで急速に落ち着いてしまった。1960年にはビニール製の人形「ウィンキー」（愛称：ダッコちゃん）が爆発的な人気を集めた。大量生産ができないためたちまち品不足となり、それがさらにだっこちゃんブームに拍車をかけた。また同じ頃、男児にはマスコミ玩具が普及し、大人気となった。

プラモデル誕生

1954年頃に米国からプラスチック製の組立玩具が紹介され、その後1958年には国産初のプラモデル玩具として米国の原子力潜水艦「ノーチラス号」（マルサン商店）などが発売され、「プラスチックモデル」の名前が付いた商品が出回る。プラモデル人気は次第に高まり、1963年4月22日には「日本プラスチックモデル工業協同組合」が設立された。

玩具見本市開催の気運高まる

輸出市場が好調で年々玩具業界は売り上げを伸ばしていたが、その一方で輸出市場だけに依存していては過当競争の激しさが増し、収益力の低下を招きかねないとして、国内市場の活性化を求める声が出始め、その1つの手段として見本市開催の気運が急速に盛り上がってくる。

これに伴い、まだ海外旅行に気軽に行けない時代の1959年にニュルンベルク（ドイツ）、ブライトン（イギリス）、ニューヨーク（アメリカ）の3大トイショーを岸淑浩氏（旭玩具）ら20名が視察を行い、翌年秋に大阪で「金属玩具見本市」開催を実現させた。この見本市には15社が参加し、入場者は約4,000人に上り大好評となった。

「国際玩具見本市」開催

これを受けて1年後に第2回の見本市が東京で開催された。この見本市は国際見本市への発展を視野に入れての開催で、金属玩具以外の玩具も扱われ、名称も「東京玩具見本市」に改められた。出品企業も25社に増加、問屋32社が商談室を設けるなど規模も拡大して行われ、入場者数は1万1,000人に上り、成約高も前年の3倍近い約7億5,000万円に達した。

この見本市の開会式で「社団法人日本玩具国際見本市協会」設立の計画が発表され、翌1962年2月に設立総会が開催された。そして「第1回日本国際玩具見本市」は1962年10月17〜20日に東京・大手町の都立産業貿易センターで開催された。出品社数は83社と前回の見本市の3倍以上に拡大、4日間の入場者数は延約2万人、成約高は15億円を越えた。海外取材も多く、まさに国際見本市に相応しい成果をあげた。

「おもちゃ団地」が誕生

シビアな話題が多かった時代にあっておもちゃ団地の誕生は明るい話題と言えよう。おもちゃ団地は1964年3月、栃木県壬生町に総面積26万4,000坪で造成が開始され、翌年4月に第一次進出12社で操業を開始、1968年には28社に達し、おもちゃ団地は軌道に乗った。

玩具見本市の一般公開も

日本玩具国際見本市は年々盛大になっていき、1965年に開催された第4回からは一般公開がスタートした。第9回（1970年）では宮沢喜一通産大臣が、第13回（1974年）には中曽根康弘通産大臣が開会式に参加し、テープカットを行った。

また1970年の第9回日本玩具国際見本市では「第1回おもちゃコンクール」が開催された。これは販売の第1線に立つ業者が消費者の支持を集めると思われるおもちゃを選ぶというもので、第1回目は68社から428点が出品されて行われた。

「日本玩具協会」設立

玩具の生産、輸出業者の団体が一体となった「社団法人日本玩具協会」が1967年6月29日に設立された。同協会は「玩具産業における各組合や各分野の連絡調整を通じて、玩具の生産、流通、輸出および消費に係る内外の諸問題に関する玩具業界の意見をとりまとめ、その実現に努力することにより玩具輸出の振興を図るとともに、わが国の玩具産業の総合的な発展に寄与すること」を目的として誕生、当初は10団体およびこれら諸団体の推薦による推薦会員37名で構成された。

玩具安全基準・STマーク

日本玩具協会の重要な事業の一つに安全対策がある。"玩具の安全性は業者自身の手で厳しくチェックしよう"という他業界に例のない自主規制による玩具安全基準が1971年より実施された。その趣旨に賛同して、日本玩具協会との間に安全マーク使用許諾契約を結んだ業者は開始からわずか2か月で約600社に及び、3つの検査機関で実際に検査を受けた商品は1万点にも上った。この安全マークがSTマークで、玩具安全基準の検査に合格した製品に全てSTマークが表示されることとなった。安全基準はその後、有効期限や補償制度など改正を加えながらより強化された内容となっていった。

ニクソンショック

ニクソン米大統領が1971年（昭和46年）8月15日に、金・ドル交換の一時停止、10％の輸入課徴金を含むドル防衛8項目を発表したことで、ニクソンショックが世界に拡がった。

玩具産業は輸出依存度が高かったため、大きな打撃を受けるのではないかという報道が相次いだことで、学生が玩具業界への就職をためらったり、銀行でも直接業界と接触の無い本部調査部などでは警戒する動きまで見られるようになった。そしてこのニクソン声明により年末にかけては円切り上げや通貨不安（第1次ドルショック）もあったが、既に米国向け輸出はニクソン声明前にほとんど船積みを完了していることなどからも、報道されるほどの大きな打撃には至らなかった。

狂乱物価が続き不況へ

しかし、1973年（昭和48年）はオイルショックに端を発した空前の原材料不足により玩具業界も大いに悩まされた。特に玩具は複数の原材料を集めて作られていることが多く、どの材料が不足しても製品全般に影響するというデメリットを持っていたため、原材料需給が逼迫し、原材料費が高騰したことは玩具業界全体に影響を及ぼした。同年は第2次ドルショック、オイルショックから狂乱物価と続き、翌年にかけて前代未聞の不況ムードに陥った。

第1章　玩具製造・開発企業特別リポート

香港で初の国際玩具見本市

1975年10月11〜13日に、香港の製造業者の集まりである香港エクスポーターアソシエイションが主催する初の「香港トイ・アンド・ギフトフェア」が開催された。世界40カ国から来場者は1,749人に上り、そのうち日本が最大で699名が参加した。それだけ輸出国として香港が力を付けてきた証拠でもある。

その上、1977年9月末以来、円相場は急騰を続け、輸出関係者を動揺させる。

キャラクタービジネス急成長

1971年の初代仮面ライダーベルト、1973年のジャンボマシンダーシリーズが大ヒット。バンダイのキャラクタービジネスはこの子会社ポピーの躍進をきっかけにして、業界の中核を担うようになっていった。

ブーム商品が続々誕生

また1970年代はブーム商品が続々と誕生する。1971年（昭和46年）にはアメリカンクラッカーが登場。本国アメリカでの大ブームを受けて日本でも発売されるや人気が爆発、約600万個を売り上げた。類似製品が約100社近いメーカーからたちまち発売され、粗悪品も横行しわずか2か月ほどでブームは終息した。これに続いてボウリングブームが到来、同年の日本玩具国際見本市でも数多くの商品が登場した。翌年にブームとなったのが、日中友好の波に乗ってやってきた人気動物「パンダ」をモデルにした商品の数々である。特にぬいぐるみ市場ではパンダ製品が多数出回り大人気となった。1977年（昭和52年）にはスーパーカーブームが巻き起こった。短命のブーム商品が比較的多い中で、このブームは翌年まで続き、さらにはラジオコントロールカーを10社以上が一斉に商品化するなどRCカー人気にも火をつけた。特に「ランボルギーニ・カウンタック」は圧倒的な人気を集めた。

またこの時期は、前述したRCカーのように、人気商品については複数の企業から一斉に商品化されるという流れも目立っていた。

グループ見本市合同開催へ

玩具業界の中心的存在だった製問グループ以外に、同じような方向性を持つ企業がグループとなり、独自に見本市を開催する動きが活発化し、見本市の競争時代へと突入した。主なグループは製問グループのほか「玩具六社会」（バンダイグループ、エポック社グループ、ニチガン、トミー、学習研究社、タカラグループ）、「トイ・リーダーズフェア会」（河田、ツクダ、新正工業、三協商事、シバ）、「フレッシュトイグループ」（米沢玩具、タカトク、中嶋製作所、テンヨー、永大）がある。

グループ見本市に大きな転機が訪れたのは1976年（昭和51年）で、同年グループ見本市を行っていた4団体が集まり、来場者の利便性向上を目的に翌年度以降は基本的に"同一会場・同一時期の開催"で合意、1977年に玩具合同見本市が実現した。この結果、激烈な競争時代に突入していたグループ見本市は団結することとなり、見本市の過当競争は一段落した。

その後は、合同見本市は1979年（昭和44年）まで続いたが、各企業とも翌年6月に開催される東京国際玩具見本市に全力を傾注するということで合同見本市は終了、活動も発展的解消という形で終止符を打った。

秋の地方見本市が活発化

1980年（昭和55年）に東京国際玩具見本市が初めて6月に開催された。開催時期については「年末を考えるには少し早すぎるのでは」という意見がある一方で、「メーカーの年末に対する姿勢をじっくり聞くことができる」など歓迎の声が多く挙がった。

玩具見本市が6月開催になったことで活発になったのが問屋主催による秋の地方見本市である。年末商戦を控えた秋に最終確認をしっかりと行いたいという要望に応える形で、同年は名古屋、大阪、札幌、福岡、仙台の5都市で開催、翌年には東京と広島が加わって7都市で開催された。これらの地方見本市は、地域問屋が中心となって開催していたため、従来のメーカー主催で行われていた見本市よりもより"商いの場"という色合いが強く打ち出されていた。

東京おもちゃショー開催

1980年代は様々な話題のあった年代だった。その1つが1982年（昭和57年）にスタートした「東京おもちゃショー」である。以前は玩具関連業者しか見ることができなかった見本市をパブリックデーを設けて開かれた見本市へと発展させた。「82東京おもちゃショー」（主催：日本玩具国際見本市協会）では、前年を上回る国内123社、海外4ヵ国が出展、来場者も約10万人に上った。

玩具業界のリーダー交代

50〜70年代にかけて玩具業界のオピニオンリーダーであった岸義弘氏（アサヒ玩具）が1981年（昭和56年）に日本玩具協会、日本玩具国際見本市協会の要職をそれぞれ勇退し、新たなリーダーとしてバンダイの山科直治氏が両協会の会長に就任した。岸氏は同協会でのSTマーク事業推進や業界功労者表彰を設けるなど業界への功績は実に大きく、山科氏もおもちゃショー開催を実現させるなど業界の発展に多大なる影響を与えた。

第1章　玩具製造・開発企業特別リポート　139

LSIブームの影響

1979〜82年（昭和54〜57年）に、大ヒット商品になったのが新分野として注目されたLSI（集積回路）ゲームである。ブームに乗って多数のメーカーから商品化されたが、1983年（昭和58年）末には急速に勢いは止まり、メーカー、問屋、小売を問わず玩具業界は在庫過多に陥る。LSIゲームは市場シェアが非常に高かったため、玩具業界全体が低迷するという厳しい事態まで招き、LSIショックと言われた。

情報化の時代始まる

1985年（昭和60年）は、高度情報化社会への移行が進む中で、玩具業界としてもこれに対応すべく「POS（販売時点情報管理）システム」導入への動きが見られた。

当時の玩具業界は慢性的な過剰流通在庫に悩まされており、こうした構造を打破するものとしてPOSシステム導入は期待されていた。

その先陣を切ったのがバンダイとタカラで、相次いで玩具専門店用の情報管理システムを提案するとともに、単品別の動向や顧客管理・分析が可能なパソコンレジや高速レジスターを開発した。

また、大手メーカーの動きとは別に大阪の中堅問屋アラントーイの取引先を中心に専門店16社がVAN（付加価値通信網）を使ったネオボランタリー組織「トイズバンダリーグループ」を結成するという動きもあった。

業界統一分類コード作成

同年前半まではバーコードの普及率は低かったが、イトーヨーカドーが全納入品にバーコードの添付を業者に要請したことを発端に、玩具業界でもバーコードをつけざるを得なくなった。これに対応するため日本玩具協会はバーコード普及を推進する一方で、情報を補完するための補助コードの表示を提案、「業界統一分類コード」を作成した。

バンダイ、タカラが上場

1986年は、1月27日にバンダイが、2月4日にタカラが相次いで株式2部への上場を果たした。バンダイは1950年の創業以来順調に業績を伸ばし、1983年3月にグループ7社を吸収合併してからは業界のトップ企業となった。店頭市場から2部上場へ昇格したタカラは、この上場を機に本社を東京・銀座に設けた。

人気のシルバニアを追い、他社も相次ぎ参入

1985年3月に発売したエポック社の「シルバニアファミリー」が大ヒットし、同年7月

にはタカラが「3年2組のなかまたち」、翌年2月にはバンダイが「メイプルタウン物語」と、相次いでフロッキー加工のドールを発売し、大競合となった。

ジェニーVSバービー、人形戦争が勃発

タカラは米国・マテル社からライセンス供与を受けて展開していた「バービー」を、契約が解消されたのを機に、1986年2月より「ジェニー」に名称を変更した。一方マテル社は1986年2月にバンダイと折半出資による会社マーバを設立、新生「バービー」の発売に踏み切った。しかし、「ジェニー」に酷似した新生「バービー」の販売は不正競争法に該当するとして、タカラがマーバを提訴するという事態にまで発展した。

チヨダ、靴のマルトミ参入

この時期の最大の話題の一つはチヨダ、靴のマルトミという靴小売大手2社の玩具小売への参入と急速な拡大である。

靴のマルトミは「BANBAN」の店名で1985年7月より展開し、1年で一気に約120店舗を出店、チヨダは「ハローマック」の名前で1985年12月に埼玉県春日部市に1号店をオープンさせたのを皮切りに初年度1年間で約50店舗を出店、どちらも驚異的なペースで出店を続け、たちまち玩具小売の第1位、2位の売り上げを達成するに至った。郊外ロードサイドに売場面積80坪で出店という形態は、それまでの商店街立地で売場面積20～30坪という玩具小売の主流とまったく異なり、「立地革命」と言われ、売場面積の大型化ももたらした。

郊外大型店の出店ラッシュ

チヨダ、靴のマルトミ以外にも異業種から玩具小売業への参入が相次いだ。

まずは釣具販売大手の上州屋釣具店が郊外型専門チェーン「POPZONE」を、量販店大手のユニーも「トムトム」のチェーン展開をスタート、さらにはスキー用品小売大手のヴィクトリアや書籍のくまざわ書店など、続々異業種企業が玩具専門店をオープンし業界の大きな話題となった。

こうした中で、先行していた中部地区の有力店をはじめ、全国各地で郊外ロードサイドに出店する玩具専門店も現れ、異業種の店舗へ対抗する動きも見られた。

円高で海外生産比率が急増

1985年のプラザ合意を受けて円高ドル安は急激に進行、業界にも大きな影響を及ぼした。特に輸出の比率が高く、影響も深刻だったトミーは、米国第3位のメーカー・コレコ社にトミー・コーポレーション（米国）及びトミー・カナダを譲渡する一方、東京・四つ木と千葉・流山の工場を閉鎖。反面で、シンガポールに次ぐ2番目の現地工場トミー（タイラ

ンド）を1987年10月15日に設立した。バンダイも1985年に業界初の日中合弁会社・中国福萬有限公司を設立、タイにもトミー同様、工場を設立した。こうして生産拠点の海外へのシフトが進んでいった。

「おもちゃ券」スタート

1987年12月1日に「おもちゃ券」がスタートした。10月5日には発券会社である「トイカード」（資本金1億9,000万円）がタカラ、バンダイ、トミー、エポック社、ヨネザワ、ツクダ、鳥井屋、キデイランド、コトブキヤの9社の出資により設立され、玩具購買の利便性を高めることで、購買機会の増大を目指すことになった。

トイザらスの日本進出

1990年代は小売業界を中心に業界全体が揺れ動いた時期であった。

その中心となったのが世界最大の玩具小売チェーン、米国の「トイザらス」の日本進出で、1991年に1号店を荒川沖にオープン、2号店の橿原店のオープンには時のブッシュ米大統領が開店セレモニー出席のために来日して驚かせた。

その進出と拡大は、危機感を募らせた専門店、問屋の様々な行動や対応を引き起こした。1994年には、大阪にトイザらスが2店出店したのをきっかけに、大阪の百貨店が玩具のディスカウント販売に突入し、この動きはたちまち全国へと拡大した。また1990年には小売の経営強化を目的に「日本玩具専門店会」が発足、ことぶきや、ニシダヤ、いせや、ペリカン、博品館など570社が加盟した。

問屋にも大きな動き

トイザらス進出は問屋業界にも大きな影響を及ぼした。1991年はバンダイの販社であったトウショウ、ダイリン、セイコーの3社が合併しハピネットが誕生した。ハピネットは1997年には上場、扱い商品もTVゲームやAM、映像、音楽ソフトなどと拡大していった。

また1997年には、同社の河合洋会長の提唱で全国のエリア問屋10社が経営の近代化を進めるべく「経営近代化研究会JESPA21」を発足させた。

1993年には大手問屋の浅草玩具とトスミックが合併しインクスも誕生した。

チヨダ・靴のマルトミ好調も…

トイザらスが進出して以降も90年代前半は好調さを保ち、玩具小売業界の中心にいたのが先述したチヨダ（ハローマック）と靴のマルトミ（BANBAN）で、1996年のピーク時には2社の店舗数は合計で900店を越え、売上高も合計で1,100億円を越えた。しかしながら急速に勢力を増すトイザらスの影響は次第に両社を苦しめ、1996年を境に売上高・店舗数と

もに激減していく。

バンダイとセガ、合併発表も4ヵ月で破談

バンダイは1990年に年商1,000億円を達成、そのわずか2年後には業界初の2,000億円を突破、その後もセーラームーンやたまごっちなど相次ぐヒット商品の誕生により成長を遂げた。そのバンダイとセガ・エンタープライズは1997年1月に合併を発表した。玩具業界、テレビゲーム業界を代表する大手メーカー2社の合併発表は連結売上高が6,000億円以上となるもので、業界に大きな衝撃を与えたが、5月には破談となった。

阪神大震災と玩具専門店

1995年1月17日午前5時46分、マグニチュード7.2の大地震が神戸地区を中心に関西圏を襲った。この緊急事態に対して日本玩具協会とトイジャーナルでは被害状況調査を実施。108にもおよぶ玩具専門店の状況を調査した結果、全体の約7割がわずか2ヵ月で営業を再開したことが明らかとなった。

東西玩具見本市開催へ、おもちゃショーは分離開催に

また、この時期は見本市がクローズアップされた時期でもある。まず1996年（平成8年）に、これまで秋の地方見本市として7都市で開催されていた見本市が、東日本玩具見本市（東京）と西日本玩具見本市（大阪）の2カ所に集約されて開催された。おもちゃショーは、2003年（平成15年）には、ビジネスデーと一般公開のパブリックデーを分離して開催するという大きな変化があった。いずれも費用対効果を見直し効率化や低コスト化を図ったもの。

激震の合併・統合、業界は新たな時代へ

2005年5月2日、バンダイとナムコの経営統合が発表され、そのわずか11日後の5月13日にはタカラとトミーの合併が発表された。おもちゃの1位、2位、3位メーカーのM&A劇に業界が激震した。こうした動きの背景には厳しい経営環境や市場の伸び悩み、少子化、開発費の高騰など、玩具市場を取り巻く環境の変化があった。同時に事業の柱となるコンテンツの確保や開発、ネット事業の拡大、世界市場へのチャレンジといった面でのシナジー効果を狙ったものでもあった。

「ミニ四駆」「ベイブレード」大ヒット

タミヤのミニ四駆が、1987〜89年にかけてブームとなったあと、1995年にもアニメ「爆走兄弟レッツ＆ゴー」のスタートをきっかけに大人気となった。

またベイブレードは現代版ベーゴマとして1999年7月に発売、発売から一年半で約450万個を売り上げ、その人気はその後世界中に拡がっていった。また2009年には再びベイブレードは大ブームとなる。

同様にこの時期のヒットアイテムとして忘れてはならないのがコナミの遊戯王OCGをはじめ、ポケモンカード、マジック：ザ・ギャザリングなどのカードゲームである。中でも遊戯王や、後に発売されるデュエルマスターズは子ども達の高い支持を得て現在に至っている。またポケモンカードも2000年3月までに累計18億5,000万枚を売り上げ大ヒットした。

ムシキング、ラブ＆ベリーで筐体ブーム

2005～2006年は「ムシキング」「ラブ＆ベビー」などの子ども向け筐体ゲームが大人気となり、おもちゃ市場に大きな影響を与えたことで業界に危機感が広がった。しかしながら筐体ゲームが売場に子どもたちを呼び込むメリットも大きく、さらに筐体ゲームと玩具の連動も次第に進むことでシナジー効果の方がより注目されるようになった。

日玩協、高須会長体制に

長期にわたる景況の厳しさに加えて、玩具の安売りの拡大等により、製販三層のいずれもが利益を確保しにくい構造的な問題を抱え、玩具業界は現在も難しい状況にあるが、それを克服して、おもちゃ業界に活力を呼び戻そうという動きも2000年代半ば以降相次いでいる。

2007年には日本玩具協会の新会長に高須武男氏が就任、会長による発案で、中長期的な視点から業界の成長を目指す「玩具業界活性化プロジェクト」を発足させた。

同プロジェクトでは、「グローバル化」「戦略的業界PR」「おもちゃショー・玩具見本市の有効活用」などの5つのキーワードを掲げて業界活性化を目指すことになった。

東京おもちゃショーと日本おもちゃ大賞

この時期から大きな変化を遂げたのが「東京おもちゃショー」である。おもちゃショーを商談の場だけでなく、「おもちゃを消費者にアピールする場」としてより活用すべく、2007年からパブリックデーの無料化を図った。そして翌年には各部門で特に優れたおもちゃを選ぶ「第1回日本おもちゃ大賞」を創設した。初年度は5つの部門が設けられ、大賞作品がテレビやラジオ、新聞などで大きく報道され露出度が高まったことでパブリックデーの来場者は16万人と前年対比154％という驚異的な動員を記録した。

また、1996年から「東日本玩具見本市」「西日本玩具見本市」の2か所で開催されていた秋の見本市も、西が効率化を図って名称も「OSAKATOY FAIR」と変更したことで、東は「クリスマスおもちゃ見本市」に生まれ変わり、商談の活発化を図るとともに、マスコミの来場増を図ることにより業界PRを強化することになった。

「食衛法」改正で安全強化を図る

2007年に米国で大量の中国製玩具の回収問題が相次ぎ、玩具安全が社会問題化した。こうした状況を受けて、日本でも翌年には「食品衛生法玩具規制」が改定され、検査対象となる玩具の「指定範囲の拡大」と、基準・検査方法に係る「企画・基準の改定」を大きなポイントに、特に重金属に関する規制が強化された。2009年には検査手続きの変更が実施され、先行サンプルによる検査も認められなくなった。玩具業界では今後も「ST制度」と「食衛法」を柱に玩具安全に取り組んでいく。

広がる玩具の可能性と社会的な使命

販路の広がりは海外市場だけでなく、玩具の幅も対象年齢もますます広がる中で、玩具を扱う小売業も書籍、家具、雑貨、ベビーなど幅広い業界にまたがるようになってきた。

また、悲惨な社会的な事件も多発する中で、子どもの健全な成長を願う親や祖父母の気持ちはますます強くなっており、「コミュニケーションを促進するおもちゃ」への注目が高まっていることは、トイジャーナルが行った母親調査でも明らかになった。クッキングトイも母子で会話しながら料理を作り、ベイブレードも父子で強くする工夫を語り合うことができることでより大きなヒットに結びついたといえる。

子どもだけでなく、これだけのストレス社会にあって、また高齢化社会を迎えている中で、癒し、笑顔、コミュニケーションをもたらすおもちゃの役割は、年齢に関係なくすべての人に、また健常者、障害者の別なく、あらゆる人に求められているとも言える。

おもちゃの可能性と使命はかつてないほど高くなっているのである。

（伊吹　文昭　トイジャーナル　編集長）

|3| 日本玩具文化財団の活動のご案内

はじめに

日本玩具文化財団は設立してから約10年間、おもちゃ・人形の調査・研究や保存活動などを行う人々の支える活動を中心に行いました。（研究・調査支援の段階）10年目以降から20年目までは、主におもちゃ・人形を文化性など伝える展示会などを全国各地で行いました。（玩具文化の普及の段階）

20年目にあたる2006年からは30周年に向けて、"おもちゃの力"というスローガンを掲げました。

「おもちゃの力ネットワークプロジェクト」

普段なにげなく見たり、遊んだりしているおもちゃ。

そのおもちゃには、実はさまざまな力が秘められているのです。

おもちゃには

・五感、身体能力、巧緻性など身体の発育を促す

・創造性、情緒性、そして忍耐力などの精神的な発達を促す

・家族、友人間などの愛情・信頼の絆を深める

・社会の仕組み、世の中の常識を感じ理解する

などさまざまな役割や価値を持っています。

子育てや子どもに関わる人、人と楽しい時間を過ごしたい人、おもちゃを作る人、そしておもちゃを好きな、好きだったすべての人達にまずは、そのようなおもちゃの可能性を、広く知ってもらいたい！

その願いから、"おもちゃの力"という言葉が生まれました。

そして今までの活動に参加いただいた研究者や教育者の方々、全国のおもちゃ施設関係者、おもちゃ業界の方々、そしておもちゃを関心のあるすべての人々と、このスローガンのもと、このようなおもちゃ・遊びの持つ─教育性・文化性・芸術性などの役割・価値─を研究し、その成果を通じて心豊かな社会作りの一助となるさまざまな事業など実施しています。

最新の主な活動について

最近では、全国のおもちゃ・人形に関わる博物館及び資料館、またはそれらに類する団体が集まり、展示会開催などの活動の行っているおもちゃの力「ネットワークプロジェクト」が行なわれています。

むすび

当財団は、これからも「おもちゃの力」の研究と実践を通して、世代や国境を超え、人々に楽しく心身共に元気を与えられるようなさまざまな活動などを行ってゆきたいと思っております。皆さまのご協力などいただきますようよろしくお願い致します。

（佐藤　豊彦　財団法人日本玩具文化財団　代表理事）

「シュタイフ　ディスカバリーウォーク」のご案内

　平成23年6月1日に北海道新千歳空港の連絡施設に開設された「シュタイフ　ネイチャーワールド」は、現在「シュタイフ　ディスカバリーウォーク」として同空港内連絡施設の2階にあります。
　シュタイフ　ディスカバリーウォークは、ドイツ・シュタイフ社のぬいぐるみに触れあえる、開放感のある新しいミュージアム施設を展開しています。記念撮影ができるコーナーやぬいぐるみたちと思う存分遊べるキッズコーナーなど、さまざまなコーナーで遊べます。

ドイツの街並みとシュタイフのなかまたち
　ドイツの街の賑わいを再現しています。南部バイエルン（左図）、北部ハンブルグ（右図）の様子などをぬいぐるみが動く「モーションディスプレイ」で展開しています。

ぬいぐるみたちとの出会い
　実物大の動物たちをメインに展示しています。クマやバイソン、ゾウなど、さまざまな動物たちが置かれています。また、実際に思う存分抱きしめて遊べる幼児対象のコーナーも用意されています（右図）。

○シュタイフ　ディスカバリーウォーク紹介ホームページ

http://www.new-chitose-airport.jp/ja/spend/enjoy/play/discovery/

│4│ おもちゃのパッケージからの皆さまへのメッセージ

　皆さんはご存知でしょうか？　おもちゃのパッケージが皆さんにいろいろなメッセージを呼びかけていることを。カラフルな商品の写真や商品名、遊び方だけではなく、そのおもちゃの安全な取扱いのための注意事項や、事故が起きないように安全に楽しく遊んでいただくための重要なメッセージがたくさん記載させているのです。
　また、文章では書かれてはいませんが、いろいろなマークも載っています。
　玩具としての安全基準が満たされていることを証明する「STマーク」や、「目または耳の不自由な子どもたちにも楽しく遊べるおもちゃ」であることを示す「共遊玩具」のマークなどです。
　「STマーク」は、日本玩具協会が「おもちゃは楽しく、面白く、丈夫で、安全で、しかも心身の成長に役立つものでなければなりません。中でも、安全であることは特に重要なことです。我が国で販売されるおもちゃの安全性を高めるために、玩具業界は、昭和46年（1971-年）に、玩具安全基準（ST基準）を策定し、玩具安全マーク（STマーク）制度を創設し

〈STマーク〉

ました。ST基準は、玩具の安全基準で、機械的安全性、可燃安全性、化学的安全性からなっています。STマークは、第三者検査機関によるST基準適合検査に合格したおもちゃに付けることができるマークです。この検査機関による検査は、欧米諸国と比較して、我が国の玩具安全制度の大きな特徴となっています。STマークの付いている玩具は、「安全面について注意深く作られたおもちゃ」と業界が推奨するものです。」と唱っているように、検査によりその安全性が確認されたものであることを示しています。
　ただし、STマークが記載された玩具は、それだけで安全な訳ではありません。おもちゃの対象年齢（月齢）と、そのおもちゃで遊ぶお子様の年齢（月齢）とが合っていなければ、決して安全とは言えないのです。STマークが記載されているおもちゃには、対象年齢表示と言って「このおもちゃは何歳以上のお子様を対象に遊ばせてください。」ということを示す数字が記載させています。
　おもちゃを与える保護者の方は、必ずこの対象年齢を確認し、それ以下の子どもたちには絶対に与えないという注意が必要です。おもちゃをその対象年齢以下の子どもに与えてしまうと、おもちゃに含まれている小さな部品を、お子様が誤って飲み込んでしまったり、ヒモ状のおもちゃなどは気付かないうちに首に巻きついて窒息してしまうなどの危険性があるためです。対象年齢は、そのおもちゃによる遊び方がその年齢の発育に適切で、知育の発達に見合っているということだけではなく、おもちゃメーカーとして、その対象年齢でのおもちゃの安全性を確保し、誤って落として壊れてしまった場合などをも想定して、対象年齢のお子様の安全性が保たれるようなおもちゃの設計や作り方をされています。この対象年齢（月齢）の表記はパッケージ正面に目立つように大きな数字で記載されています。

また、目や耳の不自由な子どもたちや大人の方々が、そうでない人々と一緒に遊べるように「配慮」が施された「共遊玩具」のマークがパッケージに記載されたおもちゃもあります。

　1990年3月に日本で生まれた「小さな凸」の提案から拡大した共遊玩具。さわってわかるように、スイッチのON側や、電話のおもちゃなどの10キー数字の「5」の上などに小さな凸のマークを入れることが始まりでした。

　このように、大切な子どもたちだけではなく、耳や目が不自由な方々や、お年寄りの皆さまにも安心して楽しく遊んでもらえるよう、おもちゃのパッケージから発せられているこれらのメッセージをご理解いただければと思います。

　ですので、パッケージは中のおもちゃを出したとたんに捨てたりせず、大切に取っておいてください。これらのパッケージが、特にそれが箱製のものであれば、保護者ばかりでなく、子どもたちにとってもさらに大切な役目が残されているのです。

　そう、「今日は遊んだおもちゃを箱にしまって、ちゃんとおかたづけできたかな？」。

【注意！】ビニールの袋などは、小さな子どもたちや障害を持った方などが保護者の気づかないところで飲み込んでしまったり、頭にかぶって窒息してしまうなどの危険性があるため、絶対に与えず、必ず捨ててくださいね。

（渡辺　善男　元コンビ株式会社）

|5| 野球盤の歴史

　野球盤が誕生したのは、1958年（昭和33年）の春。生みの親はエポック社の創業者でもある前田竹虎氏（故人）。当時、おもちゃ売場で室内ゲームといえば囲碁、将棋、花札、トランプ、双六、福笑いといった古典的な遊び道具しか並んでなかった。その最中、鉄製のボールをバネの力で投げ、ゼンマイを使ったバットで打ち返す。打球の行き先にはヒットやアウトなどと書かれたポケットが待ち受けていて野球ゲームが進行する。野球盤は単純なゲームである。この二人対面での遊び方は今でも変わらない。広くて大きな憧れの球場が茶の間に再現。シミュレーション的な面も長寿玩具の所以である。大卒初任給が12,000円程度の時代に、野球盤の価格は1,750円という高級玩具としてのデビューであった。そして、1958年といえば、日本のプロ野球界に燦然と輝くヒーローが誕生した年でもある。その名は長島茂雄。野球盤の変遷はプロ野球の歴史と共に歩んできた。

「野球盤1号機」（1958）

　最初の野球盤は建具職人が作ったといわれる58cmの木製球場で、選手の人形はこけしと同様で一体一体削りだされたものである。盤面はシルク印刷で人形は手塗り。バットはアルミ製の削りだし、ボールは鋳物に亜鉛メッキ製、バッターや投球装置に鋼製バネやゼンマイが使われた。ほぼ手作りともいえる初代野球盤の生産台数は年間で数千台。一般家庭ではなかなか手に入らない稀少品でもあった。ピッチングレバーはスコアボードの後に、バットは指で直接構える仕組みになっている。

「初代野球盤普及型」（1958～1959）

　フレームは木製だが、盤面をボール紙、フェンスは圧縮ボード、バットや人形は硬質ビニール製となり安価な野球盤が生まれた。ただ普及版といっても部材の超達や加工はまだ手作業の領域を出ず月産1,000台が一杯であった。価格は680円。ある菓子メーカーが、キャンペーン（買って応募）の景品として野球盤を大量に使用。その菓子の売上を左右するほどの人気で、普及品とはいえ店頭に回るべき数量も菓子メーカーにゆき、玩具店には不満が募った製品でもある。

「野球盤A-2型」（1959）

　初代の野球場にはなかった変化球装置が搭載された。投手の楽しみに欠かせないのは変化球。こどもたちの憧れは、金田投手のカーブ、秋山投手や杉浦投手のカミソリシュートを投げること。野球盤2号機は鉄製のボールを吸い寄せる磁石をホームベース手前の盤の裏に装備して変化球を実現した。変化球のコントロールレバーは投球レバーのすぐ横に配置。変化球の妙味は投球スピードとの具合で上手下手がうまれ、大幅にピッチャーの楽しみが拡がった。以降全ての野球盤に受け継がれている機能だ。

150　◇　第3部　玩具のつくり手として

「野球盤D型」（1959～1960）

　「野球盤C型、D型」の盤面はボール紙、フェンスは硬質ビニール、フレームはプラスチックが導入されることとなった。製品を構成する部材の量産化により生まれた普及版である。組立ラインに大勢のワーカーが担当し、まさに加工組立のコンベアで月産6000個が実現可能となった。盤面では、印刷と型抜き技術の向上で、カラフルで絵柄を選ばないデザインの可能性を拡げたモデルでもある。このあとの野球盤の盤面には、いろいろな主人公が登場することとなる。

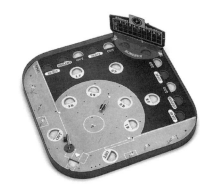

「巨人の星　野球盤C型」（1969）

　TVや雑誌で人気のキャラクターが野球盤でも登場した。特に「巨人の星」の起用はその後の野球盤の特徴付けとなった装置へと繋がる大きな影響力をもったキャラクターといえる。他のキャラクターとして、「ディズニー」(1965)、「鉄腕アトム」(1965)、「トッポ・ジージョ」(1967)、などがある。また、70年代以降は長島選手をはじめ、歴代のジャイアンツ選手がパッケージを飾っている。

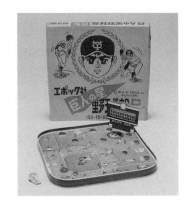

「オールスターBM野球盤消える魔球装置付き」（1972）

　当時、TVで人気の「巨人の星」では、投球が消える大リーグボール2号が話題になっていた。野球盤でも、杉下投手や村山投手の得意なフォークボールが野球盤でも実現できないか研究が続けられていた。ホームベース直前に落とし穴をつける設計である。穴をふさいだときの普通のボールの動きに課題があった。1972年の夏、台形のふた付き「消える魔球装置」がようやく完成。「ピッチングレバー」、「変化球レバー」にもう一つ、「消える魔球」レバーが加わった。「消える魔球」は、「野球盤といえばエポック社」という評価を頂く分岐点となった装置でもある。以降、全ての野球盤にこの装置が搭載されることになる。

「野球盤DX-M型」(1972)

　野球盤に本物の臨場感をいうことで、観客席をあしらったデザインや、得点、選手名が差し替えられるスコアボード、盤面の外側につけられたレバー式のバッター装置など、球場のイメージが大きく膨らむ要素が組み込まれた（1970）。そして、60年代から70年代にかけて、打席位置を臨機応変に変えるスイッチヒッターのスターが誕生していた。柴田選手だ。それまでの野球盤のバッターは右だけだった。この野球盤から左右に差し替え可能な「スイッチヒッター装置」が組み込まれた。この装置は、プロ野球チームの打順通りに試合を運べる別の魅力にも繋がった。以降、「スイッチヒッター装置」は、上級機種に組み込まれることとなる。

「野球盤人工芝球場AM型」(1978)

　1976年、後楽園球場に日本で初の常時色鮮やかで雨にも強い人工芝が導入された。野球盤にも植毛式（吹きつけ）の人工芝球場が登場。ピッチャーマウンドには5球を続けて投げられる連続投球装置（1974）がついている。60年代後半から70年代中半にかけて、野球盤の販売数は大躍進し、特にジャイアンツが優勝した年は年間数十万個の実績であった。

「ビッグエッグ野球盤」(1988)

　屋根付き球場の草分け後楽園ビッグエッグスタジアムが1988年から営業を開始。野球盤でも透明の屋根（ふた）を野球盤の全面に被せることとなった。盤面に手を入れないための装置がいろいろ組み込まれた。ボールを自動に投手へ戻すオートリターン装置。ランナーを表示たせるダイオード。内野の守備位置を替えられるシフト装置。また、6ケのボールのうち1ケをアルミ製として柵越えのホームランを再現できる演出もつけられた。投球装置の電動化で1人でもフリーバッティング練習ができるようにもなった。

　しかし、時代はテレビゲーム、電子ゲームの到来、そしてJリーグの台頭と共に、アナ

ログゲームの代表としての野球盤ではあったが、90年代は静かな動きがしばらく続くことになる。

「野球盤ワールドベース」(2001)

1995年の野茂選手から、国内で優秀な成績を挙げてアメリカメジャーへ移籍して活躍する、といった日本人メジャーリーガーの時代が始まった。そうした時代を背景に、21世紀当初に発売されたのは「野球盤ワールドベース」。それまでのグリーンのカラーリングからブルーに球場は変わった。

「野球盤デラックス」(2005)

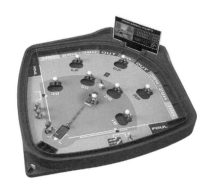

野球盤の大幅な機能改善が再開した。バッター人形の初登場とピッチャー人形を含め、四肢を持った立体的にフィギュアに生まれ変わり、ユーモラスな動きも楽しめるようになった。また、センター前に抜けるヒットを可能とするために、投球装置が投球後に盤面下に隠れる仕組みを導入。43cm四方とコンパクトなサイズながら、投打の装置は複雑な構造となった。

「野球盤メガスタジアム」(2007)

1972年の野球盤以降、ボールとバットの長さ大きさは変わっていない。1970年台の野球盤を知る大人層からリクエストが出た。「大きな球場が欲しい」の声。それは、ピッチャーとバッターの距離、バッターから外野フェンスまでの距離が欲しいことに他ならない。縦横60cm×60cmの大きさを持った野球盤の登場だ。ボールのサイズは今まで通り。投球と打球のストローク時間が増え、目で白球を追うようなダイナミックな感覚が、盛り込まれた。

「野球盤ACE」(2008)

「消える魔球」装置に改造が加えられた。「ライジングボール（浮くボール）」装置の誕生

である。バッターの直前で「魔球装置のふた」が沈めば「消える魔球」、飛び出せば「浮く魔球」となる。バットの上をボールが通過して空振りを奪えるようになった。そして、その2種類の「魔球」に対応すべく、「バッタースタンス」の移動装置が加えられ、タイミングが合えば長打を狙える装置も加えられた。「スタンスレバー」でピッチャーに近づくか遠ざかるかは、バッターの読み次第。正にピッチャーとバッターの一騎打ち感が高まった野球盤である。

「野球盤スラッガー」(2010)

「野球盤ACE」をベースに、いろいろなアクセサリーが施されたモデルだ。光り輝き実況サウンドを奏でるスコアボード、フェンスを越えるホームランを狙えるバット。そのボールを受けるフェンスの設置。バッター志向の強い野球盤である。野球盤上であっても、臨場感のあるノイズを応援に替えホームランを打つことは夢なのだ。

以上、簡単に野球盤の誕生から現代に至るまで歴史をたどってみた。親から子へ、そしておじいちゃんから孫へと受け継がれてゆく野球盤。アナログであるが故のリアル感には、コンピュータゲームにはない人間的な味がある。装置はいろいろ加わっていても、向かい合えばすぐにでも始められるのが野球盤のうれしいところだ。ルーズなボールの決めごとや、魔球の投球数制限など、プレーヤー同士で話し合いながら進む茶の間っぽいローカルな面も持っている。野球盤のキャッチフレーズは「キャッチボールより親子の距離は縮まった」。

(望月　和人　株式会社エポック社)

|6| PETロボットの開発について

私たちは、玩具としての「ペットロボット」の開発をつづけています

「ペットロボット」を購入されるお客様は、子どもからお年寄りまで幅広い多くの方にご購入いただき、お年寄りとお孫さんとのコミュニケーションに役立つなど「ペットロ

ボット」を介してのコミュニケーションができることが特徴ではないかと思います。

　お年寄りのご購入でも、ご本人の意識としてはまだまだシニアの意識は少なく、あくまで　生活のパートナーを求める方々、事情があって生き物を飼う事の出来ない方々が対象であり、PETがいることから生まれるコミュニケーション　それこそが「ペットロボット」の果たす役割なんだと考えています。

　「ペットロボット」をプレゼントした娘さんからお手紙をいただきました。
　「寝たきりのおばあさんが、毎日「ふくちゃん…ふくちゃん…」と名前を付けて、あいさつしたり喋りかけて、もりもり元気になりました。」

　百貨店の先行販売で、通りがかりの子どもが一目見るなり泣きだしてしまいました
　「ひと月前に死んでしまったミーちゃんにそっくりだから…」と、そのまま親御さんとお持ち帰りになりました。

　2018年現在は、「夢ねこプレミアム」を販売中で、高齢者はもちろんペットを飼うことのできないご家族のお子さまにも好評いただいております。

もっともっと生活の役に立てるように

　ペットの癒し効果の期待できる「ペットロボット」が、より生活の役に立つ事が出来ないか　そういう思いから、当社で1995年より商品化した　脳活性効果を持つ「脳力トレーナー」の経験を活かして、「ペットロボット」の脳活性化の効果検証をしていただくことが出来ました。

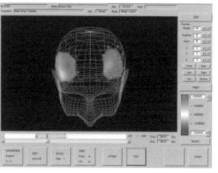

お年寄りのサークルでも人気者です

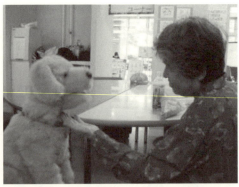

隣のテーブルで食事中の間中、「かわいいね」と連呼されて、食後に遊んでいただきました

小さなお子様も興味津々

親子で「夢いぬDX」に夢中

お年寄りにも大人気です

自然と会話が生まれます

(セガトイズ　株式会社セガトイズ　ホビー部)

|7| ダイヤブロック50周年

　ご存知の通りダイヤブロックは来年で生誕50年になります。本当に長い間子どもたちに親しまれて来たものです。

　もともとブロック玩具は子どもたちの創造力や想像力を育む素晴らしい玩具で、指先を使いながら限られたデザインの部品を使い、想像していたものを形づくって行くところに楽しみがあり達成感があります。どちらかと言うと、１人遊びの玩具として捉えがちですが、実はグループや、もっと大勢の人たちと一緒に遊ぶと、全く別の要素が出てきます。

　これは、以前長野の幼稚園で行った集団遊びの時の事です。

　その時は園児にたくさん遊んで戴こうと思いまして、かなりの量のブロックを持ち込みました。子どもたちは全部で20名位でした。最初は戸惑っていた子どもたちも、時間が経つにつれていつもの調子を取り戻し、楽しく遊び始めました。なんせいつも遊んでいるブロックですから、何か作るのはお手の物です。すると面白い現象が現れ始めました。まず何を作るか話が始まりました。色々な意見が出てきて、結局は、この日みんなで大きなお家を作ることになったのです。相当な数量のブロックですからみんな目を輝かせています。

　早速作業が始まりました。それぞれがブロックを持ち寄り作り始めました。しかし驚いた事に作業を進めてゆくうちに、子どもたち一人一人の役割分担が徐々に明確になって来ました。

　同じ形の部品を集める子どもたち、同じ色の部品を集める子どもたち、積み上げて行く子どもたち、デザイン的な指示を出す子どもたち、修正する子どもたち、それはまるで小さな社会でした。自然と、それぞれが役割分担を自覚し、共同作業を行いながら目的達成に向かう小さな社会が構成されていったのです。

　これには園長先生も大変驚かれました。しかも、２時間近く皆で共同作業をして、とうとう大きなお家を完成させたのです。

　ご存知のように、幼稚園は遊びの宝庫で、それこそたくさんの遊具や道具があります。しかしそこには目もくれず、ひたすら大きなお家を作り続け完成させたのです。みんな大喜びでした、とても素敵な笑顔でした。先生も感動していました。この時気が付いたことがあります。

　１．ブロックはその量が多いほど想像力・創造力が膨らむこと。想像力はブロックの量に比例する。

　２．自然とコミュニケーション力が発達する事。

　３．協同で作業する事の大切さを通じて、他者の存在や力を自覚する事。

　４．実際にものを形作って行く事により、３次元的に大きさや重量、構造、機能などを体感する事が出来る。

　ここで、ダイヤブロックの歴史とデザインについてお話をしたいと思います。

　ダイヤブロックはブロック玩具としての確固たる地位を築いていますが、そこに至るまで多くの改善が行われて来ました。

ダイヤブロックのデザインの元になったブロックキャップ

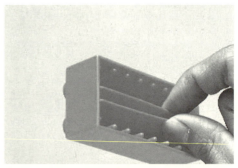

二重バネ構造。2枚の羽根がボッチを挟み込んでスムーズな勘合を出します。

　ブロック遊びで最も大切なことは、「シンプルなデザイン」と「遊びやすさ」です。子どもたちの小さな手でも簡単に組む事が出来、また外す事が出来ると言う事、そしてパーツのデザインがシンプルである事は、その部品が子どもたちの頭の中でどのような対象にもなりえると言う意味で重要なことです。子どもたちが一度組んで、新たなデザインを思いつき、組みなおそうとした時、あまり硬くては外れませんし、また、あまりゆる過ぎてすぐに外れてしまっても、ストレスとなります。そして徐々に興味をなくし、やがてブロック遊びから遠ざかって行ってしまいます。

　ダイヤブロックの遊びやすさは、1/1000mmの精度で製作される金型と、その金型によって1/100mmの精度で成形される部品、又適度の弾力性を持つ樹脂、そしてブロックそのもののデザインと言う四つの要素で構成されています。

　まず金型ですが、材質はかなり硬度のある鉄を使用しており、100万回成形しても壊れない材質です（もちろんメンテナンスは必要です）。精度は上記の通りで、玩具といえども、ここまでの精度を求めております。

　また、一番の特徴はブロックの内側にあります。

　弊社では2重バネ構造と言うデザインを採用して居り、2枚の羽根でボスを挟み込みながら勘合を調整しています。

　樹脂は、適度にゴムを含んだプラスティクを使用しています。これは材料に弾力を持たせるためで、こうする事によって小さなお子様でも、何度でも簡単に組み上げたり、外したりする事が出来ます。指先は第二の脳と言ったのはドイツの哲学者カントですが、指先は様々な情報を脳に伝え、脳の働きを活性化します。ブロック遊びが子どもたちの成長過程で必要な玩具と考えられるのは、このような背景があるからです。子どもたちが成長してゆく過程で、特に必要な遊びが3つあるとある先生に教えて頂きました（もちろんこれ以外にもたくさんの必要な遊びがありますが、一面として捉えて頂きたいです）。

　1番目はジグソーです。ご存知の通りジグソーパズルはバラバラになったピースをはめて絵を完成させますが、これは集中力を育みます。何といっても集中力が無ければ何事もなしえません。ですから、小さなお子様には少ないピースからだんだんと100ピース、200ピースと増やして行く事により集中する時間を遊びながら伸ばして行く事が出来ます。

　2番目はブロックです。こちらは、先ほどの書きましたが、想像力や創造力を高め、ま

ノイシュバンシュタイン城
こちらは世界最小のナノブロックで製作されたドイツのお城です。細部まで見事にデザインされています。一番小さなブロックは、わずか4mm×4mmです。

さに生きる力を遊びながらつける事が出来ます。

　3番目はジャンケンだそうです。こちらは予知能力（シュミレーショイン能力）の訓練として何度も繰り返し遊ぶことにより身に着けるものです。

　さて、そんなブロックをある高齢者施設に持ち込みました。指先を動かしたり、想像力を膨らませたりして何か作って頂いたら、とても楽しいのではないか、また、もしかしたら、リハビリのお手伝いが出来るのではと考えたからです。

　しかしこちらのもくろみは完全に外れてしまいました。全然手を動かして頂けないのです。むしろ、興味がわかないと言った方が良いかもしれません。その時は色々な色や形の部品をたくさん持ち込みましたが、結局どなたも何かを作ろうとはしませんでした。

　そこで、2回目です。今度は先にメガネケースや、エンピツ立てなど普段の生活で使えるものをブロックで作っておいて、部品もキチンと1セットずつ袋に入れて持ち込みました。今度は上手くいきました。実は今回は1テーブルに男女合わせて5人くらいのグループにして、テーブルの上に作品見本を置いて、製作してもらいました。

　袋の中にはその作品が出来るブロックが入っていますから、作品を見ながら作ればどなたにでも出来るようになっています。それでも部品の数は70個位ありましたから、初めての方には中々難しい作業です。

　やはり最初は惑っていましたが、女性のほうが積極的で、少しずつ組み立て始めました。時間が経ってくるにしたがってスピードの違いが明らかになって来ましたが、そこで上手な方があまり進んでいない方を手伝うようになりました。また、初めてのことですから、間違って組む方もいらっしゃるわけで、隣の方が指摘したり、手伝ったりと楽しそうに会話をしながら作業が行われました。いよいよ皆さんの作品の完成です。するとどうでしょ

う、今度はなんとなくそわそわしだしました。この時はたまたまデイセンターでしたので、あまり認知症の進んだ方はいなかったのでしょう、ともかく早く帰って作品をご家族の方に見せたい、中には仏壇に飾るという方もいらっしゃいました。このとき本当に、皆さんご家族やセンターに来る方たちともっともっと会話がしたいのでは、日々の生活の中での会話がとても少ないのではと、強く感じました。何かちょっとしたきっかけがあれば、日々の生活に刺激や張り合いが出てきて、いろいろなことを前向きに楽しもうと言う考え方も出てくるのですね。その後はブロックばかりでなく、様々な玩具を持ち込み皆様に楽しんで頂いております。皆さん初めての事でとてもよく遊んでくれます。玩具はたくさんの種類がありますし、しかも安価です。安全性も高く、一人で遊ぶものから大勢で遊ぶものまで本当に飽きさせません。

　そんな私たちが直面したのは、人材の問題でした。玩具をテーブルの前においてもなかなか手を出そうとはしません。やはりそこに一緒に遊んでくれる人が介在しないと難しいと言う事です。中にはグループを引っ張るお元気な方もいらっしゃいますが、稀なケースです。

　玩具福祉学会では「玩具療法士養成セミナー」を開催して人材の育成と運動の拡大を進めて居ります。玩具に対する理解と高齢者の行動や心理等を熟知した方々がだんだん増えてきており頼もしい限りですが、今後もっと多くの方たちにも参加して頂きたいものです。

　高齢者の方々にいつまでもお元気でいていただくためにも。

高齢者が楽しく遊ぶ

（植竹　俊夫　元株式会社河田）

|8| キャラクターマーチャンダイジングについて

8.1　はじめに

　テレビに出てくるヒーローが持っている変身アイテムや武器を手にして、そのヒーローさながらの変身ポーズや戦うポーズをとったり、ロボットを手に悪者をやっつけるシー

ンをまねしている……よく見かける光景です。

実はその子どもはヒーローの「まね」をしているのではなく、ヒーローに「なりきっている」ということは皆様ご存知でしょうか。自分自身がヒーローそのものなのです。

私が小さい頃は首にバスタオルをまいてマントに見立て、たすきを片手に同じような遊びをしていた記憶があります（確か黄金バットでした）。

最近ではテレビに出てくるロボットや武器と同じように動き、光り、音もそっくり、操作の仕方もそっくりという玩具が多々存在していますが、ものは変わっても本質的な部分は同じです。

悪いことはしてはいけない、正義は勝つ、体にぶつけると痛い、どのボタンを押せばどうなるか、ものは大切に扱わなければダメなどという基本的なことから情緒的なことまで玩具によって子どもは学ぶことができる……つまり玩具はもちろんのこと、キャラクター玩具は子どもの成長にいまや不可欠の存在なのです。

8.2　バンダイが提唱するキャラクターマーチャンダイジング

キャラクターマーチャンダイジング（以下CMD）……それは、バンダイの事業の根幹を支えるビジネスモデルであり、極めて独創的で洗練された事業方法論です。

CMDがどのようにして誕生したのかについては明確な定説はありませんが、1971年、グループ会社のポピーが発売した「仮面ライダー変身ベルト」の大ヒットが現在につながるCMDの源と言えるかも知れません。

© 石森プロ・東映

現在バンダイの売上高は、キャラクター商品が9割以上を占め、これらの商品は玩具、プラモデル、カプセル玩具、玩具菓子、カード、アパレル、生活用品とさまざまな分野において展開されバンダイの事業基盤を堅固なものにしています。

それではバンダイが提唱するCMDとは、具体的にどのようなビジネスモデルなのでしょうか？それを端的に言えばキャラクターの魅力や世界観を商品・サービスとして提供していく仕組みです。キャラクターの版権元様（権利をもっているところ）は出版社様、原作者様、TV番組制作会社様などたくさんありますが、最も得意とするのはTV番組との連動です。

　バンダイは広告代理店様等との強力なパートナーシップを形成しており、版権元様との緊密な連携のもとに事業を展開しております。

　バンダイにおける「商品化権」の取得は、単に許諾を受けるというものではなく、TV番組であれば、商品化を念頭に置いたキャラクターやグッズ、ストーリーの展開について版権元様と企画段階から入念な検討が行われます。

　商品開発が成功すれば版権元様にロイヤリティ収入がもたらされることはもちろん、キャラクターの人気が高まることにもつながり、WIN-WINの関係を構築できます。この関係がバンダイの強みであると言えます。

　もちろんバンダイ自体もキャラクター開発のノウハウを持っております。

　ご存知の方も多いと思いますが、「たまごっち」や「プリモプエル」といったヒットキャラクターはバンダイから生まれたものであり、バンダイ自身が著作権をもっております。

　さて商品の開発ですがTV連動型CMDの場合、バンダイの商品企画担当者は、番組企画段階から打合せに参加し様々な意見交換を行います。

　こうしたプロセスを経ることによって、作品・キャラクターの世界観に連動した商品開発をすることが可能になり、番組と商品のシンクロ率が強化されます。

　つまりこれで番組登場の変身アイテムやロボットと同じ仕様の玩具となり、「本物」の価値をお客様に提供できるのです。

　そしてスポンサードしているその番組にコマーシャルを放映したり、様々な媒体に対して広告出稿をして商品の魅力の訴求を行っております。

　また子ども向け番組は1年で終了するものが多い、即ちキャラクターの世界観と完全に連動した商品展開を行うバンダイにとって、商品の在庫管理をはじめとするサプライチェーン・マネジメント（SCM）が極めて重要な事業テーマとなってきます。短い期間ですべてを完結させなければなりません。

　これに関してもバンダイは卸・小売といったお客様の情報を的確に把握する体制を整えておりクイックな生産・出荷調整、タイムリーな販促活動の投入といった効率的なSCMを実現する体制を整えています。

　このようにバンダイにおけるCMDは長い年月をかけて蓄積・洗練されてきたノウハウ、知見の集積によって成り立っております。

しかしCMDに最も重要なファクターは、キャラクターに対するバンダイの「姿勢」です。

バンダイはキャラクターの世界観を何よりも尊重し、そこに投影されるユーザーの夢を育む商品を提供していくことを最も重要なミッションであると考えていますので、キャラクターの世界観を壊すような商品企画にバンダイは決して加担することはありません。

多くの版権元様と長期間にわたって良好な関係を保ち得ている背景には、こうしたバンダイのキャラクターに対する姿勢への基本的な信頼感があることは言うまでもありません。

キャラクターの世界観をユーザーと共有し、共に「楽しむ」姿勢。これがあるからこそバンダイのCMDは、ユーザーに「夢」と「感動」を届けるためのコアツールとなり得ているのです。

そして本物の「価値」を提供し続けること、楽しい時を創り続けることがバンダイの最大の使命なのです。

8.3　最後に

私は玩具福祉学会の活動において常に皆様ご存知の「プリモプエル」をご紹介しておりました。プリモプエルはおかげさまで今年12歳となります（2011年当時）。

毎年バンダイ本社で「おたんじょう会」も開催されており毎回多くのファンの方が浅草に足を運んで下さりお祝いをしてくれる程の人気者です。

©1999　BANDAI-WiZ

皆様はご自分のプリモプエル（誰ひとりプリモプエルとは言わず、○○ちゃんとお名前をつけておられます）と同伴でバースデーケーキや着ぐるみダンス、記念撮影などで盛り上がっています。

さきほど触れましたが、プリモプエルはバンダイオリジナルキャクターです。オリジナルキャラクターでここまで長く皆様に愛されている商品はたいへんめずらしい？ことです。きっとプリモプエルの表情・声質・話す言葉・肌触りなどはもちろんですが、それ以外にそれぞれユーザーごとの心に響く『何か』をもっているからなのだと思います。プリモプ

ルエルはこれからもさらに多くの方々の「癒し」の一助となることでしょう。

　今回は小林るつ子先生からご依頼をいただき、これまで活動においてはあまり触れておりませんでしたキャラクターマーチャンダイジングについて書かせていただきました。これをお読みになられキャラクター玩具が生まれるまでを少しでもご理解いただければ幸いです。

　玩具にはいろいろな種類のものがありますが、玩具に年齢や性別、国境の垣根はありません。そして玩具はこれからも玩具福祉学会が推奨するWell-Beingに大きくお役にたつことでしょう。

　ぜひ皆様方には今まで以上に玩具を福祉活動にお役にたてていただきたいと思います。

（澤畑　英雄　株式会社バンダイ）

第 2 章
コミュニケーション玩具の開発
―「ここくま」のできるまで―

　「ここくま」は携帯のモジュールが内蔵された玩具です。携帯電話やメールができなくても家族と通信ができるのが特徴です。
　スマートフォンでラインを使っている人はピンとくるかもしれません。家族のライングループの通信の中におばあちゃんが加わる感じです。
　文字メールは「ここくま」の声で読み上げてくれ、おばあちゃんからは音声入力をするとスマートフォンの画面に届きます。相手の時間を気にせずにメールや音声のやり取りができます。見守り機能も付いていておばあちゃんが「ここくま」と話したり遊んだりするとアプリ上でわかるようになっています。
　娘、息子と同居している高齢者の方は少ないと思います。一人で暮らしている父、母の事が心配ですが、なかなか訪ねることも出来ず、電話連絡も滞りがちになってしまっている方も多いのではないでしょうか。「ここくま」は通信モジュール内蔵商品ですので、Wi-Fiやネット環境がなくてもそれだけで通信可能です。電源コードをつなぐだけで使えます。
　「ここくま」に取り組むことになったきっかけはNTTドコモさんからの企画提案です。弊社の開発課の中野に話がありました。まず試作品の開発をしたいということで、中野がメカを関口が外観担当となりました。
　ドコモの担当は横澤さんと平山さんです。お二人はこれからの高齢化社会に何か役に立つものを企画、商品化したいと考えていました。
　現在、玩具市場で販売されている商品も購入して良く研究されていました。ロボットというと最近は小型ロボットブームで各社開発が進められています。NTTドコモさんもOHaNAS（オハナス）というタカラトミーさんが発売している商品を別のチームが作って

遠く離れて暮らす大切な人と人をつなぐために、このコは生まれました。まいにち気持ちを伝え合う。これからよろしくね。

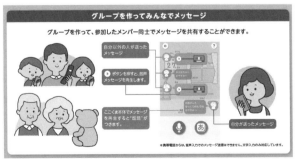

いました。

　横澤さんと平山さんがこだわったのは暖かい触感。

　ぬいぐるみのように生地を被せたものが作りたかったのです。そして目のアクションです。生きているもののように感じてもらいたいので目と口を動かしたいというのが希望でした。

　最初は外観も決まっているわけではありません。人形型が良いのか、犬なのか、猫なのか、熊なのかという打ち合わせから入りました。まず人形の資料を集め、目が動いた時にどんな感じになるのかを粘土で大雑把に作ってみました。私の作り方が悪かったのか、やはり人形の目を動かすのは好き嫌いが出やすいという結論に。結構魂が乗り移ってしまいそうな気がしますよね。中野と私は経験上、犬や猫が高齢者の方には人気がありますよという話をさせてもらいました。

　しかし、犬猫にした時にはどうしても犬種や猫種で好みが分かれてしまいます。

　ドコモの横澤さんと平山さんの商品ターゲットは年配の女性でした。高度成長期に素敵なものに囲まれ、海外の文化にも積極的に触れている年代層です。彼女たちが部屋に置いておきたいと思わせるデザインにしたいという要望でした。

　熊のぬいぐるみはシュタイフを始め、各社から多くのデザインが出ています。様々なタイプの熊のぬいぐるみがいろんな時代に愛されてきました。デザイン調査の結果も良かったことから熊にしようという事になりました。

　上記のイラストは一番最初のスケッチです。今から見ると4種類になっていない…と反省しますけれども。話し合いの結果感情を表現できるようにということで眉毛を動かす事になりました。

　世の中発達するとなんでもコンピューター上で出来てしまうのではないかと思いがちですが、そんなことはありません。案外、目で見たり大きさを手にとってみないと先に進めないものなのです。ということで、ざっとした大きさを決める試作を作り、そ

ボディバランスを
確認するための試作

他社商品とも比較したり、
抱きやすい大きさを設定します。

頭の粘土原型作り

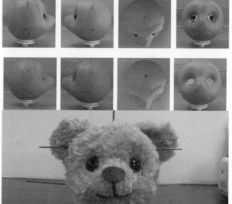

生地を貼ったところです。

(A)

(B)

(C)

の後、粘土原型に生地を着せて確認していきます。今度はその原型の目の位置や口の位置に合わせてメカの設計を進めます。最初はアナログなものなのですね。

今回は4社の共同開発ということで、チームを組んでいます。ソフトやアプリの開発、メカ、外観とそれぞれに役割を持ち、分担して動いていきました。定期的なミーティングの中で仕事を持ち寄り、毎週詰めていきます。

自分の仕事に集中することもでき、他の人の開発状況にもミーティングに参加することでいろいろアイディアを出すことができます。

デザイナーさんもチームの中に入り、自分のデザイン作業と物が出来上がっていく経過を共にしました。

アプリのイラストなども上がってきたものを40代の女性を中心にどのイラストが良いかアンケートを取って決められました。

墨線があり視覚的にもわかりやすい（A）が選ばれました。アプリはスマホを使う側が毎日楽しめるように季節によってイラストが変わったりするようになっています。また、おばあちゃんの居住地の天気を画面の窓の外の天気に反映させるなど、相手の状況がわかるようにもなっています。技術ってすごいですね！

試作はほぼ手作りですので四苦八苦。メカも原理試作を行い、CADデータにしていきます。その後、着せたり脱がせたりの繰り返しで、不具合を直していきます。一番苦労した

のは目蓋の動きと眉毛です。試作のメカなのでちょっとした生地の抵抗で動きが悪くなってしまったりするのです。

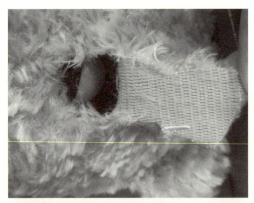

　NTTドコモさんの会議にかけたり、モニター調査に出すために数台の手作り試作を行いました。正直なところ、今までモニター調査という事を弊社では行わなかったのです。（せいぜい周りの人に聞く程度）今回ドコモさんの二人はそこの点をすごく重要視していました。モニターに応募してくれた方との会合は私にとっては初めてのことで、とても緊張しました。

　実際に高齢の方に使ってみてもらうと様々なことがわかりました。例えば録音ボタンですが、録音時間が限定できないため、話している間ボタンを押しっぱなしにする仕様でした。ところが実際にやってみてもらうと、話に気持ちが集中するのでボタンから手が離れてしまいます。解決するためには録音開始と録音終了をボタンで押してもらうしかないかと思われました。しかし開始は押せても終了を押すことは忘れてしまうかもしれないという問題があります。最終的には録音時間を15秒とし、録音終了でボタンを押せる人は録音した時間分だけの通信データが行き、ボタンを押したことを忘れたとしても15秒で区切って通信データを送るという仕様に変更になりました。

手の刺繍に関して

　当初、再生と録音は昔のラジカセの記号を使ってみました。「ナイスアイディア！」と思いましたが年配の方にはわかりにくいということがわかりました。ボリュームとトークもデザイン的にお洒落にしたかったのですがこれまたわかりにくいという評価でした。

　いちいち、説明書をみたりするのはストレスがかかるし不親切。誰もが使い方がすぐにわかるという仕様を目指そうということになりました。最終的

に決まるまでにはいろいろな案がありましたが最終が下記のデザインです。

　ユニバーサルデザインというか絵や文字で人に伝えるのって本当に難しい。言葉と絵と両方を入れることになりました。
　電源コードは接続部が小さいと高齢の方は出来ないという意見も当初からメンバーからから出ていました。ですので電気ポットと同じ方式（マグネットでカチッと入るタイプ）を採用しています。ON-OFFではわかりにくいということで、"入""切"となっています。視覚的にもわかりやすいようにステッカーに印刷されています。やや安定が悪いという意見があり、下部に肉付けすることに。少しずつ改善されていきます。生地選定にもこだわりました。手の感触というか触った時の素敵感が出る生地を選ぼうということになり、何回も生地試作を試しました。
　メカ担当の中野さんが苦労した部分は、目と眉毛の動きです。生地を貼ってもスムーズに動くことが要求されます。
　パッケージのイラストは私が描かせてもらいました。おばあちゃんに「ここくま」が手紙を届けます。
　開けた時に喜びがあるパッケージや驚きのあるパッケージがいいですね！ということでお家型のパッケージが採用されました。試作

grandmother_A

grandmother_B

grandmother_C

cocokuma

◀ラフ

製品▶
デザイナーさんは
さすがです

写真です。

「取扱説明書」どうしたらわかりやすいのか

「ここくまスマホのアプリをダウンロードしてペアリングする必要があります」（この文章理解できるでしょうか。私はわかりませんでした）。

アプリもとても工夫されているのでアプリに沿って作業すれば簡単にペアリングができるようになっています。しかし、この作業をするのは60代の娘、息子だということを考慮し、取扱説明書は読みやすく、なおかつわかりやすくならなければならないということで何度も改変されました。

こちらもいろんな人に実際に説明書を見ながらの作業を行ってもらい、勘違いしやすいところやわかりにくい表現などを修正していきました。実際に使っていただくおじいちゃん、おばあちゃんが使う説明書はもっと単純です。毎日見れるように厚紙に印刷しています。ボタンを「プチッ」と押すという表現はモニター調査の時にモニターをしてくださった方の意見です。その方は高齢のお母様に説明する時には具体的なイメージの表現が必要だと言っておりました。なるほど！と思いました。また、困った時に誰に連絡すれば良いのかも記載する欄を設け

ました。

　メカ的な試作だけではなく、ソフトやアプリを担当したメンバーも相当な苦労をしています。また、更新したソフトをその都度検証をするのも大変なんですよね。これもまた人海戦術で人の手をかけるしかありません。みんな夜中にメールが飛び交っていました。通信できる機器を作るって大変なことなんだなぁと思いました。「ここくま」のソフトは通信でバージョンアップできるため、どんどん改良していく事が可能なのです。購入した後でも進化していくんですね。

　月々1,980円の通信料はかかりますが、携帯電話などが使えないお年寄りにとって家族と気軽に通信できるのは良いことですし「ゆるい見守り」モニター機能があるため、利用者のご家族がここくまに話しかけたりしていることが表示されるのでちょっと安心できます（お話ボタンを押せばここくまとのおしゃべりが楽しめます）。

　ここで最後に「ここくま」の機能の良いところを書かせてください。まずスマートフォン、もしくは携帯電話のアプリ側は音声を吹き込む、もしくは文字メールでメッセージを送信します。利用者の方が「ここくま」の右手を握ると音声メッセージが流れたり、メールメッセージを「ここくま」が読み上げてくれます（音量調節もついています）。電話かけるのが苦手と言う方は文字メールで出せば「ここくま」が読み上げてくれるのですが、ここくまの声が小さい男の子の声で可愛いんですよね。目や口も動くのでとっても可愛いです。100件のメールが保存されるようになっているので、過去のメールが何回も繰り返し再生する事ができます。家族から送られてきたメッセージを何度も聞く事ができるなんて楽しいですね。これは利用者の方にとって嬉しい機能だと思います。

　利用者の方は「ここくま」の左手を握るとメッセージを録音できます。これもまた、スマートフォン、携帯電話のアプリの中で何度も再生する事ができます（これもまた楽しい。録音に失敗しているらしき音や、緊張感に包まれたメッセージが愛おしい感じです）。そして、とても私の印象に残っているのですが、モニターをやってくれた方が「電話だとついつい怒っちゃうんだけど、メールだとお母さんに優しい言葉をかけてあげられるのよね」ってしみじみ言っていました。ここくまは家族関係を優しくするのにも一役かってくれるのかもしれません。アプリの人数も増やせるので、娘、息子、孫など家族みんなが利用者の方とのメッセージが共有できます。家族みんながおじいちゃん、おばあちゃんを見守れるというのがいいですね。「ここくま」は1月に発売され、現在では日本全国の百貨店を中心に介護関係の売り場でご案内しています。待ってくれていた方も多く、現在も楽しい感想や今後はこうしてみてはというアイディアも届いています。これからも進化していく「ここくま」をぜひ使ってみてください。

（関口真木子　イワヤ株式会社）

第3章

コミュニケーション促進という側面で捉える『日本地図パズル』
―「2016年度 玩具福祉学会・学会賞」受賞の検証―

「2016年度 玩具福祉学会・学会賞」という栄えある賞に、弊社・くもん出版が製造・販売する『日本地図パズル』が輝いた。吉田 浩[1] 審査委員長の授賞コメントには次のようにある。

　「本製品は、プラスチックの樹脂で成形された全国47都道府県のピースをはめ込んで日本地図を完成させるパズルである。本玩具は、高齢者にとっては日本地図を完成させながら脳を刺激するとともに、かつて旅行した土地や故郷、友人・知人が住む場所などを想起しながら、会話のきっかけとなるコミュニケーション玩具として機能している。このため、シンプルなパズルながら、高齢者の福祉・機能回復に寄与する商品特性が評価されるため、玩具賞（法人）相当とする」

この受賞を機に、改めて、『日本地図パズル』とはどのような商品であるかを再認識するとともに、高齢者にどのような貢献を果たしうるのかの検証を試みてみたい。

▲完成した状態の『日本地図パズル』

▲都道府県ピースは、幼児でも持ちやすいように適度な厚みがある。

|1| はじめに

　「福祉に関わる人々が玩具を用いて、それぞれの効果をあらわすことを認めている。玩具を作った人々（企業）はその玩具の効果を知らない。子どものために開発したものを、お年寄りが喜んで使い、遊んでいる。また乳幼児用に開発したものを、リハビリをかねて、ねじを回したり、ボタンを押したりして楽しみ、キーボードなどで音楽を楽しむ障害児のいることを知らない。さらに入院中の病児の淋しさ、悲しさ、痛み

---
1) 東北大学教授　玩具福祉学会 理事

やつらさまで忘れさせてくれる『玩具』があることを企業の人々は知らない」[2]（傍線は筆者による）

　これは、玩具福祉学会の理事長である小林るつ子氏が、学会の設立にあたって学会誌である『玩具福祉研究 創刊号』に寄稿された文章の一部である。私は、今から約17年前の玩具福祉学会設立直後から活動に加わらせていただいているが、当時のこの文章に、強烈な衝撃を受けたことを今でも鮮明に覚えている。

　17年間の活動の間に、私は、子ども向けと言われる玩具が、高齢者支援に貢献する場面を幾度となく見聞きしてきた。そして、高齢者支援に効果的な玩具といえば、電動ぬいぐるみに代表される「癒し系玩具」、マグネットダーツやぐらぐらゲームに代表される「パーティ用玩具」、パーラービーズや野球などの「バーチャルゲーム」などが主流を占めることを体感していた。とりわけ癒し系の玩具が高齢者支援に有効であることは、高齢者施設の現場からも、在宅医療の現場からも報告されていた。

　　「玩具療法が認知症高齢者の気持ちの安定などに効果がある事は、玩具福祉学会の研究ですでに報告になっており、当事業所でもそのことを実感しております」[3]。

　　「・縫いぐるみの犬に真剣に話しかけられ、それが生きている犬に対応するように会話になっています。
　　・子どもの人形に対して自分の子どものように対応しておられ、当初は違和感を抱きましたが、その女性（89歳）にはその方の現在までのよき時代の『ドラマ』があると思うようになり、その方にあった言葉使い等も含め対応していくようにすると利用（通所）もスムーズになりました。
　　・縫いぐるみの猫（夢ねこホワイト）を可愛がり手放されません。おもちゃ図書館へ返さずずっと借りました。
　　・不機嫌だったり一人でおられる時に動物（犬）の縫いぐるみがあると顔がなごみ、自然と会話されて落ちつかれます。この様な様子を見ていますと、動物（犬猫）の好きな方が反応があるように思います。
　　・人形を抱っこして遊び、集団レクリエーションに寄って来てもらいたい時でも来られず、職員がいっしょに人形にふとん等掛けて寝かせたら寄って来られました。」[4]

　「企業の人々は知らない」という小林るつ子氏の強烈なメッセージに強い衝撃を受けたにもかかわらず、弊社の玩具が高齢者にどのように貢献できるかの具体的な手法を見出せないまま年月が経っていった。

　弊社で製造・販売する製品の多くは「知育玩具」と呼ばれる範疇のものである。果たして子ども向けに開発されたパズル等の知育玩具が高齢者にも有効であるのかどうか。

---

2) 小林るつ子「玩具と福祉の考察」『玩具福祉研究 創刊号』p.13, 2002年.
3) 苛原 実「玩具療法に関するケースレポート」『玩具福祉研究 第7号』p.50, 2009年.
4) 原 泰子「玩具の威力 －世代 障害を越えて－」『玩具福祉研究 第7号』p.61, 2009年.

半信半疑ではあったが、東京都台東区にある「あさくさデイサービス」と、長野市にある「長野デイサービス」に『日本地図パズル』を持ち込むことにした。高齢者も子どもと同じように、パズルが難しすぎても易しすぎても楽しくないであろう。また易しすぎて高齢者のプライドを傷つけたりはしないか、不安と期待が交錯するなかでの検証であった。

　だが、そのいっぽうでは、子ども向けのパズルが高齢者支援に効果があるに違いないとの自負も育ちつつあった。全国で展開されている「学習療法」[5]や「脳の健康教室」に、『磁石すうじ盤30』や『磁石すうじ盤100』という「知育（教育）玩具」が採り入れられ、認知症高齢者のために効果を上げていることが次第に実証されていたからである。

｜2｜　先行研究と実証研究

　玩具に関わる子どもの遊び（学び）については、洋の東西を問わず、数多くの研究がなされているが、本稿では西本[6]（2016）の研究をもとに考察してみたい。

　「玩具にかかわるこどもの遊び（学び）について①感覚‐運動遊び、②模倣遊び、③構成遊びと、子どもの成長と発達過程に応じて類別される」[7]

　『日本地図パズル』は、この類別のなかの「③構成遊び」に分類されよう。さらに西本による「構成遊び」の研究では、「精緻性を必要とするプラスティック模型やパズルなどがある。これらの遊びも幼児期から始まり、それらの玩具には微細な部品を取り扱うことがあるので、巧緻性を有するようになるより高い年齢段階で行われる。（中略）このような玩具は、児童期後期、青年期あるいは成人期の人物が対象となる。すなわちこれらの玩具での遊びは、こども期だけでなく成人期に至るまで存在し、むしろ特定の事物によってはその行為が深化することさえある。この構成遊びにかかわる目的および内容には、玩具の性質上、二つの類型が存在している」

　「二つの類型」とは「素材玩具を使用した遊び」と「具象玩具の遊び」である。『日本地図パズル』は「具象玩具の遊び」に位置づけられると考えられるが、「具象玩具の遊び」に関して西本（2016）は、さらに次のように述べている。

　　「パズルでは、具象的な実物を模し図版化したものに対して、型をはめることによって、物を作り上げるための過程での作業自体を目的としている。さらにこれらの模型を、ひとつのものとして完成したあとに、それを配置したり、動かしたりすることで、物語を作ったり、実物の動きを想像したりする遊びも可能である。」

　　「完成するときの姿である目的が明確に見えているにもかかわらず、そこに向かって集中して取り組むのである。まるで正解が示されている算数の計算問題を解くようなものである。なぜその作業過程に集中・持続できるのであろうか。そこでは実物を作り上げているように、あるいは実物が存在していることを想像しているのかもしれ

5）東北大学と公文教育研究会の共同出願による商標
6）武庫川女子大学　教授　玩具福祉学会　理事
7）西本　望「幼児教育と玩具」『第8回玩具療法士養成セミナー』資料p.11, 2016年.

ない。とくにパズルを組み上げるときには、模型作製との場合とは異なる点が存在する。つまりパズルの遊びの過程には、ある空白の形状に当てはめるために、そこに合致するための組み上げる部品（ピース）を捜し当てることに目標がある。それも何百回も、ときには千回を超えた積み上げられた目標が存在している」（傍線は筆者による）。

ところで、『日本地図パズル』の特徴として次のことがあげられる。
1）パズルの応答性：パズルを作り上げたとき、あるいはその過程において、正しく組み上げられているのかどうかを、自らが判別しやすい工夫。
2）部品の形状：扱いやすい大きさと厚みのあるピースの形状。
3）取り組みやすさ：易しいものから難しいものへ、少しずつステップアップしていくことができる工夫。

こうした特徴が、子どもたちだけにとどまらず高齢者にも奏功するのか否か。

まず私は、高齢者の横にいながらまったく会話することなく遊びを見守った。パズルはなかなか進まなかった。次に、高齢者と私は、一対一で対話できるようにパズル遊びを変えた。難しくて途中でいやにならないように、一地方ごとに色分けされた都道府県ピースを渡してはめていってもらった。途中、少しずつ、都道府県にかかわる話を投げかけた。内容は、高齢者の生まれ育った県を聞くことや、思い出の都道府県に関する質問。最初はなかなか話してくださらなかった方が、パズルを完成させていくうちに、一言、二言、口を開き始めたのが印象的であった。

大工さんだったというＡさんは、自分が建てた家について饒舌に語ってくれた。神奈川県で建てた家のこと、栃木県でかかわった住宅のことなど、一つひとつ、自慢げに語ってくださった。

次に、私は少し離れたところから傍観する姿勢をとり、高齢者、二人で遊んでもらうことにした。二人とも最初は黙って試行錯誤しながらパズルに取り組んでいたが、そのうち相手と協力して組み上げるようになり、どこにはめるのか迷っているときには、都道府県ピースを手渡してあげたり、場所を指し示してあげたりするなど、力を合わせてパズルに取り組む姿も見られるようになった。さらには、お互いに知っている都道府県の話をする

▲完成が近づくと、さらに会話も弾み楽しくなる。東京都台東区浅草のデイサービスにて。

▲いっしょに考えながらパズルに奮闘中。長野市の長野デイサービスセンターにて。

場面に出くわすこともあった。

|3| 結果・考察

「パズルは完成したあとに物語を作る遊びが可能である」ように、「具象パズル」においては、組み上げる過程においても、物語を作ったり過去を思い出したりすることが可能であると考察される。また、「合致するための組み上げる部品（ピース）を捜し当てる」ことは、すなわち、過去の記憶を思い起こしながら、具体的な思い出を一つずつ拾い集めていることに他ならない。そして、物語を作ったり語ったりする行動は、ひとりでパズルを組み上げるときよりも、二人以上でコミュニケーションをとりながらパズルを組み上げるときのほうが有効に思われる。ひとりで黙々とパズルに取り組んでいたときよりも、二人以上がかかわったときのほうが会話をしながら、より楽しんで遊んでいたことを目撃したからである。

今一度、「玩具福祉学会・学会賞」の講評を振り返ってみよう。
「本玩具は、高齢者にとっては日本地図を完成させながら脳を刺激するとともに、かつて旅行した土地や故郷、友人・知人が住む場所などを想起しながら、会話のきっかけとなるコミュニケーション玩具として機能している」（傍線は筆者による）
まさに、土地や故郷、友人・知人が住む場所などを想起しながら、コミュニケーションが促進される、この部分が、高齢者支援としての役割を果たしていると言えよう。

立ち還って、「玩具福祉学会として高齢者支援のために推奨する玩具」にも、次のように「コミュニケーション促進玩具」として分類がなされている（原文ママ）。

1）癒し系玩具

調査分析をしたとき、もっとも遊んでいただいたデータあり。特に認知症で、人との関わりが上手でない方も、電動動物や話をする人形とは関わることができます。決して無理強いしないで優しく介護者もともに楽しく遊んで下さい。心が癒されます。

2）リハビリ玩具

手や指を使い、体も使うため、遊んでいるうちにリハビリになるというもの。福祉機器のように高額で楽しさに欠けるものに比べ、数字の駒を並べて遊ぶ玩具は、持ちやすい大きさの駒に磁石が付いているので扱いやすいです。完成した時の達成感も味わえるので、介護者もともに喜んで下さい。

3）コミュニケーション促進玩具

なかなか友達作りが出来ない人も、ゲームに熱中すると自然に交流できるものです。楽しくゲームをしているうちに会話もできる場合もあります。笑顔が生まれます。ルールに縛られずに、まず遊んでみることです。

│4│ 今後の課題

　高齢者向けにパズルを使用するとき、「リハビリ玩具」として捉えるのが従来の一般的な考え方であったように思う。だが、むしろ「コミュニケーション促進玩具」として捉えることによって高齢者支援に有効となりうることが見え始めた。高齢者に受け容れられたのは、高齢者と介助者、高齢者と高齢者のコミュニケーションそのものである。

　ただし、このことはあくまでも2ヶ所の高齢者施設での観察者の仮説にすぎない。『日本地図パズル』が「コミュニケーション促進玩具」として極めて有効であること、または、パズルというものは使いようによって「コミュニケーション促進玩具」として機能する、こうした結論を導き出すためにはデータが不足していることは否めない。従って、今後の事例報告や研究発表を待ちたい。

　また筆者は既に、「磁石すうじ盤」が認知症高齢者の改善・進行抑制に役立つという報告[8]を行っているが、そこでは、「光トポグラフィー」という検査を用いて実験を行っている。「光トポグラフィー」というのは、近赤外光を照射して血流の様子を見るというもので、脳内を通って戻ってきた光の一部が血流の状態によって変化することから、その変化をとらえて脳内の血流の様子を画像化できるというものである。そして、音読や簡単な計算をしているときと同じように、「磁石すうじ盤」で遊んでいるときも前頭前野が活性化している様子が確認されている。

　今回は、こうした装置を使った検査も行ってはいない。むしろ『日本地図パズル』が「コミュニケーションを取りながら遊ぶことによる効能」を体感することが目的であり、観察に焦点を当てたかったからである。

　「玩具福祉学会・学会賞」を受賞できたのは、今後の研究に期待をかけての激励の意味が込められているものと考えている。従って、今後はさらに事例を増やし、パズルが高齢者支援に、より強力に働きかけていることを証明していく必要がある。

　こうした強い想いを胸に、今回の受賞を尊く受け止めて、今後の実践・研究に役立てていく所存である。

【参考・引用文献】

1）苅原 実「玩具療法に関するケースレポート」『玩具福祉研究 第7号』, p.50, 2009年.
2）加藤 康「幼児向け玩具が高齢者福祉に貢献するとき～認知症高齢者の改善・進行抑制に役立つ『磁石すうじ盤』～」『玩具福祉研究 第8号』, pp.56-62, 2010年.
3）小林るつ子「玩具と福祉の考察」『玩具福祉研究 創刊号』, p.13, 2002年.
4）西本 望「幼児教育と玩具」『第8回玩具療法士養成セミナー』資料, p.11, 2016年.
5）原 泰子「玩具の威力 −世代 障害を越えて−」『玩具福祉研究 第7号』, p.61, 2009年.

（加藤　康　株式会社くもん出版）

8）加藤 康「幼児向け玩具が高齢者福祉に貢献するとき～認知症高齢者の改善・進行抑制に役立つ『磁石すうじ盤』～」『玩具福祉研究 第8号』pp.56-62, 2010年.

第 4 章

心と身体をはぐくむ玩具

|1| 玩具の力・玩具の未来

　私はベビーメーカーのトイ担当者として商品開発をする際、弊社スローガンの『赤ちゃんのもって生まれた力をのばすのが、おもちゃ。「心の発育」「脳の発育」「身体の発育」という3つの発達をサポートします』を念頭に置き、市場状況、商品コンセプト、ターゲット属性・利用シーン・デザインの方向性といった、子供に特化した具体的な例を様々な方面からイメージして商品を生み出して来ました。

　しかし、一口に『玩具』と言っても、世の中には様々な種類があります。その種類たるや全てを把握するのは至難の業です。しかし、玩具の種類を知る以前に、玩具の『使命・役割』を知ることが、その先の玩具の未来を切り拓いていくことだと痛感したのが、ぬいぐるみを腕に抱き微笑む男性の1枚の写真がきっかけでした。その写真には、私が考えていなかった利用シーンが写し出されていたのです。

|2| 遊ぶことは育つこと、心と身体をはぐくむおもちゃ

　男性が抱いているのは、ぬいぐるみ型コミュニケーショントイ【いつもいっしょ！おともだちうさちゃん】です。

　0カ月からはぬいぐるみ型メリーとして、6カ月頃からは英語の音楽に合わせて動くリトミックトイとして、1歳頃からは言葉をオウム返ししてくれるまねっこトイとして0カ月〜3歳頃まで、お子様の成長に合わせて長く一緒に遊べます。また、お子様の初めてのお友達として一緒に遊びながら、好奇心や集中力、表現力やおしゃべりのトレーニングを

サポートします。

　ご利用者の声を聞いてみますと「まねっこおしゃべり機能が大好きで、いつも喋りかけている」「音楽に合わせて踊るぬいぐるみと一緒に、ご機嫌に体を動かしている」「添い寝させると、優しい手触りに安心してすぐに寝入ってしまう」など、まさにお友達として愛されているのがわかりました。

　産まれた時から子どもは、接する全てのことから様々なことを学んでいきます。生きていくための基本的なことはもちろん、その自覚なくして社会的な関わり、コミュニケーションも学んでいきます。私はそうした子どもの学びに、玩具が必要不可欠だと思います。

　誰でも辛いこと、苦しいことは自ら進んで受け入れようとはしません。しかし、嬉しいこと、楽しいことは率先して受け入れます。つまり、子どもにおける玩具の『使命・役割』とは、楽しく遊びながら成長を促し、好奇心や集中力、コミュニケーションの核と言った『生きる力』を築くツールであると私は思うのです。『生きる力』とは、楽しみながら手応えを感じ、自身の向上を感じることによって、身に付くものだと思うのです。

|3| 進む高齢化社会

　高齢化社会と言われて久しい、現在の日本。内閣府発表の平成27年版高齢社会白書によると、我が国の総人口は、平成26年10月1日現在、1億2,708万人。65歳以上の高齢者人口は、過去最高の3,300万人（前年3,190万人）となり、総人口に占める割合（高齢化率）も26.0％（前年25.1％）と過去最高となりました。

　また、65歳以上の高齢者のいる世帯については、三世代世帯は減少傾向である一方、親と未婚の子のみの世帯、夫婦のみの世帯、単独世帯は増加傾向にあります。一概には言えませんが数値を読み解くと、年齢を重ねる程に他者とコミュニケーションを取る機会は減っていく現状にあるのではないでしょうか。

　私の周りでも三世代で同居している高齢者は少なく、夫婦のみ世帯、単独世帯の方が多く見受けられます。また、夫婦のみ、単独世帯の方で、身体機能低下や認知症などの症状

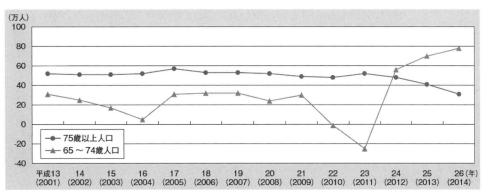

図　高齢者人口の対前年増加数の推移
出典：総務省「国勢調査」「人口推計」（各年10月1日現在）より内閣府作成

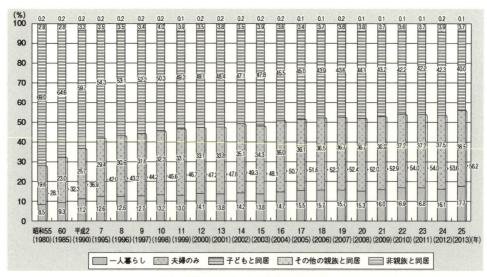

図　家族形態別にみた高齢者の割合
出典：昭和60年以前は厚生省「厚生行政基礎調査」、昭和61年以降は厚生労働省「国民生活基礎調査」

を抱え、自宅における生活支援、日帰りで通う機能訓練・デイサービス及び施設における入所（入居）支援などのサービスの提供を受けている方も大勢いらっしゃいます。こうしたサービスにより、他者とのコミュニケーションを保っている高齢者も多くいらっしゃるのが現状です。

また、年齢に関係なく、障がいを持つ方も外出機会の減少などにより、他者とのコミュニケーションを持つことが少なくなっていると聞きます。

これからも加速していく、日本の高齢化社会。そして高齢者だけでなく、障がいを持つ方の支援や介護は、福祉サービスだけに任せておけば良い、と言う社会では立ち行かなくなってしまうのではないでしょうか？

｜4｜ 玩具に宿る可能性

写真の男性は失語症により、言葉をなくされた方です。しかし、おともだちうさちゃんとのコミュニケーションを楽しんでいらっしゃるといいます。男性にとっての『コミュニケーション』は、リハビリの一環です。リハビリは継続して行うことで効果を生みますが、その内容が嫌なことでは続けることが出来ません。ぬいぐるみを見つめる、優しい男性の眼差しからは、穏やかで満足出来る時間を過ごされていることが感じられます。

ぬいぐるみ型コミュニケーショントイは、リクリエーションとして楽しみながらリハビリにも役立つ玩具であると、また、玩具は子どもだけのモノではないと、私はこの写真から教えて頂きました。

子どもも大人も年齢に関係なく、玩具を使う方が、その用途を決めていい。用途、などと大仰な言い方でなく、誰もが楽しく暮らすためにほんの少しでも役立てるモノとして、

玩具を身近に置いて下さればいい。私はベビー向け開発商品が福祉の現場でも役立っていることを知り、驚きと共に喜びを感じました。玩具を通して社会貢献できる。この様な商品が、今後も福祉の場に広がっていくことを切に願います。

(坪井　幸司　コンビ株式会社)

第 ⟨5⟩ 章

バンダイ「ケンダマクロス シリーズ」
2016年度玩具福祉学会　玩具賞受賞に関して

今年度も玩具賞の受賞、誠にありがとうございます。

当該のシリーズ商品は、旧来から存在する「けん玉」遊びを現代風にアレンジし、高齢

平成 28 年度玩具福祉学会・学会賞選考申請用紙

　　下記活動内容は、玩具福祉学会・学会賞に値するすぐれた内容であると思われますので、参考資料とともに審査を申請します。締め切りは２０１６年３月末日、送付先、小林理事長宅

申請日	平成　28　年　3　月　11　日
ふりがな 申請者氏名	株式会社バンダイ　プレイトイ事業部　熊谷悠岐
申請者住所	〒111-8081　東京都台東区駒形 1-4-8
申請者電話	03 （　3847　）5017
申請者 e-mail	y2-kumagai@bandai.co.jp
活動内容	研究　・　実践　・ 玩具開発 （　　　　　）
活動の表題	「　ケンダマクロスシリーズ　」
ふりがな 活動者氏名	・申請者と同じ(自薦の場合)
活動者住所	〒　　　　　　　　　　　　　　　　・申請者と同じ(自薦の場合)
活動者電話	（　　　　）　　　・申請者と同じ(自薦の場合)
申請者 e-mail	＠　　　　　　・申請者と同じ(自薦の場合)
活動の内容の 概略 ※活動の行われた時期、場所、内容、すぐれている思われる点、外部の評価（もしあれば）等を記入してください。	2014年の発売から累計出荷数60万個を突破したケンダマクロスシリーズ、通称ＫＤＸ。古くから老若男女が慣れ親しんできた伝統玩具であるけん玉を現代風にアレンジすることに成功しました。 ＫＤＸの最大の特徴はパーツの組み換え要素（カスタマイズ）です。 従来のけん玉と同じサイズの"スタンダードカップ"（お皿）に加え、約130%サイズの"スタビライズカップ"という大きなカップが付属。 スタビライズカップに組み替えることによって、誰でも簡単に技を成功させることができるようになり、けん玉本来が持つ達成感や感動をより伝えやすい仕様であることが、人気の秘訣です。 2015 年は、国際福祉機器展に参考出品し、高齢者の方々にもその遊びやすさを実感していただきました。また、福祉の現場からは、レクリエーションの内容に試行錯誤している声も多く、ＫＤＸの遊びやすさと楽しみながら健康維持できる点等が、その打開策として注目され始めています。
添付物一覧 ※活動の内容がわかる参考資料を添付してください。	・活動報告書を添付いたします。 ・商品カタログを添付いたします。

者や初心者でも楽しみながら運動、遊びの興奮を味わえるように工夫して商品化しました。

　一昨年度は国際福祉機器展にも出展し、高齢者層や福祉関係者へアピールを行い、福祉現場レクリエーションとして高い注目を頂いております。また、昨年度は京王百貨店の会員組織「京王友の会」においても高齢者を中心とした体験会を実施しました。その中で、けん玉の歴史やけん玉と脳科学の関連などを説明し、けん玉をすることで記憶力のアップや認知症の予防に繋がる例もご紹介しました。

　今回の受賞で弊社として3年連続の玩具賞受賞となりましたが、（2014年度プリモプエル、2015年度もぐらたたきゲーム）いずれの商品も高齢者向けもしくは福祉目的で開発された商品ではございません。

　本来のユーザーである子供から愛され、その遊ばれ方が結果的に高齢者や福祉現場でご評価頂いている現状はとても喜ばしく、今後の商品開発への大きなヒントとなっております。

　今後も世代・性別を問わず、機能面、デザイン面など幅広いユーザー視点を忘れずに、どの世代からも愛される玩具作りに邁進していきたいと存じます。ありがとうございました。

（杉崎　晋也　株式会社バンダイ）

第4部
社会の変化と
玩具福祉の可能性

第1章 玩具福祉プログラムの効果について ································ |文|吉田　浩

第2章 高齢社会の進展と玩具福祉の優位性について ··················· |文|吉田　浩

第 1 章

玩具福祉プログラムの効果について

|1| はじめに

　本章の目的は、玩具福祉の効果を定量的に評価する必要とその方法について検討することである。ここでは、最初に日本の高齢化と要介護高齢者に関する予測を見た後、それに伴って予想される社会保障支出について検討する。次に健康状態を評価するための指標を検討したのち、こころの健康状態が思わしくないことで、QALY（質を考慮した寿命）がどの程度影響を受けているかを考える。最後に、玩具福祉により高齢者の心身の状況が改善された場合の効果をシミュレーションする。

|2| 日本の高齢化と要介護者予測

2.1　これまでの高齢化

　はじめに、日本の高齢化と要介護者の予測について検討する。一般に一国の高齢化の現状を知るためには、「高齢化率」を用いるとわかりやすい。これは、65歳以上人口を全人口で割った比率であり、人口に占める高齢者の割合を端的に示す指標であるからである。
　表1は日本の年齢3区分別の人口比率の推移を示したものである。右側の列の「65歳以上」の欄が、ここでいう高齢化率を示している。終戦直後の1947年には、人口の5％に過ぎなかった高齢者は、2005年には20％を超え、「5人に1人が高齢者」という状況になっている。その後、2015年時点での高齢者数は、3,392万人と大幅に増えている。

2.2　今後の高齢化予測

　さらに日本の高齢化の将来予測をみると、急速な高齢化が進行していくことがわかる。表2には、国立社会保障・人口問題研究所の『日本の将来推計人口』による、将来の日本の人口構造の姿が示されている。日本における将来人口の推計に関しては、この国立社会保障・人口問題研究所の推計が唯一ともいうべき公式の資料となっている。したがって、年金をはじめとした社会保障の将来予測にこの推計が用いられている。表2をみると、現在20％あまりである高齢者の比率は、2025年には30％を超え、2055年には40％に至ると予測されている。これに対して、15歳から64歳のいわゆる生産年齢人口の比率をみると、

186　　◈ 第 4 部　社会の変化と玩具福祉の可能性

表1　日本の高齢化率の推移

年	総　数	全人口に占める比率		
		0～14歳	15～64歳	65歳以上
1940	100	36.7	58.5	4.8
1947	100	35.3	59.9	4.8
1950	100	35.4	59.7	4.9
1960	100	30.0	64.2	5.7
1970	100	23.9	69.0	7.1
1980	100	23.5	67.3	9.1
1990	100	18.2	69.5	12.0
2000	100	14.6	67.9	17.3
2005	100	13.7	65.8	20.1
2006	100	13.6	65.5	20.8
2007	100	13.5	65.0	21.5
2008	100	13.5	64.5	22.1

注：数字は全人口に占める比率％。
出所：国立社会保障・人口問題研究所『人口統計資料集（2010）』。
原資料：総務省統計局『国勢調査報告』、『日本長期統計総覧』
および『人口推計年報』による10月1日現在人口。1947～70年
は沖縄県を含まない。

表2　日本の将来人口予測

年次	人口割合（％）		
	0～14歳	15～64歳	65歳以上
2010	13.0	63.9	23.1
2020	10.8	60.0	29.2
2025	10.0	59.5	30.5
2030	9.7	58.5	31.8
2040	9.3	54.2	36.5
2050	8.6	51.8	39.6
2055	8.4	51.1	40.5

出所：国立社会保障・人口問題研究所『日本の将来
推計人口』（平成18年12月推計）による各年10月1
日現在人口（［出生中位（死亡中位）］推計値）。

2010年で63.9％、2025年には59.5％と減少し、2055年51.1％になる。

　ここで、65歳以上の高齢者のための財やサービスをこの15歳から64歳の生産年齢人口で作り出すことを考えることとする。すると、2010年には1人の高齢者のためのサービスを2.77人でつくりだす計算になるが、2025年には1.95と2人を下回る水準まで低下し、2055年には1.26とほぼ若年者1人で1人の高齢者を支えなければならない状況になる。したがって、この若年世代に対する負担を軽減し、高齢者に引き続き十分な福祉サービスが提供されるためにも、福祉の効果や費用を十分に把握する必要があるといえるのである。

2.3　高齢化に伴う要介護者の予測

　上記の人口推計を前提として、今後の要介護高齢者の数を検討する。平成22年版『高齢社会白書』（内閣府）によれば、年齢別要介護の認定状況は以下の表3のとおりである。

表3　年齢別要介護の認定状況

	人数（千人）		比率（％）	
	65～74歳	75歳～	65～74歳	75歳～
要支援	187	960	1.3	7.5
要介護	460	2,769	3.1	21.6

資料：内閣府『平成22年版 高齢社会白書』。原資料：厚生労働省『介護保険事業状況報告（年報）』（平成19年度）より内閣府算出。（注）経過的要介護の者を除く。

　表3によれば、後期高齢者の75歳以上において、要介護率が21.6％とかなり高くなっていることがわかる。表3のこの要介護比率が将来も不変のものとして、試算した結果が表4である。

表4　要介護者の将来推計と世代間負担

年	人口（百万人）			要介護者予測（千人）		指標：2010＝100		
	20～64歳 A	65～74歳 B	75歳以上 C	65～74歳 B×3.1%	75歳以上 C×21.6%	20～64歳 D	65歳以上 E	負担 F＝E/D
2010	75.2	15.2	14.2	471	3,072	100.0	100.0	100.0
2020	68.0	17.2	18.7	532	4,047	90.0	122.0	135.0
2030	63.5	14.0	22.7	434	4,894	84.0	125.0	148.7
2040	53.6	16.4	22.1	508	4,783	71.0	131.0	183.8
2050	46.0	13.9	23.7	431	5,125	61.0	128.0	209.5
2055	42.9	12.6	23.9	391	5,155	57.0	124.0	217.4

注：$D=\dfrac{A(n)}{A(2010)}$、$E=\dfrac{(B(n)+C(n))}{(B(2010)+C(2010))}$。出所：筆者推計。

　表4のE欄をみると、今後の高齢化に伴い、要介護高齢者は2055年に2010年の1.24倍に上ることが予想されている。しかし、高齢者に介護を供給することができる20歳から64歳の人口は、2055年には現在の57％の水準にまで減少する。表4のF欄では、現在の$\frac{要介護者}{20歳～64歳の人口}$の比率が今後どのように変化するかを示しているものである。これによれば、2055年には20歳から64歳の人口は現在の2.17倍の介護を担わなければならないことがわかる。これは、将来世代にとって相当な負担といわざるを得ない。このため、効果的な玩具福祉を通じた若年世代・将来世代の負担の軽減が期待される。

2.4　社会保障費の将来推計

　以下では、前項までで述べた高齢化の諸負担を社会保障費用を通じて金額で確認する。
　表5には厚生労働省が平成18年5月に発表した、社会保障の将来推計が示されている。これをみると、平成18年度で改革前に91兆円である社会保障給付費は、平成37年では改革前で162兆円と1.78倍に増加すると予測されていることがわかる。表では「改革反映」のケースが示されているが、この改革とは以下の年金、介護、医療の3つの改革を示している。
■1．年金制度改革　2004年の年金制度改革による、(1)マクロ経済スライドの導入、(2)将来の保険料の固定、(3)基礎年金の国庫負担割合の引上げ等。

表5　社会保障費の将来推計

兆円	平成18年度		平成23年度		平成27年度		平成37年度	
	改革反映	改革前	改革反映	改革前	改革反映	改革前	改革反映	改革前
社会保障給付費	89.8	91	105	110	116	126	141	162
年金	47.4	47.3	54	6	59	64	65	75
医療	27.5	28.5	32	34	37	40	48	56
福祉等	14.9	15.2	18	20	21	23	28	32
うち介護	6.6	6.9	9	10	10	12	17	20
社会保障に係る負担	82.8	84.3	101	105	114	121	143	165
保険料負担	54	54.8	65	67	73	77		
公費負担	28.8	29.5	36	38	41	45		
国民所得	375.6		433		461		540	

出所：「社会保障の給付と負担の見通し」（厚生労働省）平成18年5月。

■**2. 介護保険制度改革**　2005年の介護保険制度改革による、(1)介護予防への重点化等、(2)利用者負担の見直し。

■**3. 医療制度改革（案）**　医療制度改革関連法案に基づく措置として、(1)安心・信頼の医療の確保と予防の重視、(2)医療費適正化の総合的な推進、(3)新たな医療保険制度体系の実現（高齢者医療制度）、(4)療養病床の再編成。

　この改革を反映したとした数字によっても、平成37年の社会保障費の総額は141兆円と大幅に増加することがわかる。表5では、年金、医療、福祉等（うち介護）という社会保障の項目別の将来推計も示されている。このうち、年金は平成16年年金改革による、将来の抑制的な給付が反映され、改革反映のケースで47兆円（平成18年度）から65兆円（平成37年度）と1.4倍程度の増加となっている。これに対し、医療費は28兆円が48兆円と1.7倍程度の年金よりも大きな伸びとなっている。さらにその傾向が顕著なものが介護費用である。表5によれば、平成18年度で約7兆円の介護費用は、平成37年度には、2.4倍以上の17兆円に増加することが見込まれている。これは、年金は先にあげた改革プランによって、強制的に支給額を削減することが政策的に可能であるが、医療や介護のように社会保険の支給対象となる事象の発生確率そのものを政策的にコントロールすることに限界がある項目については、急速な高齢化に伴い給付費が大きく増加することとなるのである。

　したがって、玩具福祉プログラムによって、改革案でふれられている「介護予防への重点化」が進み、一番大きな増加率を示している介護費用の削減が進めば、社会保障の負担の軽減に効果があると考えられる。

｜3｜　玩具福祉の介護費用削減効果

　以下では玩具福祉プログラムの効果を考えることとする。ここでは、はじめに金額で示される量的効果を考えるため、介護予防プログラムにより将来の介護費用がどの程度削減

表6　平成19年度の介護給付費

区分	A 総数（人）	B 総合計（百万円）	C＝(B/A) 単価（千円／年）
要支援1	550,307	118,457	215.3
要支援2	627,062	237,615	378.9
経過的要介護	1,715	6,772	3,948.9
要介護1	768,624	759,922	988.7
要介護2	801,941	1,098,234	1,369.5
要介護3	705,442	1,399,161	1,983.4
要介護4	574,815	1,451,506	2,525.2
要介護5	499,038	1,374,102	2,753.5
合計	4,528,944	6,445,769	1,423.2

出所：『平成19年度介護保険事業状況報告調査』（厚生労働省）より作成。

表7　要介護発生率（推計）

区分	65歳以上の要介護発生率p_1	40歳から64歳までの要介護発生率p_2
要支援1	1.9%	0.022%
要支援2	2.1%	0.049%
経過的要介護	0.0%	0.000%
要介護1	2.6%	0.049%
要介護2	2.7%	0.080%
要介護3	2.4%	0.062%
要介護4	2.0%	0.043%
要介護5	1.7%	0.047%
合計	15.5%	0.352%

出所：『平成19年度介護保険事業状況報告調査』（厚生労働省）および国立社会保障・人口問題研究所『人口統計資料集（2010）』をもとに筆者推計。

されるかについてシミュレーションを行う。次に、玩具福祉プログラムにより、心理的にウエルフェアが改善される質的な効果を考えるためにQALY（質を考慮した寿命）に及ぼす影響を考える。

3.1　介護費用の状況

　以下では福祉玩具の効果を考えるため、玩具福祉を活用した介護予防プログラムにより将来の介護費用がどの程度削減されるかについて考える。

　表6のA欄には平成19年度末時点での要介護別の認定者数が示されている。またB欄に示される総費用とは、この平成19年度中の介護給付費用総額である。このA、Bのデータを使って、表中のC欄には単価＝$\dfrac{\text{要介護度毎の総費用}(B)}{\text{認定者数}(A)}$が示されている。表6をみると、平成19年度で介護給付費は6.4兆円かかっており、要介護5では1人当たり年間270万円以上の費用がかかっていることがわかる。

　次に、将来の介護給付費を推計するために、平成26年度の要介護者数を知る必要がある。

表8　平成26年の要支援・要介護認定者数の推計

区分	A 予防効果 なし（人）	B＝A×0.95 予防効果 ある程度あり（人）	C＝A×0.9 予防効果 相当あり（人）
要支援1	640,722	608,686	576,650
要支援2	728,217	691,806	655,395
経過的要介護	1,996	1,896	1,796
要介護1	893,487	848,813	804,138
要介護2	930,057	883,554	837,051
要介護3	818,775	777,836	736,897
要介護4	667,680	634,296	600,912
要介護5	578,964	550,016	521,068
合計	5,259,898	4,996,903	4,733,908

出所：国立社会保障・人口問題研究所『人口統計資料集（2010）』および表7をもとに筆者推計。

表9　平成26年の介護給付費用額の推計

区分	単価（千円／年）（再掲）	予防効果なし（百万円）	予防効果 ある程度あり（百万円）△5％	予防効果 相当あり（百万円）△10％
要支援1	215.3	137,920	131,024	124,128
要支援2	378.9	275,946	262,149	248,351
経過的要介護	3,948.9	7,881	7,487	7,093
要介護1	988.7	883,372	839,203	795,035
要介護2	1,369.5	1,273,685	1,210,001	1,146,317
要介護3	1,983.4	1,623,943	1,542,745	1,461,548
要介護4	2,525.2	1,686,005	1,601,705	1,517,405
要介護5	2,753.5	1,594,178	1,514,469	1,434,760
合計	1,423.2	7,486,091	7,111,786	6,737,482

出所：表6および表8をもとに筆者推計。

　そこで、表6に示された平成19年度の各要介護度別の認定者数と総人口数を用いて、表7の通り要介護者の発生確率を求めた。

　表7の発生確率pと平成26年度の人口推計の値から要介護認定者数の予測を行った結果が表8に示されている。ここでの要介護認定者数の推計とは平成19年の65歳以上人口に占める第1号被保険者の認定者数の割合を要介護発生率p_1として、そのp_1に平成26年度の65歳以上推計人口N_1を掛けて求めたものに、平成19年の40歳から64歳の人口に占める第2号被保険者の認定者数の割合を要介護発生率p_2として、そのp_2に平成26年度の40歳から64歳の推計人口N_2を掛けて求めたものを加えたものである。このうち「予防効果なし」とは、要介護状態の発生確率pが平成19年度時点と全く同じであると仮定した場合の平成26年度の要介護認定者数の推計である。また、「予防効果ある程度あり」および「予防効果相当あり」はそれぞれ、予防プログラムによって平成19年度時点に比して将来の要介護発生確率pが低下したことにより、認定者数がそれぞれ10％および5％減少したと仮定した場合の推計である。

　以上の準備のもとに、表9は表6にもとづく平成26年度の介護給付費用額を「予防効果

表10　介護予防による介護給付費用の減少額

区分	予防効果 ある程度あり （百万円）	予防効果 相当あり （百万円）
要支援 1	6,896	13,792
要支援 2	13,797	27,595
経過的要介護	394	788
要介護 1	44,169	88,337
要介護 2	63,684	127,369
要介護 3	81,197	162,394
要介護 4	84,300	168,601
要介護 5	79,709	159,418
合計	374,305	748,609

出所：筆者推計。

なし」、「予防効果ある程度あり」、「予防効果相当あり」のそれぞれの場合について試算したものである。ここでは介護給付費単価が表6に示された平成19年度時点と変わらないと仮定して、表8で推計した要介護認定者数にこの単価を掛けあわせて求めたものである。

さらに、表10には、表9に試算した介護予防により削減された介護給付費用額を計算したものが示されている。表10によれば、5％軽減の「予防効果ある程度あり」のケースで3.7兆円、10％軽減の「予防効果相当あり」のケースで7.5兆円程度の効果が見込まれている。

| 4 | 玩具福祉の寿命に及ぼす効果

4.1　健康寿命の考え方

次に、玩具福祉のいわば「癒しの効果」を評価するため、「健康寿命」という医療の経済評価の考え方を使い、「生活の質を調整した生存年」＝QALYを用いた分析を行うこととする。

疾病により生活の質が低下することは様々なケースが考えられる。ここでは心理的な抑うつ感が玩具福祉プログラムの「癒しの効果」によって軽減されると仮定したケースを検討する。具体的には、「抑うつの状態で1年間生きるということは、健康な状態で1年間生きるということの何分の1に相当するか」という形で評価をすることとする。一般的には抑うつに限らず、他の疾病の状態でたとえ1年間生存したとしても、それは健康な1年間と同じ価値であるとは考えにくい。これをQuality Adjusted Life Year（QALY）、すなわち「生活の質で調整した生存年」というのである。このQALYという考え方とデータを応用して、以下では例えば抑うつがあることで国民の寿命価値の実質的な低下度合いを評価することとする。

一般的に公表されている「寿命」とは形式的に何歳まで生存したという期間だけを量的

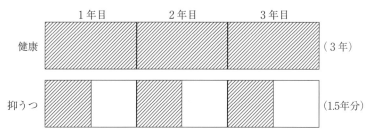

図1　QALYによる寿命の評価

に扱った指標である。しかし、ここではその間の健康状態という質を調整して実質寿命を評価する。表11は、Torrance（1987）による心理的な満足度を効用値として表したものである。ここでは健康である状態を1と基準化し、それぞれの不健康な状態で生きることを相対的指標として表現されている。表11を見ると、「鬱、孤独の状態」は健康な状態の0.45の価値しかないということになる。すなわち、健康な状態で1年間生きるとそれは1年間生きたと評価されるが、抑うつの状態での1年間の生存は健康な1年間の半分以下の価値しかないということになる。

表11　健康寿命の効用評価

健康状態	効用値
健康（基準点）	1.00
閉経期症状	0.99
高血圧治療による副作用	0.95〜0.99
狭心症（軽度）	0.90
腎臓移植	0.84
狭心症（中度）	0.70
身体的・役割上の制限、時に痛み	0.67
病院での透析	0.56〜0.59
狭心症（重度）	0.50
不安、うつ、孤独	0.45
盲目	0.39
入院	0.33
歩行要補助、学習困難	0.31
死亡（基準点）	0.00
四肢マヒ、盲目、うつ	＜0.00
ベッドで寝たきり、激痛	＜0.00
意識なし	＜0.00

注：Torrance GW.（1987）Utility approach to measuring health-related quality of life. *Journal of Chronic Diseases*: 40: pp.593-600.

以下では、この基準値を用いて日本の寿命をQALYの観点から再評価する。

4.2　国民の抑うつ状況

ここで、最近の調査より国民の抑うつの状況について確認する。ここでは、『平成19年

表12　抑うつに関する調査結果と寿命に及ぼす影響の試算

		総数	うち男性	うち女性
Ⅰ. うつ病や心の病気で通院中（千人）				
a.	人数	1,087	468	619
b.	総人口	126,083	61,044	65,039
c.（＝a/b）	比率	0.90%	0.80%	1.00%
Ⅱ. 過去1ヶ月間の心の状態「絶望的だと感じましたか」（12歳以上）				
d.	いつも	1,207	560	647
e.	たいてい	1,440	649	790
f.	12歳以上人口	112,185	53,943	58,242
g.（＝(d＋e)/f）	比率	2.40%	2.20%	2.50%
Ⅲ. 平均余命（歳）				
h.	0歳	－	79.19	85.99
i.	12歳以上	－	67.53	74.31
Ⅳ. QALY（歳）				
j.（＝i×(1－g)＋i×0.45×g）	12歳以上	－	66.7	73.3
k.（＝i－j）		－	0.83	1.01

出所：厚生労働省『平成19年　国民生活基礎調査』第4巻、第11表、第21表、巻末人口表。『平成19年簡易生命表』。
注：通院者には入院者は含まれない。

国民生活基礎調査』の健康票の結果を用いる。抑うつに関連する項目としては、第1に「うつ病やその他こころの病気」で通院している者の人数が挙げられる。また、自己申告による「こころの健康状態」として、「絶望的だと感じる」という回答者数も参考になる。表12にはこれらの項目の平成19年調査結果が示されている。

　表12をみると、人口のおよそ1％の人がうつ病や心の病気で通院中であることがわかる。これに対し、12歳以上人口のおよそ2.4％程度の人が過去1ヶ月間の心の状態で「いつも」または「たいてい」「絶望的だと感じ」ていることがわかる。この数字から、1ヶ月間絶望的だと感じても半分以下の人しか実際に病院に通院することはないということがわかる。以下では、表12のgに示された比率を用いて、寿命を評価する。

　12歳以上の平均2％程度の人が抑うつを感じながら過ごすとすれば、この2％の人は1年を0.45年と評価することになる。残りの98％の人は1年を1年のまま評価したとすると、両者の加重平均により、12歳の男性の平均余命67.53歳は66.70歳の評価となり、女性の平均余命74.31歳は73.30歳の評価となる。したがって、抑うつで過ごすことで、主観的な評価としては寿命が男女とも1年程度短くなっていることがわかる。

　同じ、平成19年簡易生命表では、「特定死因を除去した場合の平均余命の延び」も試算されている。これによれば、「自殺」の要因を除去した余命の伸びは男性の0歳の平均余命で0.77歳、女性で0.36歳である。ここから、もし玩具福祉プログラムによる「癒しの効果」が人々のメンタルヘルスを改善するとするならば、その効果は自殺抑止効果まで最大に加味して、1.5歳程度の寿命の改善に相当するということができる。

|5| まとめ

　本章の目的は、玩具福祉の効果を定量的に評価する必要とその方法について検討することであった。ここでは、最初に日本の高齢化と要介護高齢者に関する予測をもとに、将来の社会保障支出、とりわけ介護費用が大幅に増加することが指摘された。その上で、玩具福祉プログラム等により、要介護者の状況が5％改善するケース、10％改善するケースで試算を行ったところ、金銭的効果は3.7兆円から7.5兆円という結果が得られた。

　次に健康状態を評価するための指標を検討したのち、こころの健康状態が思わしくないことによる、QALY（質を考慮した寿命）の減少分を試算したところ、男女ともおよそ1年分程度の寿命の減少に相当するという結果が得られた。

【参考文献】

1）Torrance GW.(1987) "Utility approach to measuring health-related quality of life," *Journal of Chronic Diseases* 40: pp.593-600.

2）厚生労働省（2006）「社会保障の給付と負担の見通し」平成18年5月，http://www.mhlw.go.jp/houdou/2006/05/dl/h0526-3a.pdf.

3）厚生労働省（2007）『平成19年国民生活基礎調査』.

4）厚生労働省（2007）『平成19年簡易生命表』.

5）国立社会保障・人口問題研究所（2010）『人口統計資料集（2010）』.

第 2 章

高齢社会の進展と玩具福祉の優位性について

│1│ 高齢社会における問題点

　本章では、高齢社会における介護予防に玩具が果たすことができる可能性について検討する。本章の概要は以下の通りである。まず、高齢者の増加につれ要介護高齢者が増加しているが、その中で要支援と呼ばれる人たちの大きさについて注目する。次に、玩具は福祉におけるリハビリテーション専門の器具とは違う歴史を持っていることを取り上げる。ここから、玩具にしかできないこと、特に市場性や効率性、安全性について考え、再後に今後の玩具福祉学会の取り組むべき方向性について展望する。

1.1　女性の視点

　現在、日本政府が取り組んでいる政策のうち、アベノミクス「三本の矢」に続いて、「新・三本の矢」を見てみると、以下の 3 点に集約される。第 1 がGDP（国内総生産）を600兆円にするというものである。2017年のGDPは550兆円あまりであるので、2020年までの 3 年間で600兆円のGDPを実現するために、年率 3 ％程度の成長が必要となる。しかし、実際には過去10年間で年間のGDPが 3 ％以上成長した年はない。

　次に、子どもの希望出生率1.8という政策があげられる。これは、少子化対策の数値目標であるが、2017年時点の合計特殊出生率がおよそ1.4であるため、相当大きな伸長が必要となる。第 3 の政策的目標は介護のための離職をゼロにするというものである。これらは、一見するとそれぞれ別の事柄のように思われる。しかし、視点を変えてみると、すべて「女性の問題」として考えることができる。

　団塊世代の1947年生まれの世代が、2012年で65歳に達し、多くの労働者がここ何年かに退職した。したがって、GDP600兆円達成のためには、女性の就業率を増加させことが必要となる。次に、希望出生率1.8達成のためには女性は母としての役割が期待されているといえる。最後に介護離職ゼロを達成するために、介護保険による介護サービスを利用したとしても、そのヘルパーもまた女性である。また、さらに考えると介護を受ける高齢者も女性が多い。このように高齢化の問題は別の見方をすると、女性の問題であり、これを解決することが重要となる。

1.2　高齢化の何が問題か

　国立社会保障・人口問題研究所による日本の将来人口を見ると重要な特徴に気づく。少子化により、日本の総人口は減少するが、若い人、特に15歳から64歳の生産年齢人口の減少が激しいということである。これに対し、高齢者の人口はほとんど変化がない。すなわち、少子化により高齢者も、若い人も、子どもも、同じように減って日本の人口が少なくなるわけではないということが問題である。このため、今後日本は、より少ない働く世代でより多くの高齢者世代を支えてゆかなければならないということであり、若い人々にその負担が重くなることのないような工夫が必要である。

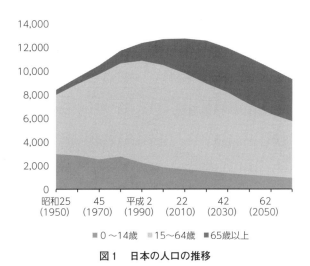

図1　日本の人口の推移

出所：2010年までは総務省「国勢調査」、2020年以降は国立社会保障・人口問題研究所「日本の将来推計人口（平成29年推計）」の出生中位・死亡中位仮定による推計結果。

1.3　高齢化と介護

（1）介護離職

　日本の要介護の高齢者数は、2000年に公的介護保険制度が導入された時点では、300万人あまりであった。しかし、2014年で590万あまりにまで増え、今後ますます増えると想定されている。これは、要介護の発生率が一定であるとしても、高齢者数が増加、あるいは減らないためである。先に紹介した通り、政府は介護離職をゼロのすることを目標として掲げているが、平成26年の『高齢社会白書』によると、家族の介護や看護が理由で、離職や、転職をした人は、1年間に10万人に上る。そのうち8割は、女性であった。平成23年10月から平成24年9月までを見ても毎年10万人前後で推移している。

（2）介護を担う者は誰か

　女性が就業できたにもかかわらず、介護を理由に仕事を辞す女性が多いことは極めて残念である。ここで、その裏付けとして実際に家庭内で介護を担っているものに焦点を当てる。図2を見ると、家庭内で介護をしている人の6割が同居で介護していることがわかる。さらにそのうちの26.2％が配偶者である。つづいて子ども、子どもの配偶者となっている。その、介護している人の性別を見ると7割が女性であることがわかる。さらに、介護をしている家族の年齢を見ると、70％程度が60歳以上であり、「老々介護」の現実がわかる。

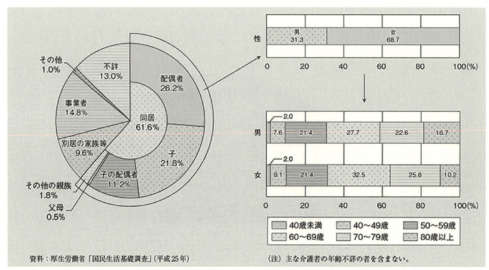

図2　要介護者等からみた主な介護者の続柄

出所：厚生労働省「国民生活基礎調査」（平成25年）

　この家庭内介護の問題は就労ともかかわる、非常に大きな問題である。家族の典型として、これまでは男性・父である夫が働き、女性で母である妻は専業主婦で、子どもが2人というモデルが長らくイメージされて来た。しかし世帯の種類の推移を見ると、専業主婦世帯は減少し、共働き世帯の方が60パーセントと多くなって来ている。このため、現代では標準的世帯としては、男女共働き世帯で、子どもが1人というモデルとなる。しかし、この働く女性が年間8万人の介護離職・転職をしているということを解決する必要がある。

（3）介護の負担の大きさ

　介護の負担としては就労中断の他、介護疲れによる自殺も起きている。警視庁が発表している統計では、介護疲れによる自殺が毎年250人から300人の間で発生しおり、2016年では246人が亡くなっている。この年齢の分布をみると、年配の方よりも、働き盛り世代が多く、あらゆる意味で、人的資本の損失に当たっているわけである。

2 介護問題解決に向けて

2.1 福祉機器による解決

　介護で、退職や自殺を減らすためには、第1に、家族の介護負担を軽くしてやる、在宅介護で高齢者の世話のできる、補助機器や福祉機器の開発はまず考えておくべきことといえる。次に、家族が自分で介護をしなくとも、在宅の介護機器を補助機器として活用すれば、仕事を辞めるというのには変わりはないとしても、パート程度の仕事には出ることができる可能性を持っている。

2.2 介護保険料の問題

　公的介護保険は、2000年に導入された時に第一期とされて、その後、第六期まで改定されてきた。しかし、最初は保険料が3,000円程度で設計されていた。すなわち、3,000円を保険料として納入する、老後に要介護になった時に1割負担でサービスが得られると説明されていた。しかし時間が経過し、高齢者が増加したため、その後、介護保険料は順次引き上げられ、5,500円あまりとなった。このようなことが起こった理由は、介護保険の財政は単年度主義が原則となっており、ある年に収納した保険料はその年の事業に全部使うこととされて設計されている。

　また、介護保険は本人が1割負担すると、サービスが受けられる制度となっているが、残りの部分（公費部分）は税金で填補されるため、労働者世代、将来の若い世代の負担となる。高齢者の面からも、若い世代の面からも、介護保険の費用は効率化され、削減される必要があるといえる。

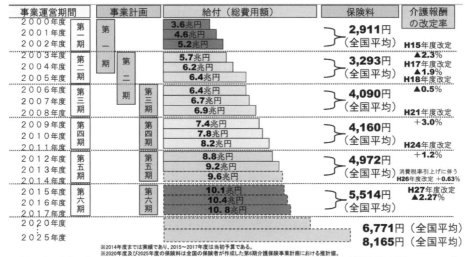

図3　介護給付と介護保険料の推移

出所：厚生労働省資料

2.3　介護事業で働く人の問題

　先に、介護のための転職・退職が年間10万人もあることを指摘したが、介護事業者の側でも、深刻な労働問題を持っている。それは、介護サービスを提供する事業者の職員の離職率が年間16％もあるということである。これは、1年間に6人に1人は退職してしまうことを意味し、10人程度がいる介護サービス事業所であれば、毎年2人程度が退職に直面するイメージになる。また、介護事業者全体で、過半数の事業所で「職員が不足」していることも問題である。しかし、高齢者数はますます増加してくるため、1人の介護労働者がより多くの高齢者をケアできるように、福祉機器等が必要になってくる。この危機は在宅であれば家庭でも使えるものが必要あるし、事業所でも使えるものが必要になってくる。

　ここで、介護従業者の不足を解決するために、外国人労働者の導入が検討されよう。しかし、タイ、シンガポール、台湾、韓国などの東アジアの出生率について見てみると、すべての国で2.0を下回り、タイで1.4、シンガポールで1.19など少子化が進んでいる。

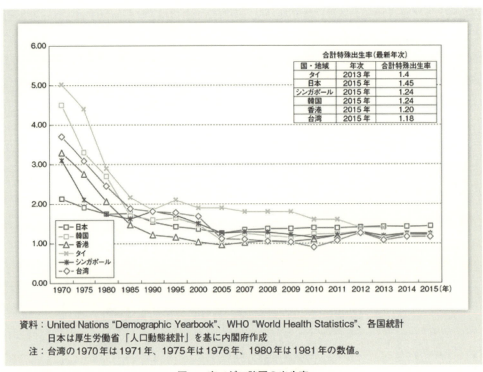

図4　東アジア諸国の出生率

出所：平成29年「少子化社会白書」より。

2.4　要介護者を増やさないことでの解決

　このように考えると、現在および将来の日本で安定的に介護サービスを供給することは供給側のマンパワー不足のためかなり困難となる。そこで、そもそも要介護となる、高齢者を減らすという解決が重要といえる。このため、介護予防に注目が集まり、介護保険も

予防給付が導入された。要介護にならないことは高齢者にとっても良いことである。

|3| 要介護者の推移と要因

3.1 要介護者の推移

図5は要介護の認定者数の推移を示している。一般的に要介護者増えているが、全体としては99パーセント増えていると示されている、これは、介護保険導入後ほぼ倍になったということを意味する。しかし、内訳をみると、中度や重度は64％しか増えていない。しかし、軽度が150％であるから2.5倍になっていることがわかる。軽度の要介護者はそのままでは進行して重度に至ってします。

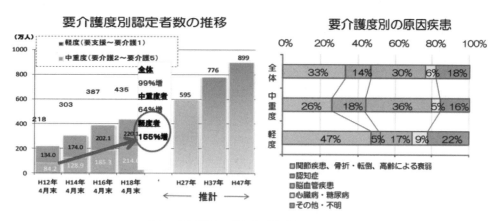

図5　要介護者の増加と要介護となった要因

出所：厚生労働省「平成16年国民生活基礎調査」。

3.2 要介護となる原因

図5の右側を見ると、要介護となった原因が示されている。これを見ると、重度では脳血管疾患等の疾病が主要な要因となっていることがわかる。しかし、2.5倍になった軽度の要介護者に注目すると、主要な原因は転倒や高齢による衰弱であることがわかる。すなわち、軽度な要介護者の場合は病気にかかったわけではなく、逆に言うと、動き続ければ防げる可能性をうかがわせる。そこで、要介護となるのを予防したり、これ以上重度とならないようにリハビリや回復のための有効な福祉機器の必要性が非常に増してくるわけである。

｜4｜ 玩具を使った高齢者福祉の優位性

4.1 玩具福祉が求められる前提

　ここまでのまとめは、第1に高齢者の介護問題は、日本の重要な政策課題の一つであるということである。政策的には三本の矢の一本に数えられており、介護離職問題をゼロにしないと、GDP600兆も達成できないし、子どもを産み育てることもできない。第2に、公的介護保険よる事業者によるサービスも危機的な状況であることである。介護給付費が年間10兆円にまで増加し、保険料負担も5,000円を超える水準に至っているにも関わらず、介護サービス事業者の従業者の6人に1人は毎年辞めているという現実がある。したがって、介護予防のため福祉器具や補助機器の役割が重要である。そして第3に、軽度な要介護は転倒を予防したり、衰弱を予防したりすることを通じて、そもそも介護にならないことが大事であることである。そこで以下では、玩具福祉が介護予防の役割を果たせるということで、4つの焦点を当てて述べていきたい。

4.2 玩具福祉の適切性

　中重度な要介護になった原因のトップは、脳血管疾患、次に認知症、高齢による衰弱であった。これに対し、要支援の方は、脳血管疾患が1位に入っていない。関節疾患、衰弱、骨折転倒であるため、回避可能であると考えられる。要介護の高齢者を増やさないためには、伸び率の高い軽度の要介護者の数を抑えることが効果的である。軽度の要介護者は、筋力や動作能力の低下が原因なので、生活習慣を変えて動作能力を低下させない介護予防をすることが考えられる。したがって重度の要介護者に対する医薬品や、高度な機能を用いた介護予防を軽度な人たちにするよりも、玩具の方は、軽度の人たちに特化して、活躍する余地があるといえる。

　第2の特徴として、玩具によるリハビリテーションの効率性を考える。これは効果も大事であるが、効率も大事だといえる。軽度の要介護者に対する介護事業費用に関して考えると、ことさらに高機能の高価な器具を手配したり、専用の機器を開発したり高い費用を要すると、効果はあるが、効率が悪くなるためさらに保険料の引き上げが必要となってしまう。そこで、玩具を応用した玩具福祉事業によって、介護予防事業ができれば、専門の機器より安価に開発・使用できる。すでに開発、普及している子ども向けの玩具商品を高齢者の介護予防向けに転用・改良したり、同じ玩具を高齢者向けの玩具に遊び方の工夫ができればより効率的といえる。

　第3に、玩具の安全にかかわる歴史に注目したい。安価で効率的な機器でも事故が発生するようでは、問題解決にはならない。その点からすると玩具は、怪我をしやすい子どもを対象に長年、販売改良を重ねてきた実績やノウハウがある。特に「STマーク」が昭和46年から設定されているため、安全性については一定の歴史を持っている。高価なロボット機器を手配すると数十万円要するが、玩具ははるかに安価で安全である。両者は全く同

じ機能ではないが、同じ機能である必要はないともいえる。軽度であるから高価で多機能なロボットはぜいたくということになる。以上、費用対効果、安全性から考えると、玩具の方がふさわしく優位性を持っているといえる。このように、STマークの機械的安全性、可燃安全性、口に接して舐めても大丈夫なような化学的安全性に福祉の機能をプラスして、新しい福祉玩具基準(Welfare Toy)を作って、玩具がより効果的、効率的に社会に普及していくことができる。

　第4に、福祉器具として「遊びと訓練」の違いを考える。玩具ならではの長所は、軽度な要支援者に対して、動作能力の維持、向上を目的として、介護予防事業を行うという点が需要である。高価な専用のトレーニング機器を持って強制的なトレーニングを行えば、一定の効果はあるが、どうしても訓練という側面が出てしまう。この場合、高齢者に苦痛感や疲労感がでてしまい、長続きできない心配がある。また、訓練では指導者の絶えざる監督や指導が必要である。しかし、従業者が不足する中ではこれまで通り、さらにこれ以上に人間を投入するのは、非常に難しい。

　これに対し、玩具はそれ自身が遊びや娯楽の要素を持っているため、うまくプログラムを組み立てれば、高齢者が自ら自発的に介護予防してくれるという利点がある。楽しみながら介護予防でき、自発的で、さらに、遊びであれば誰かと一緒にできるという点も利点といえる。世代を超えて介護予防できる、複数の人で介護予防出来るというのは、玩具の遊びの要素の特徴だといえる。

4.3　福祉玩具の売り方

　最後に福祉玩具の売り方のパターンについて述べる。まず、従来のおもちゃ売り場に福祉玩具のコーナーを作る必要がある。デパートでは現在おもちゃ売り場は減っており、赤ちゃん向けの量販店はあるが、お年寄り向けの量販店やコーナーはまだない。これは、おもちゃが福祉の役に立つことが知られていないからである。おもちゃ売り場に福祉玩具がないのと対照的に、逆に福祉機器売り場に行くと、お年寄りや、身体障害の人の専用品は売っているが、子どものおもちゃは、直接には売られていない。

　おもちゃ売り場に福祉器具を、福祉器具売り場におもちゃを配置するためには、玩具福祉士の知識が必要である。おもちゃ売り場の販売員は、キャラクター玩具の知識だけあればいいというのではなく、玩具福祉士や玩具販売士の知識があり、顧客にもっとも適切なおもちゃをあっせんするという、玩具のソムリエみたいな人が求められよう。

　さらに、玩具が介護保険の対象機器としてエントリーできるかというのは、非常に重要である。現在、特殊なベッドやお手洗いの機器は、購入の際に公的保険から補助が出され、レンタルも可能である。したがって、ユーザーは満額支払わなくても安価な料金で買えるため、躊躇することがなく使うことができる。玩具福祉機器が正規の介護保険対象機器として認められるまで成熟してくれば、もっと売る側も使う側もメリットがあるといえる。

|5| まとめ

　本章では、今後なお一層高齢化する社会の中で介護予防の重要性を見た。そこから、将来の要介護高齢者を増やさないために、軽度な介護者の介護予防を優先的に行うことの大切さを指摘した。そしてその事業のために、玩具の4つの特長、(簡単さ、費用の効率性、安全性の歴史、遊びの機能)を確認した。この4つの特徴は、高価な介護訓練ロボット機器より優位性があるといえる

　これからの玩具の特長を最大限に引き出し、玩具福祉を通じて社会に役立つ商品を提供していくためには、玩具福祉学会などの玩具の世界と福祉の世界をつなぐ専門的な役割を果たす主体が、例示したような福祉玩具基準の確立と普及につくすことも非常に重要である。今後は、玩具を福祉機器に流用・転用する場合、遊び方の付加など開発研究するなど、福祉玩具原則を確立・提唱することも必要といえる。

（吉田　浩　東北大学大学院経済学研究科教授）

「玩具福祉の理論と実践」初出一覧

◆第1部◆

第1部第1章	玩具福祉学会創立10周年記念誌（2010年発行）
第1部第2章	玩具福祉学会創立10周年記念誌（2010年発行）
第1部第3章	玩具福祉学会創立10周年記念誌（2010年発行）
第1部第4章	玩具福祉学会創立10周年記念誌（2010年発行）
第1部第5章	玩具福祉学会創立10周年記念誌（2010年発行）
第1部第6章	紀要『玩具福祉研究』第13号　2015年4月
第1部第7章	紀要『玩具福祉研究』第14号　2016年5月
第1部第8章	紀要『玩具福祉研究』第14号　2016年5月
第1部第9章	紀要『玩具福祉研究』第15号　2017年3月
第1部第10章	紀要『玩具福祉研究』第13号　2015年4月

◆第2部◆

第2部第1章	玩具福祉学会創立10周年記念誌（2010年発行）
第2部第2章	玩具福祉学会創立10周年記念誌（2010年発行）
第2部第3章	紀要『玩具福祉研究』第12号　2014年3月
第2部第4章	紀要『玩具福祉研究』第14号　2016年5月
第2部第5章	紀要『玩具福祉研究』第10号　2012年4月

◆第3部◆

第3部第1章	紀要『玩具福祉研究』第9号　2011年3月
第3部第2章	紀要『玩具福祉研究』第15号　2017年3月
第3部第3章	紀要『玩具福祉研究』第15号　2017年3月
第3部第4章	紀要『玩具福祉研究』第15号　2017年3月
第3部第5章	紀要『玩具福祉研究』第15号　2017年3月

◆第4部◆

第4部第1章	玩具福祉学会創立10周年記念誌（2010年発行）
第4部第2章	紀要『玩具福祉研究』第15号　2017年3月

＊本書編集にあたり、一部、改題または改稿・校正の上、収録している。

「玩具福祉の理論と実践」編集委員会

◆編集委員長

吉田　浩　　東北大学大学院経済学研究科教授

◆著者紹介（本書掲載順）

小林るつ子（第1部第1、10章）　　玩具福祉学会理事長

渡辺　勧持（第1部第2章）　　東日本国際大学福祉環境学部元教授

神谷　明宏（第1部第3章）　　聖徳大学児童学部准教授

西本　望　（第1部第4章）　　武庫川女子大学文学部教授

大須賀　豊（第1部第5章）　　社会福祉法人台東区社会福祉事業団

岡村　信一（第1部第6章）　　高崎健康福祉大学健康福祉学部教授

石河　不砂（第1部第7章）　　國學院栃木短期大学講師

金箱　淳一（第1部第8章）　　楽器インタフェース研究者、慶應義塾大学大学院メディアデ
ザイン研究科研究員

魚本　陽子（第1部第9章）　　玩具福祉学会理事

苛原　実　（第2部第1章）　　医療法人社団実幸会理事長

田中　一秀（第2部第2章）　　茅ヶ崎リハビリテーション専門学校教員

井上　健　（第2部第3、5章）　　国立精神・神経医療研究センター　神経研究所疾病研究第二
部室長

高橋　真弓（第2部第4章）　　医療法人あすか　高橋内科小児科医院副院長

出口貴美子（第2部第5章）　　出口小児科医院院長

遠藤　洸一（第3部第1章1.）　　株式会社アポロ社　元社長

伊吹　文昭（第3部第1章2.）　　トイジャーナル　編集長

佐藤　豊彦（第3部第1章3.）　　財団法人日本玩具文化財団　代表理事

渡辺　善男（第3部第1章4.）　　元コンビ株式会社

望月　和人（第3部第1章5.）　　株式会社エポック社

セガトイズ（第3部第1章6.）　　株式会社セガトイズ　ホビー部

植竹　俊夫（第3部第1章7.）　　元株式会社河田

澤畑　英雄（第3部第1章8.）　　株式会社バンダイ

関口真木子（第3部第2章）　　イワヤ株式会社

加藤　康　（第3部第3章）　　株式会社くもん出版

坪井　幸司（第3部第4章）　　コンビ株式会社

杉崎　晋也（第3部第5章）　　株式会社バンダイ

吉田　浩　（第4部第1、2章）　　（編集委員長欄参照）

〈肩書は執筆時〉

玩具福祉の理論と実践

2018年8月27日　初版第1刷発行　　　　　　　　　　　　　　　　　〈検印省略〉

編　　　集	玩具福祉学会「玩具福祉の理論と実践」編集委員会
編集委員長	吉 田　　浩
発 行 者	服 部　直 人
発 行 所	㈱萌 文 書 林

〒113-0021　東京都文京区本駒込 6-25-6

TEL 03-3943-0576　FAX 03-3943-0567

http://www.houbun.com

info@houbun.com

印刷・製本	シナノ印刷株式会社

ISBN978-4-89347-313-4 C3036

● 落丁・乱丁本は弊社までお送りください。送料弊社負担でお取り替えいたします。
● 本書の内容を一部または全部を無断で複写・複製、転記・転載することは、法律で認められた場合を除き、著作者および出版社の権利の侵害となります。本書からの複写・複製、転記・転載をご希望の場合、あらかじめ弊社あてに許諾をお求めください。

〈装幀・本文デザイン〉　冨田　由比　　　　　　　　　　　　©2018 玩具福祉学会　　Printed in Japan
〈DTP制作〉　坂本　芳子